美国陆军史
从1775年至21世纪

[英]切斯特·赫恩（Chester G. Hearn）著

石 健 译　刘青松 审校

华中科技大学出版社
http://press.hust.edu.cn
中国·武汉

图书在版编目（CIP）数据

美国陆军史：从1775年至21世纪 ／（英）切斯特·赫恩（Chester G. Hearn）著；石健译.
——武汉：华中科技大学出版社，2024.1
ISBN 978-7-5680-9261-6

Ⅰ.①美… Ⅱ.①切… ②石… Ⅲ.①陆军－军事史－美国－近现代 Ⅳ.①E712.9

中国国家版本馆CIP数据核字（2023）第063937号

湖北省版权局著作权合同登记　图字：17－2022－043号
版权信息：Copyright © 2006 Compendium Publishing Ltd.
Copyright of the Chinese translation © 2022 by Portico Inc.
This translation of *ARMY: AN ILLUSTRATED HISTORY* is Published by Huazhong University of Science &
Technology Press Publishing Company Ltd.
ALL RIGHTS RESERVED

美国陆军史：从1775年至21世纪
Meiguo Lujun Shi: Cong 1775 Nian Zhi 21 Shiji

[英]切斯特·赫恩（Chester G. Hearn）　著
石健　译

策划编辑：	金　紫
责任编辑：	周怡露
封面设计：	千橡文化
责任监印：	朱　玢

出版发行：华中科技大学出版社（中国·武汉）　电话：(027)81321913
　　　　　武汉市东湖新技术开发区华工科技园　邮编：430223

录　排：	北京千橡文化传播有限公司
印　刷：	北京文昌阁彩色印刷有限责任公司
开　本：	889mm×1194mm　1/16
印　张：	21
字　数：	416千字
版　次：	2024年1月第1版第1次印刷
定　价：	186.00元

本书若有印装质量问题，请向出版社营销中心调换
全国免费服务热线：400-6679-118　竭诚为您服务
版权所有　侵权必究

目录 CONTENTS

引言 /001

1 形成期（1620—1814年）/009

- 010 殖民地的民兵组织
- 010 法国—印第安人战争
- 013 响彻全世界的枪声
- 029 国防问题
- 032 西进
- 034 1812年，冲动的战争

2 发展中的一个世纪（1814—1898年）/043

- 044 美国陆军
- 045 打开西部
- 049 墨西哥战争
- 057 令人不安的插曲
- 060 内战——叛乱的陆军
- 061 陆军的组织
- 066 与印第安人的战争（1865—1898年）

3 展示力量（1898—1918年）/073

- 074 西班牙战争
- 079 扩张主义的后果
- 080 新陆军
- 083 格兰德河的另一侧
- 084 "拉法耶特，我们就在这里！"

4 "二战"中的欧洲战场（1918—1945年）/099

- 100 动员
- 107 北非战役——"火炬"行动
- 112 竞争突尼斯
- 115 西西里岛——"哈士奇"行动（也称"爱斯基摩人"行动）
- 119 意大利——"雪崩"行动和"砾石"行动
- 124 战略和政策——1943年
- 125 从天而降的巨雷——"冲拳"行动
- 126 军事组织
- 131 "霸王"行动——诺曼底登陆
- 133 "奥马哈"海滩
- 137 突围——"眼镜蛇"行动
- 140 奔向莱茵河
- 142 突出部战役（阿登高地）
- 149 无条件投降

5 "二战"中的太平洋战场（1941—1945年）/155

- 156 珍珠港事件
- 159 日本入侵菲律宾群岛
- 164 形势逆转
- 167 新的战略
- 175 新几内亚战役
- 178 太平洋上的越岛作战
- 181 马里亚纳群岛
- 183 重返菲律宾群岛
- 186 最后的跳板
- 192 落日
- 192 "屠夫"的账单

6 冷战：朝鲜战争
（1945—1952年）/197

- 199 朝鲜半岛战争的序幕
- 200 战争爆发
- 204 釜山环形防御圈
- 205 仁川——"烙铁"行动
- 208 新情况
- 212 三八线：再一次胶着
- 212 "老兵不死"
- 214 令人不安的处理

7 冷战：越南战争
（1952—1975年）/219

- 222 政治、战争和陆军
- 223 在越南作战的特种部队
- 226 北部湾事件
- 226 "哎哟"战略
- 229 扩大的战争
- 232 春节攻势
- 237 后"春节"攻势
- 242 结束即开始
- 243 艾布拉姆斯的遗产

8 旧敌人和新敌人（1975—2005年）/249

- 250 吉米·卡特和国防建设
- 252 "沙漠一号"行动
- 253 罗纳德·里根掌权
- 255 专业化重建
- 260 新型陆军
- 261 空地一体化作战概念和原则
- 262 新型武器
- 265 波斯湾的混乱
- 267 "沙漠盾牌"行动
- 268 力量对比
- 270 "沙漠风暴"行动
- 273 国际维和——索马里
- 275 国际维和——波斯尼亚和科索沃
- 277 2001年9月11日
- 281 "伊拉克自由"行动
- 285 通往巴格达

9 面向未来 /289

- 291 叛乱的教训
- 294 恐怖主义、叛乱和费卢杰
- 299 未来的士兵
- 306 训练
- 306 空中的陆军
- 310 未来战斗系统
- 321 准备未来——非常规战争
- 323 准备未来——大规模杀伤武器
- 324 新型作战概念和原则
- 325 陆军的目标

参考书目 /326

引言
INTRODUCTION

美国陆军正在并且一直处于发展之中。自1775年6月14日大陆军[1]成立以来，其士兵一直是美国民主的捍卫者。从1775年乔治·华盛顿领导衣衫褴褛的底层平民发起战斗开始，美国陆军经过几个世纪的进步演变，成了"一人之军"（An Army of One）。

转变是艰巨的，不能停滞不前。随着技术的进步，士兵的思想观念也在发生变化。简单地依靠投放更多部队以取得胜利的时代已经一去不复返了。同样地，传统的"无条件投降"要求也随之消失了。今天，美国陆军的目标是不浪费兵力，并且广泛地训练和有目的性地使用士兵，同时为他们提供尽可能全面的保护措施，而这通常得益于新技术的发展。

对手的身份也在变化。1775年和1812年，美国陆军与英国交战，但英美两国现在是亲密的盟友。美国内战期间，陆军分裂成两股对抗力量，两种文化冲突下的美国人进行了长达4年的政治和经济斗争。"二战"期间，美国陆军与德国、意大利和日本交战。今天，他们都是美国的盟友，在40多年的政治动乱中站在美国一方，直至冷战结束。正如俄罗斯总统弗拉基米尔·普京在2005年4月所说的，"苏联的解体是20世纪最大的地缘政治灾

> ### 陆军职责声明
>
> 陆军的任务是在各种军事行动中提供及时而持续的陆地优势，为各种作战人员提供支援，以此赢得战争胜利。我们履行《美国法典》[2]第10条和第32条指令，组建、装备和训练陆军部队，在陆地上开展迅速或持续的作战行动。
>
> 此外，我们还履行总统、国防部和作战司令官分配的任务，同时还面向未来进行转型。

---

[1] 美国独立战争中英属北美殖民地的军事力量，于1775年6月14日根据大陆议会的决议建立。在整个战争期间，乔治·华盛顿是唯一的总司令。独立战争结束后，根据《巴黎和约》，大陆军大部分解散，仍然保留下来的一部分军队成为后来的美国陆军。

[2] 美国对生效的公法、一般法以及永久性法律的正式汇编。1926年第一版问世，共有四卷，包括到1925年12月7日为止的全部有效法律（独立宣言、联邦条例和联邦宪法不包括在内）。1926年以后规定每六年修订一次，每年有一次补编，收入当年国会通过的法律。

上图：1847年9月13日，美国士兵对通往查普特佩克[1]的一处岩石斜坡堡垒发动猛攻，这是墨西哥城外的最后一个大型障碍。那一天，两名年轻的中尉——尤利西斯·S.格兰特（Ulysses S. Grant）和托马斯·J.杰克逊（Thomas J. Jackson）凭借英勇表现获得晋升。

难"。武装力量使得敌人成为朋友。没有任何其他在役部队像美国陆军那样同时与敌人和朋友有直接和持续的接触。

在一个由地缘政治和经济利益统治的世界里，敌人发生了变化，反恐和防暴行动为作战理论增加了新的维度。恐怖分子和叛乱分子没有国别，没有政府，没有军服，不遵守国际法，不尊重人权，对所用武器也没有限制。美国陆军的角色经常发生变化，以面对新的威胁和挑战。陆军必须保持灵活性、敏捷性以及技术上的先进性，投放到海外的军事力量也要随时履行作战、维和和国家建设等任务。

美国的陆军、后备部队以及国民警卫队共计有100万名在役士兵，而这意味着每年军费支出超过1000亿美元。政治家和公众都希望如此大额的军费开支能够给他们带来回报。今天，美国拥有了志愿陆军部队。军队的预算一直都存在限制，政治环境也一直发生着变化，而民间机构则对是否应该利用军事力量应对来自世界和国内的威胁持有互相冲突的观点。这个现象

[1] 墨西哥城西端小山，墨西哥历届总统的官邸所在。1847年8月，墨西哥军队曾在这里对美国军队展开肉搏战。

在过去几个世纪里一直存在，而现在很有可能再次发生。

今天的陆军拥有开创性的历史。这是一段吸引人的关于变化和技术的历史，同时也是过去的试验和错误的写照。转变从大陆军时代就开始了。他们的军官受到18世纪欧洲军事理论的影响，认为"印第安人式"的战斗比"英国军人式"的战斗更有效果。军官们还发现，安装步枪枪管的精确打击武器远比英国军队所用的燧发枪更具杀伤力。由于多年来没有在作战理论中考虑武器技术的变化，在美国内战中造成了大量人员伤亡，超过60万名士兵由于指挥官没有及时调整过时的欧洲战场战术而牺牲。其后，最大的改进便是步枪和快速射击武器。

因此，美国陆军开始改变，但大多时候都摇摆不定，有时处于领先地位，有时又落后了，不过总而言之，一直处于发展之中。理解了过去的成功和失败，就能更好地理解美国陆军今天最大的变化。20世纪70年代，美国陆军采纳的空地一体化作战概念和原则（Airland Battle Doctrine）就是根据最新的技术所做出的作战理论调整。新

右图：乔治·华盛顿率领的军队因兵役期结束而解散，1776年12月25日夜间，他带领所剩士兵进行了绝望的最后一战。2400名士兵乘坐小船在暴风雪中跨过了表面结冰的德拉瓦河。第二天早上，他们在特伦顿战役[1]中打败了英国人。

[1] 1776年12月26日，在乔治·华盛顿率部强渡德拉瓦河至特伦顿后爆发的一场美国独立战争的战役。华盛顿的大陆军主力碰上了驻扎在特伦顿的英国黑森雇佣军。经过短暂的交火后，大批黑森雇佣军遭俘虏，而大陆军几乎毫无损失。这场战斗提振了大陆军的士气，并鼓舞很多人重新入伍。

下图：1967年7月，第60炮兵团4营的士兵守卫在越南的一处火力支援基地边界处。虽然M42A1自行防空炮在越南战争爆发时已经过时了，其两门40毫米博福斯高射炮也能向地面部队射击。

兴的反恐和防暴作战理论则是根据多地作战经验总结而来的，如越南、黎巴嫩、波斯尼亚、科索沃、索马里、阿富汗和伊拉克。

新型武器每天都在出现。研制新型武器需要大量的资金投入，但将拯救士兵的生命。曾几何时，一名军级的指挥官无法实时掌握军队的踪迹；而今天，任何一名士兵都可以借助全球定位系统确切地知道自己在什么位置，并在指挥系统中准确地报告自己的位置，因为他通过头顶轨道上的卫星与整个系统联系在一起。反恐战争中还将出现更多新型武器，如绕过拐角射击的武器，定位并消灭视野之外的目标的

武器，区分敌军和友军装备的武器等。一系列面向未来作战系统的武器正在研制之中。拥有巨大通信潜力的纳米技术将应用到军服里，或植入士兵的眼镜。未来的士兵很快就会成为复合系统的一部分。而该复合系统可以包围、监视和控制一块确定的战术区域。战术区域再也不是一大片区域了，它们可能是叛乱分子的居住点，看不见的地下管道，或者是可以释放生化物质的爆炸装置。

陆军在过去几个世纪里的所作所为，彰显了他们正在发生以及未来继续发生的改变。总而言之，美国陆军在不停地变化，带领美国陆军从过去走向未来。

下图：1950年6月25日，当远东半岛爆发战争时，美军可用的坦克都是"二战"遗留下来的。麦克阿瑟从日本调来了所有可用的M4A3谢尔曼坦克，但它们无法与苏联提供的T-34/85坦克匹敌。

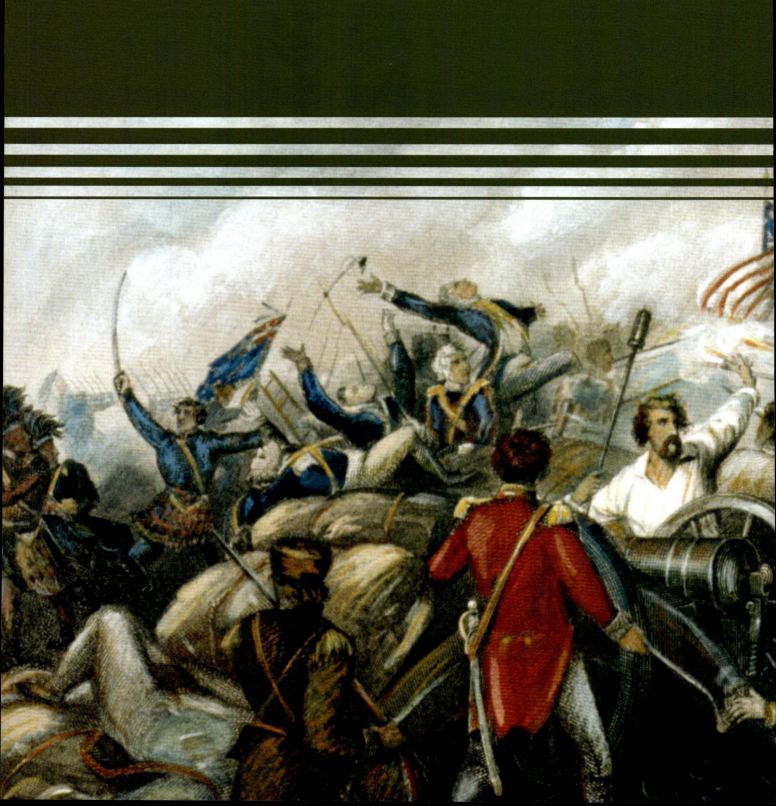

1 形成期
（1620—1814年）

殖民地的民兵组织

在美国，没有任何其他军事力量的历史比陆军长了，陆军的历程也更富传奇色彩。1620年，清教徒雇用了一名英国职业军人——迈尔斯·斯坦迪什（Miles Standish）上校去组建和训练一支兼职作战部队，目的是保护殖民地免受印第安人侵扰。随着移民的增加，征兵成为当地的常规事务。不久之后，新英格兰地区[1]所有的镇都有了自己的军事组织。1636年至1637年，普利茅斯[2]、马萨诸塞湾[3]以及康涅狄格州联合起来，首次把各自的军队整合成了兵团，然后几乎消灭了佩科特印第安人[4]。1675年，上述三个殖民地又大规模征募了下一代士兵，"菲利普王战争"[5]彻底消灭了新英格兰地区的所有印第安人。

与斯坦迪什一样，以前的英国士兵成为教练，并带来了英国的作战理论。旧世界的战术在美洲的原始森林中不太奏效，但训练、组织和纪律将作战力量聚集在一起。到18世纪时，美洲的所有殖民地都有了大量的军事组织，并且都围绕在一支英国作战部队周围。但随着印第安人在沿海地区逐渐中立，这些军事组织变成了友好组织，而不再是作战力量。他们的指挥官是无力胜任的政治任命官员，而这些人通常是殖民地的统治者，也有一些受到欢迎的指挥官，但他们完全没有军事领导能力。这种轻率的做法在战争开始后终止了。

法国—印第安人战争[6]

武装起来的殖民者在18世纪中期的战争中经受了惨痛的教训。当时宾夕法尼亚州人和弗吉尼亚州人开始向俄亥俄河谷迁移，然后与当时正在开发那个区域的法国人和加拿大人发生了冲突。1755年，也就是七年战争[7]中的法国—印第安人战争第二年，英国命令爱德华·布雷多克将军

---

[1] 位于美国大陆东北角、濒临大西洋、毗邻加拿大的区域，包括六个州，由北至南分别为缅因州、佛蒙特州、新罕布什尔州、马萨诸塞州、罗得岛州、康涅狄格州。

[2] 马萨诸塞州城市，位于波士顿以南40英里（1英里≈1.6千米，为与原书保持一致，本书中英制单位与国际单位并存）。

[3] 北大西洋小海湾，从马萨诸塞州的安（Ann）角南伸至科德角，长105千米。大西洋沿岸水道经科德角运河进入此湾，通往北端终点站波士顿。

[4] 操阿尔冈昆语的印第安人，住在今康涅狄格州泰晤士河谷。17世纪时约有2200人，以种植玉米及渔猎为生。

[5] 17世纪晚期印第安原住民和英国殖民者间爆发的一次大规模战争，在北美殖民史上影响重大。梅塔科迈特（Metacomet）是万帕诺亚格印第安人（Wampanoags）的首领，英国人称其为"菲利普王"。他率领族人在1675年夏发动了对新英格兰殖民地的攻击。战争最后以英国殖民者胜利告终。

[6] 1754年至1763年间英国和法国在北美的一场战争，印第安人在这场战争中与法国结盟，攻打英国。1760年英军攻陷蒙特利尔，战争以英国人胜利告终。这场战争确立了英国在北美东半部的控制地位。

[7] 发生在1754年至1763年，主要冲突集中于1756年至1763年的一场欧洲主要强国间的战争，其影响覆盖了欧洲、北美、中美洲、西非海岸、印度和菲律宾。英国是战争中最大的赢家。

上图：殖民者与万帕诺亚格印第安人[2]的第一次冲突就是1675年6月20日在新英格兰地区南部爆发的"菲利普王战争"，这场战争持续了3年。

（General Edward Braddock）带来两个团的英国正规军（1000人）进入北美。在400名殖民地居民（大部分是弗吉尼亚州人）的支援下，布雷多克的部队井然有序地向西前进。布雷多克沿着莫农加希拉河[1]缓慢地前进，他仍然准备按照欧洲的方式作战。年轻的乔治·华盛顿上校作为一名支援向导跟着部队前进，但布雷多克并不需要建议。在距离迪凯纳（后来成为宾夕法尼亚州的匹兹堡）港口8英里的地方，一支隐蔽的队伍从前端和翼侧对布雷多克的军队发动了袭击。布雷多克装备齐全的正规军在慌乱中四散而逃，他们红色的外套在丛林中格外耀眼，极易成为攻击的目标。华盛顿曾在1754年与对方交战，历经艰难困苦，掌握了法国人和印第安人作战的模式。他重新组织剩余兵力，带领他们进入丛林，成功拯救了士兵。

布雷多克在这次战斗中丧命，还有大量士兵死亡。这也导致当时出现了一种荒谬的观点，即美国的拓荒者和民兵组织超过了英国的正规军。实际上，布雷多克的失败很显然证明了一点：18世纪的战术——火枪兵严格地线性排列肩并肩作

---

[1] 源出西弗吉尼亚州，由泰格特（Tygart）河和韦斯特福克（West Fork）河汇合而成，北流与阿利根尼河汇合成为俄亥俄河主要河源。全长206千米。

[2] 操阿尔冈昆语的印第安人，住在罗得岛州部分地区、马萨诸塞州、漫沙温雅德（Martha's Vineyard）岛及其附近岛屿。他们是半定居农民，在固定居地之间随季节迁移，以种植玉米及渔、猎为生。

对页图：图中展示了早期弗吉尼亚州民兵组织的制服。士兵身上挂着的木瓶里装着弹药。

下图：1755年7月9日，布雷多克将军在丛林作战中遭受惨痛的教训，当时法国人和印第安人在查尔斯·朗格拉德（Charles Langlade）的领导下从森林中射击，在迪凯纳港口附近伏击了1500人的英国正规军。

战——在丛林中完全失效。真正有效的做法是火枪兵在每次射击前小心翼翼地瞄准，通过训练让每次射击的子弹都不浪费。但即使是训练有素的神枪手使用滑膛燧发枪——英国步兵在18世纪最常用的武器——也不可能多次命中，因为射出的子弹从来都没有走过直线。新罕布什尔的罗伯特·罗杰斯解决了这个问题，他召集了一批经过训练的猎人和樵夫，并将他们组编成罗杰斯游骑兵部队。他给这支部队配备上肯塔基州（实际上是宾夕法尼亚州制造的）步枪。该武器在神枪手手中可在200码远处命中目标。在罗杰斯的游骑兵部队中，每次射击的子弹都没有浪费。

英国人也意识到，殖民地的作战战术需要调整。1756年，他们组建了皇家美洲部队（第60团）。该部队由美洲人、德国人和英国正规军组成，按照全新的作战战术——开放队形作战训练，并使用了更

好的滑膛枪和肯塔基州步枪。事实证明，新的战术非常有效，詹姆斯·沃尔夫将军（General James Wolfe）在法国－印第安人战争中利用此战术成功攻下了魁北克。今天，该战术仍在使用，同时也在不断改进以跟上武器技术的进步。

随着法国－印第安人战争的结束，军事精神逐渐消逝，但民兵组织保留下来了，并恢复到战争之前的状态。民兵组织主要由两种人组成："招之即来的民兵"（实际上他们在作战警报响起时就能立刻组织起来）和"正规民兵"。这些人又恢复了老状态，即一年集结一次，在村庄里举行啤酒聚会和野味烧烤。在新英格兰地区，"招之即来的民兵"更严格地履行着他们的职责。

响彻全世界的枪声

1775年4月19日，英国的托马斯·盖奇将军（General Thomas Gage）决定给不顺从的马萨诸塞州暴民一个教训，因为他们抵制国王的惩罚性征税措施。盖奇将军从波士顿戍地调遣700人进入列克星敦（Lexington）和康科德（Concord）——马萨诸塞州暴民在那里建立了一个革命政府——"目的是占领并摧毁所有发现的火炮、弹药、食品、帐篷以及其他军用物资"。当英国军队在列克星敦停下时，

TO ALL BRAVE, HEALTHY, ABLE BODIED, AND WELL DISPOSED YOUNG MEN,

IN THIS NEIGHBOURHOOD, WHO HAVE ANY INCLINATION TO JOIN THE TROOPS, NOW RAISING UNDER

GENERAL WASHINGTON,

FOR THE DEFENCE OF THE

LIBERTIES AND INDEPENDENCE OF THE UNITED STATES,

Against the hostile designs of foreign enemies,

TAKE NOTICE,

THAT _____ Tuesday, Wednesday, Thursday, Friday and Saturday at Spotswood in Middlesex _____ county, attendance will be given by Lieutenant Reading _____ with his music and recruiting party of _____ company in Major _____ Battalion of the 11th regiment of infantry, commanded by Lieutenant Colonel Aaron Ogden, for the purpose of receiving the enrollment of such youth of SPIRIT, as may be willing to enter into this HONOURABLE service.

The ENCOURAGEMENT at this time, to enlist, is truly liberal and generous, namely, a bounty of TWELVE dollars, an annual and fully sufficient supply of good and handsome cloathing, a daily allowance of a large and ample ration of provisions, together with SIXTY dollars a year in GOLD and SILVER money on account of pay, the whole of which the soldier may lay up for himself and friends, as all articles proper for his subsistance and comfort are provided by law, without any expence to him.

Those who may favour this recruiting party with their attendance as above, will have an opportunity of hearing and seeing in a more particular manner, the great advantages which these brave men will have, who shall embrace this opportunity of spending a few happy years in viewing the different parts of this beautiful continent, in the honourable and truly respectable character of a soldier, after which, he may, if he pleases return home to his friends, with his pockets FULL of money and his head COVERED with laurels.

GOD SAVE THE UNITED STATES.

有人进行单发射击，先后杀死了8个民兵。第一声枪响之后爆发了一次小规模战斗。从周围城镇聚集而来的愤怒的武装人员集中向英国军人射击。利用印第安人的"打了就跑"战术，民兵在火力掩护下射击，最终击毙73名英国军人，击伤174人，英国人被赶回波士顿。5月9日，在盖奇将军停下来总结列克星敦和康科德战役时，伊桑·艾伦（Ethan Allen）的佛蒙特州非正规军——"格林山兄弟会"（Green Mountain Boys）在本尼迪克特·阿诺德上校（Colonel Benedict Arnold）的康涅狄格州民兵组织支援下，进攻并占领了位于尚普兰湖（Lake Champlain）以西的泰康得罗加要塞（Fort Ticonderoga）的英军戍地。

1774年9月在宾夕法尼亚州费城成立的大陆会议[1]也要采取一些措施了。经过激烈辩论之后，大陆会议在1775

右图：罗伯特·罗杰斯（1731-1795年），一名勇敢、有能力、足智多谋的侦察兵和游骑兵领导者，他在法国-印第安人战争和美国独立战争中都曾与英国人交战。

对页图：这是一张吸引年轻人参加大陆军的征兵海报，图中展示了燧发枪装填的步骤。

---

[1] 1774年至1789年英属北美十三个殖民地以及后来美利坚合众国的立法机构，共举行了两届会议。1776年7月4日，第二届大陆会议通过杰弗逊起草的《独立宣言》。

年5月25日决定让宾夕法尼亚州殖民地进入战备状态。6月14日，大陆会议通过了大陆军的一项总体计划，批准建立几支正规军步枪部队；这一天现在是美国陆军的诞生日。6月17日，大陆会议任命乔治·华盛顿将军为总司令。与欧洲一样，这其中资历起了很大作用，因为华盛顿在法国－印第安人战争中就是美国最杰出的军官。当华盛顿还在与议员握手时，血腥的邦克山战役 [Battle of Breed's (Bunker) Hill] 正在波士顿对面的查尔斯顿半岛展开。

大陆会议还通过了一项管理武装力量的法案。正如预料的那样，大陆法案直接来自英国的管理条例，但对军官提出了更严格的要求："任何在役军官，只要被军事法庭判处行为不端或声名不雅，如言行与对军官或绅士的要求不符，都必须踢出军队。"荣誉准则成为接下来数十年来管理军官的重要基础，同时也给予了华盛顿

下图：1775年4月19日，英国正规军在列克星敦和康科德撞进了"大黄蜂的蜂巢"，他们遭到殖民地民兵组织的追击，整个行动中共有73人死亡，174人受伤，另有26人在撤退中失踪。

> "在这里,我看到了各种各样的人聚集在一起,几乎没有任何纪律、规则或管理……混乱和无序充斥着每个角落。士兵们认为他们的指挥官不过是一个'扫帚柄'而已。"
>
> ——乔治·华盛顿在波士顿写道

所需要的权力来整顿军队,如清除军队中的偷窃者和肩负重要职责但又能力不足的人。

1775年7月3日,大陆会议命令华盛顿前往波士顿地区,那里聚集了所有殖民地军队。花名册表明民兵总数为16770人,但将近20%的人缺席或有伤病。华盛顿要求在12月之前完成兵籍登记。当被问及是否愿意在新的大陆军条例下延长服役时,这些思乡的士兵仅有六分之一表示同意。

士兵之间几乎无法区分。他们没有制服,仅有一些志愿民兵穿着杂色的破烂衣服。大陆军的步兵身穿平民的衣服,通常是棕色的像僧袍一样的狩猎服,而这种衣服不久之后成为美国陆军最常见的制服。临时凑合的腰带和各种颜色的帽徽充当了士兵等级的标志。大陆会议要求陆军制服在棕色外套上搭配不同颜色的装饰物,以区分不同军团——这是从英国陆军那里学来的分辨方法——但立法机构从来没有批准拨发制服的经费。有时,士兵衣服和平民衣服唯一的区别就是头饰,因为有的士兵可以找到或买到一顶珍贵的"三角帽"。

志愿兵有他们自己的武器,通常是滑膛枪,或不同口径的猎枪。他们不得不自己熔炼金属,然后自行制造铅弹头和大型铅弹。他们没有补给系统,没有军粮和军需官,也没有运输系统。除了亨利·诺克斯(Henry Knox)从提康德罗加堡[1]翻山越岭拉来的58门火炮,志愿兵还有几门

上图:如果不是因为自负而叛逃到英国,本尼迪克特·阿诺德(1741—1801年)很可能成为独立战争期间最杰出的美军将领,很显然,叛逃的后果偏离了他的判断。

[1] 提康德罗加(Ticonderoga)是纽约州埃塞克斯郡的一个镇,位于纽约州和佛蒙特州的交界。镇治内有一座18世纪的大型堡垒,名为提康德罗加堡,1754年到1757年间由法国人修建。它在18世纪法国与英国之间的殖民地冲突中具有战略意义,并且在美国独立战争中再次发挥了重要作用。

1 形成期（1620—1814年）

加农炮，但几乎没有火药和炮弹。

大陆会议派遣一个委员会前往波士顿了解乔治·华盛顿需要什么。华盛顿将军表示需要20370名士兵，组织成26个营，每个营包含8个连，其中不包括炮兵和步枪兵。华盛顿认为波士顿暂时不需要骑兵，也不需要为骑兵准备物资，因此暂时没有对骑兵提出要求。大陆会议批准了建营的要求，军营分配为马萨诸塞州16个，康涅狄格州5个，罗得岛2个，新罕布什尔州3个。当应征入伍的士兵还不足1000人时，华盛顿不得不依靠民兵与波士顿的英军作战。

一些关键人物也在此时涌现。跟随乔治·华盛顿作战的重要人物包括亨利·诺克斯，他是波士顿的一名书商，熟知火炮知识，还有罗杰斯的游骑兵部队副指挥官——约翰·斯塔克。还有三名前英国正规军的军官也在殖民地获得成功：亚瑟·圣·克莱尔（Arthur St. Clair），他参与过魁北克的战斗；霍雷肖·盖奇（Horatio Gates），他是皇家美洲部队

左图：1775-1776年围攻波士顿[1]期间，乔治·华盛顿（1732-1799年）（中）向在马萨诸塞州坎布里奇作战的一支新部队致意。

大陆军1775年每月薪水	
列兵、步兵	6.67美元
列兵、炮兵和骑兵	8.33美元
少尉	10.00美元
中尉	13.33美元
上尉	20.00美元

[1] 列克星敦战斗之后，汇集在波士顿近郊的各地民兵把7000多英军围困在波士顿市区。1776年3月17日，英军被迫放弃波士顿。

邦克山战役

查尔斯顿半岛位于穿过波士顿的河上。在战争的前几个月里,双方都没有占领该岛。1775年6月13日,康涅狄格州民兵组织的伊斯雷尔·帕特南将军(General Israel Putnam)和马萨诸塞州民兵组织的威廉·普莱斯考特上校(Colonel William Prescott)决定,民兵最好能在英国军人到来之前占领查尔斯顿半岛。两天之后,殖民地民兵得到安全委员会的批准,开始进入该区域。帕特南利用小推车带来了挖掘工具,而关于从哪里开始挖掘讨论了两个小时之后,他做出了一个错误决定:把要塞设在了62英尺(1英尺≈0.3米)高的布里德山上,而不是110英尺高的邦克山。

英国的盖奇将军不可能让殖民者运来火炮,从查尔斯顿半岛轰炸波士顿。他同意在米斯蒂河(Mystic River)实施两次两栖登陆:一次是进攻布里德山的民兵,另一次是在河流下游登岸以切断对方的撤退路线。该战术非常成功,但战术的实施非常失败。1775年6月17日中午,经过皇家海军一阵轰炸之后,罗伯特·皮戈特准将(Brigadier General Robert Pigot)率领1500名士兵跨过河流,在沒有遇到任何抵抗的情况下登上莫尔顿山。他们在那里排成三列,然后向布里德山迈进。另外1000人在威廉·霍伊爵士(Sir William Howe)的指挥下包围了美国人,并实施了一次经典的夹击行动。

英国人的战术没有按照计划实现。约翰·斯塔克上校(Colonel John Stark)的新罕布什尔州民兵——全部都是神枪手——在防御工事后面射击。他们等到英国人靠近后才开始射击,将霍伊的先头部队完全打乱。霍

上图:1775年6月17日,英国人乘船从波士顿到达查尔斯顿半岛,目的是打破包围。E.佩尔西·莫兰(E. Percy Moran)的油画描绘了英国军队在邦克山上惨败的情景。

下图:英军的舰船和火炮试图摧毁布里德山上的大陆军阵地,同时英国步兵对大陆军防御工事发起第一次进攻。

伊再次发动进攻，但斯塔克布置了三排步枪手，一排射击，同时另外两排装填弹药。他指导士兵向下瞄准，并朝英军的指挥官射击。

霍伊和皮戈特会合后再次率领步兵进攻布里德山的防御阵地以及山下的防御栅栏。与第一次一样，第二次进攻也失败了，甚至原因都是一样的，但一些民兵已经耗尽弹药了，正在退回邦克山。

获得400名支援士兵后，霍伊组织了第三次进攻。他命令士兵丢掉背包并装上刺刀。英军的火炮向对方防御工事开火以掩护士兵的进攻。帕特南似乎一度大声呼喊"看到对方的眼睛后再射击"，但这个命令可能是普莱斯考特下达的。民兵在10码（1码≈0.9米）的距离处开火，在剩余的弹药几乎耗尽时最终击退了敌人。英国人后一次进攻防御工事用的都是石块和棍棒。大部分民兵从防御工事中突围出来，逃到了邦克山。

此次战役中，英国人共有1150人伤亡，民兵伤亡人数则为441人。

上图：1775年6月17日，英国人试图将大陆军从查尔斯顿半岛海峡赶走，进而突破波士顿的包围。战斗主要分为两个阶段：第一阶段是进攻布里德山，第二阶段是进攻邦克山。邦克山战役让大陆军史无前例地团结起来。

的一名少校；查尔斯·李（Charles Lee），他也是一名经历多次战争的老兵。当然还有其他人也展现出了领导才能："疯狂的"安东尼·韦恩（"Mad" Anthony Wayne）、"轻骑兵"亨利·李三世（"Light Horse" Harry Lee）、罗得岛民兵组织的纳撒尼尔·格林（Nathaniel Greene）以及来自边远山区的曾在布拉多克（Braddock）战斗过的步枪手——丹尼尔·摩根（Daniel Morgan）。下层民众中最有领导天赋的可能就是本尼迪克特·阿诺德了，但他最后成为令人憎恶的叛徒，如果他在萨拉托加（Saratoga）[1]就战死了的话，他一定会成为美国最伟大的英雄之一。在大陆会议1775年任命的13名将军指挥官中，仅有2人没有作战经验。

华盛顿希望在整个战争期间不停地征募新兵，但各州都通过说服他们的国会代表阻止该做法。华盛

左图：1775年5月10日，伊桑·艾伦（1738—1789年）登上台阶，举起佩剑，向其"格林山兄弟会"的指挥官们宣告，他已经占领了提康德罗加堡。

---

[1] 纽约州中东部郡县，独立战争时期，这里发生过萨拉托加战役，美军获胜。

上图：1775年4月19日，有人打响了"响彻全世界的枪声"，虽然威廉·巴恩斯·沃伦（William Barnes Wallen）的这幅杰作将战斗画在了列克星敦市，这次小规模冲突实际上发生在康科德。

顿将军最终勉强接受了一年期的兵役制。

尽管是折中办法，华盛顿还是在1776年1月1日成功组建了大陆阵线（Continental Line）。该阵线是由长期服役的士兵组成的部队，但也可以加入短期服役的民兵。那一天，华盛顿在波士顿举起了第一面殖民地联军的旗帜——十三条红白条纹旗，外加圣乔治和圣安德鲁十字架。3月17日，大陆阵线赢得了第一次重大胜利。当时占领波士顿的英国军队宣告战败，并撤离波士顿，乘船逃往新斯科舍（Nova Scotia）[1]的哈利法克斯市（Halifax）[2]，但仅仅几周之后他们又返回了纽约的斯塔顿岛（Staten Island）。

美国在巴黎的专员和采购员——康涅狄格州的塞拉斯·迪恩（Silas Deane）可能不经意间解决了华盛顿最大的一个问题。他雇用了一些欧洲最好的野战指挥官和参谋人员，如约翰·迪卡尔布（Johann de Kalb）（步兵）、弗雷德里希·W.A.斯图本（Friedrich W. A. Steuben）（参谋）、卡西米尔·普拉斯基（Casimir Pulaski）（骑兵）、撒迪厄斯·科希丘什科（Thaddeus

---

[1] 拉丁语意为"新苏格兰"。加拿大东南部的省，由新斯科舍半岛和布雷顿角岛组成。

[2] 加拿大新斯科舍省首府，战略位置重要，有"北方卫士"之称。1749年英国苏格兰移民在此定居。

霍雷肖·盖奇将军（1728—1806年）在波士顿周边带领大陆军取得了卓越的战绩，但他最著名的成就还是萨拉托加战役（1777年6月至10月）。

"疯狂的"安东尼·韦恩（1745—1796年）在独立战争期间参与的战役可能比大陆军所有其他将领都要多，他曾负责布兰迪万河（Brandywine）的宾夕法尼亚州战线。

Kosciuszko）（炮兵）以及马奎斯·拉斐特（Marquis de Lafayette），并把他们送到了美国。除了使用这些外国人，与英国将领一样，华盛顿也使用经验丰富的老兵训练他的步兵、骑兵和炮兵。冯·斯图本（Von Steuben）起草了一份管理条例，制定了一套战术原则。1778年，冯·斯图本在福吉谷（Valley Forge）[1]了解到，华盛顿已经十分了解殖民地志愿兵的思想和性格了。斯图本表示，这是打开美国士兵军事教育大门的关键。当时的士兵经常不遵守纪律，并且对在远离家乡和庄园的地方延长服役制度感到不满。"这个国家人民的天赋，"冯·斯图本写道，"一点也不比普鲁士人、奥地利人或者法国人差。

左图：这幅名为《独立宣言》的拼贴画展示了美国前8位总统的半身像，两侧分别是"自由"（左）和"希望"（右）女神像，下方的13个士兵代表13个殖民地。

---

[1] 宾夕法尼亚州切斯特郡一个国家公园，位于斯库尔基尔河畔的菲尼克斯维尔东南方7千米处。1777—1778年为华盛顿冬季总部，以士兵冬季操练和检阅闻名。

乔治·华盛顿

乔治·华盛顿出生于1732年2月22日，他的曾祖父是英国人，于1658年搬至弗吉尼亚州。华盛顿在青年时期平淡无奇，但他总是对其他事物充满幻想。15岁结束正规教育之后，华盛顿成为一名富有的农场主，而其主要财产是继承而来的。与其他人一样，华盛顿也加入了一个民兵组织，他曾参加过与法国人的作战行动。1754年4月，他成为弗吉尼亚州民兵组织的一名中校。这次任命对华盛顿的军事生涯起到了极大的促进作用。

华盛顿可能不是一个军事天才，但7年的军事生涯完整地展现了他真正的人格和刚毅的性格。他率领的大陆军数量在任何时候都没有超过35000人，他所参与的最大战役也不过是一些小规模冲突。华盛顿在纽约战役期间遭遇了最大的战略挑战之一。当时他的军队在曼哈顿陷入包围，几乎被英国军队消灭。但他巧妙地逃到了纽约州白原市，避免了大陆军被消灭的厄运。华盛顿的战略天赋在特伦顿[1]和普林斯顿[2]的冬季战役中表现出来，当时他指挥3000名勇敢的士兵击败了英国人。

华盛顿奉行简单战略原则。他不期望与训练有素、装备精良的英国军队正面交战并取得胜利，但他始终力保自己的部队不受损失。

华盛顿为美国军事形势的未来带来了希望。几乎没有指挥官可以在隆冬岁月里组织起濒临饿死、接近衣不蔽体、士气低落的士兵，同时士兵的薪水也无法保证，发放的大陆军货币不过是在白纸上印上了数字而已。

乔治·华盛顿最终成为一名备受尊敬的将军，同时也是美国第一任总统，不仅仅因为他的才华和天赋，更因为他知道如何领导他人。

上图：1776年圣诞夜，乔治·华盛顿将军带领他的小型船队跨过布满稀疏冰块的德拉瓦河，这成为他第二天早上在特伦顿发动突袭的序曲。

---

[1] 新泽西州首府，河港。
[2] 新泽西州城市，地处纽约和费城之间。

你对（欧洲的）士兵说'这样做'（Do This），士兵就会执行；但（在美国）我必须这样说，'这就是你必须这样做的原因'，然后士兵才会执行。"

华盛顿一边聚集部队，冯·斯图本一边训练他们。大陆军内部出现了令人震惊的专业化转型，即掺杂着德国严明的军事纪律和美国典型的个人自主性战术训练传统的混合式英国军事系统。

大陆军前后共有230000名士兵服役，但从来没有这么多士兵同时在役。各州的民兵总计达到165000人。在将近400000人的陆军中，同一时刻在战场上作战的人数从未超过20000人。英国军队共有42000名职业军人，后来又增加了30000名德国黑森雇佣兵。

战事在1781年10月19日结束，查尔斯·康沃利斯将军在弗吉尼亚州的约克城投降。在由罗尚博伯爵（Comte de Rochambeau）领导的法国陆军和海军上将格拉斯（Admiral de Grasse）领导的一支法国舰队的大力协助下，华盛顿俘获了康沃利斯。此次失败之后，英国人再也无法恢复过来了。

这是一场新旧世界之间的战争。大陆军以非正统的方式作战，不仅因为他们受到了高超的训练，还因为他们不受传统欧洲作战理论的束缚。英国人带来一支完全正统的军队与美方作战，作战方式也是传统和可预测的。大陆军多次几乎放弃，但最终坚持了下来。英国人也多次面临胜利的机会，但最终都没有抓住。战争正式结束是在1783年9月3日，当时签署了巴黎和平条约。英国人对战争结果并没有太大的触动，因为大部分"敌人"都或多或少与他们有亲属关系。

国防问题

美国独立战争期间，华盛顿建立了完整的陆军体系，其中包括步兵、炮兵和骑兵等兵种。他还为专业化陆军配备了所有支援力量，为国防起草了蓝图，其基本原

上图：1777年6月14日，国会通过了国旗决议，指定采用十三条红白条纹旗，左上角蓝色区域内有十三颗星星。当时有很多种提案，但裁缝罗丝女士（Betsy Ross）的方案最终被选中。

对页图：弗里德里希·威尔海姆·冯·斯图本男爵（Baron Friedrich Wilhelm von Steuben, 1730-1794年）于1777年秋季来到美国。他自愿成为大陆军的一名军官，在福吉谷与乔治·华盛顿相遇后，为美国士兵建立了一套训练体系。

则在今天依然存在。他还要求建立海军，因为没有海军，美国便无法保护他们的海洋贸易或港口。国会忽略了他的建议，并解散了华盛顿为建立新共和国而征集的军队。

这种短视造成了一定的后果。英国人仍然向边境的要塞增加兵力，印第安人屠杀的移民者再次增多。印第安人的问题持续了100多年，但直至1784年国会仍然没有意识到这个问题。当年6月3日，立法机构批准建立一支正规的陆军部队，并命名为美国第一军团。参加过独立战争的约西亚·哈马中校（Lieutenant Colonel Josiah Harmar）在皮特堡（Fort Pitt）（后来的匹兹堡）征集士兵。第一军团自始至终都没有解散，一直存在了几十年，

下图：1781年1月17日，考彭斯战役，英国伯纳斯特·塔尔顿将军（General Banastre Tarleton）的骑兵袭击了美国的骑兵。随后，塔尔顿因大陆军的丹尼尔·摩根将军的双重夹击而战败。

上图:1781年10月7日,英国的帕特里克·弗格森上校(Colonel Patrick Ferguson)的1100名步枪兵,被艾萨克·谢尔比上校(Colonel Isaac Shelby)和理查德·坎贝尔上校(Colonel Richard Campbell)率领的1400名卡罗来纳州山地兵和弗吉尼亚州民兵消灭。

最终成为第三步兵师。

哈马的辖区在冬季发生了一起事故,一名士兵在一次冬粮运输中从船上落水,被救上来之后腿脚完全冻僵,送往麦金托什堡(Fort McIntosh)治疗。三个人留下照料受伤的士兵:军士长达菲(Sergeant Major Duffy)、他的妻子,以及一名下士。哈马的妻子也在那里一同拯救了受伤士兵的生命。该事件标志着女性第一次出现在美国正规陆军的作战前线。

1789年,乔治·华盛顿成为总统,马萨诸塞州的亨利·诺克斯——华盛顿将军战时的炮兵首领正式成为第一任战争部长。宪法第二条第二款规定华盛顿为陆海军的总司令,"并在各州民团奉召为合众国执行任务期间担任统帅"。华盛顿立即命令诺克斯重建陆军。这种情况从未发生过,因

上图：1781年10月17日，查尔斯·康沃利斯将军（General Charles Cornwallis）与华盛顿将军谈判，提出英国军队投降。两天之后，约克城的卫戍部队走出防御阵地，放下武器投降。

[1] 美国与英国之间发生于1812至1815年的战争，是美国独立后第一次对外战争。1812年6月18日，美国向英国宣战。1812至1813年，美国攻击英国北美殖民地加拿大各省。后来，英国占领美国的缅因州，并且一度攻占美国首都华盛顿。但此后英军多次遭到挫败。1815年双方停战，边界恢复原状。

为国会没有通过扩大正规军规模的法案，而是通过了民兵法，该法将国防的职责和开支下放到各州了。因此，当1812年詹姆斯·麦迪逊总统与英国开战时，仅有少量正规军在边境阵地作战，独立训练的各州民兵之间几乎没有协作能力和凝聚力。

西进

美国独立战争和1812年战争[1]之间又爆发了几次值得关注的战斗。1802年，来自弗吉尼亚州的托马斯·杰弗逊总统签署一项法案以建立一支永久编制的陆军，虽然他是正规军的反对者。他还批准在纽约州西点组建美国军事学院，同时任命了12名军官。1年之后，他从国会得到了200万美元，并将其用于从法国殖民者手中买下路易斯安那州。这块土地从墨西哥湾延伸至加拿大，从密西西比河山谷延伸至落基山脉。

既然拥有了一支陆军，杰弗逊就开始使用它了。1804年，他派遣梅里韦瑟·刘易斯上尉（Captain Meriwether Lewis）和威廉·克拉克中尉（Lieutenant

1781年3月15日,美国民兵组织的骑兵在吉尔福德法院(Guilford Courthouse)与英国骑兵发生小规模冲突,然后撤退到了卡罗来纳州。

派克向西部的军事入侵也付出了代价。虽然平原上的印第安人没有立即反抗，但部落动乱的局面迅速蔓延至中西部。1811年，美国肖尼族印第安人[1]首领特库姆塞（Tecumseh）组建了一个印第安人联盟，并与英国人结成联盟。印第安纳州州长威廉·亨利·哈里森将军（General William Henry Harrison）动员他的民兵，并向美国政府要求增援。詹姆斯·麦迪逊总统远比杰弗逊好战，他派去了美国第四步兵团。哈里森将军亲自训练这支组合部队，并在蒂珀卡努河（Tippecanoe）打败了肖尼族印第安人。然而，印第安人的反抗依然继续。

1812年，冲动的战争

1812年6月18日，美国向英国宣战，主要原因是海军和海事问题。麦迪逊总统认为，控制加拿大并将英国人从美国大陆赶走就可以解决美国的问题。两个月后，威廉·赫尔将军（General William Hull）拥有一支装备精良的部队，在密歇根州的底特律与更弱的英国-加拿大部队几乎没有交战就可耻地投降了。麦迪逊总统忍受了这次失败。

弱小的正规军已经成立25年了，但一直存在作战效率低下、指挥能力不足的问题，很多情况下甚至采取了愚蠢的举措。

上图：1806—1807年，泽伦·M.派克（1779—1813年）将军带领一支探险部队穿过西南部平原进入科罗拉多州，并以自己的名字给那里的一座山峰命名。

William Clark）带领30名正规军士兵和12名向导及翻译官，开启了为期两年的具有划时代意义的远征，跨过未开发的西部地区到达太平洋沿岸。1805年，陆军高级军官詹姆斯·威尔金森将军（General James Wilkinson）派遣泽伦·派克中尉（Lieutenant Zebulon Pike）再次向西南探险。然而，威尔金森曾与西班牙关系密切，他的行动可能不像杰弗逊那样毫无私心。

[1] 北美印第安人的一支，分布在美国俄克拉荷马州保留地。原住俄亥俄州。1795年与美国政府订立割地条约，被迫住进保留地。

在冲突的早期阶段，战争部长约翰·阿姆斯特朗重新把陆军派到了前线，因为在电报通信出现之前，他们几乎错过了所有协同作战的机会。阿姆斯特朗最大的贡献是为陆军提供了第一套全面而综合的管理系统，也为未来创造了模板。

来自西点军校的正规军已经根据几十年的传统建立起了指挥系统，民兵组织中做出同样努力的则是那些认真履行职责并且研究战术的志愿军官。正规军和民兵开始变得专业，一起走出低效的阴影。

在加拿大边境的几次惨败让英国人相信，继续战争不会有好结果，但对他们来说，最大的失败还没有到来。1814年

左图：早期西部的探险者，如梅里韦瑟·刘易斯和威廉·克拉克，都严重依赖印第安人给他们带路。

图中是梅里韦瑟·刘易斯（1774—1809年）和威廉·克拉克（1770—1838年）的青铜雕像，他们于1804年至1806年一起开辟了从圣路易斯通往太平洋的道路。

上图：1813年10月5日，泰晤士河战役期间，威廉·亨利·哈里森（1773-1841年）骑着一匹白马，击杀了特库姆塞。他是强大的肖尼族印第安人首领，与英国人关系密切。

圣诞节前夕，根特条约[1]的签署标志着战争结束，美国和加拿大之间有了明显的分界线，但这还远远不够。两周之后，由于不知道已经签署了和平协议，安德鲁·杰克逊将军（General Andrew Jackson）领导的装备破旧的几千人的混杂部队（虽然一些士兵装备了肯塔基州步枪），在路易斯安那州新奥尔良与爱德华·帕克南少将（Major General Sir Edward Pakenham）领导的8000名英国正规军交战，这位帕克南爵士是伟大的威灵顿公爵的姐夫。杰克逊发布戒严令，在通往城镇的道路上设立防御工事，将其部队集结在一个天然的瓶颈区域。这里一边是密西比河，另一边是罗德里格斯运河。虽然没有得到国会的批准，他仍然号召了志愿兵，征集了一些自由黑人、罪犯和海盗，还有一支珍·拉斐特（Jean Laffite）的走私队。帕克南穿过一片浓雾，撞进了美国人的火力圈。他向前推进，在跳出巧妙设置的陷阱的过程中损失了1971人。杰克逊报告称己方仅有71人伤亡。帕克南向墨西

[1] 1814年12月24日，签署于根特（现今的比利时，当时是尼德兰联合王国的一部分）的终止1812年战争的和平条约。此条约将英美两国的关系大体恢复到了战前状态，双方都没有领土损失。

哥湾撤退，然后乘船离开了。没有人批评杰克逊，因为根特条约直到1815年2月才被承认。

对于美国而言，1812年的战争主要是由民兵和志愿兵完成的。陆军征集了528274人，但仅有56652人是正规军。美军也有一些伤亡：1900人死亡，4000人受伤。在早期的战争中，疾病造成的死亡人数可能超过其他因素造成的死亡人数，但没有人记录疾病导致的伤亡人数。

正规军与志愿兵的混合作战没有引起国会的注意，除了必要的牵制印第安人的部队，其他部队都很快被解散了。从美国初期的战争开始，以及后来与法国人和英国人交战的整个过程，印第安人都没有停止过守护他们认为属于自己部落的领地。

右图：安德鲁·杰克逊（1767—1845年）将军骑着马，催促他的部队快速向在浓雾中前进的英国人射击。

右图:新奥尔良战役期间,美国军队在由棉花包构成的防护墙后面向下方的英国人射击。

下图:杰克逊将军的一名工程师生动刻画出美国陆军征服华丽的英国军队的光辉时刻。

齐佩瓦战役

新的面孔带来了新的开始。27岁的温菲尔德·斯科特（Winfield Scott）——弗吉尼亚州的一名炮兵中校——来自一个平民家庭，应征加入志愿兵之后开启了军事生涯。雅各布·布朗将军（General Jacob Brown）——纽约的一个民兵，同时也是安大略湖一位富有的地主——加入了正规军，并取代了詹姆斯·威尔金森。威尔金森在1813年进攻蒙特利尔的战役中失利，随后被惩戒免职。布朗接管了纽约西部的部队，他意识到他的士兵需要训练，就把士兵们交给了斯科特。

深受冯·斯图本影响的斯科特找到了一本拿破仑写的指令教科书，在接下来的三个月里他负责训练布朗的民兵。他教军官如何行军，如何使用车辆，如何操作滑膛枪，如何使用刺刀，然后他指导并监督军官训练了四个步兵团和两个炮兵连。"如果我所做的不能创造出目前最好的陆军部队，"斯科特向布朗说道，"我自愿被开除。"

1814年7月，布朗派出他的一个大队进攻位于尼亚加拉河加拿大一侧的伊利堡。该部队不费一枪一弹就占领了那里。斯科特带领他自己的1300人部队进入安大略湖。他在伊利湖以北15英里、靠近齐佩瓦河的地方遇到一支4000人的英国部队，其中大部分是正规军。斯科特训练有素的部队凭借熟练的操作打乱了对方战线。战斗打响之初，英国的菲尼亚斯·里厄尔少将（Major General Phineas Riall）注意到美国士兵身着灰色衣服，而不是常规的蓝色衣服，并且他们坚称自己是出来游玩的民兵。当他看到对方装上刺刀时，他说："天呐，这些人是正规军！"他遭到追击，最终带领伤痕累累的幸存者跨过河流。为了纪念这次胜利，1816年，灰色制服被批准成为西点军校学员的正式服装，这也成为后来美国军事学院毕业生标志性服装的原型。

上图：雅各布·布朗（1775–1828年）将军在五大湖东部组建了部队，并在1814年7月3日占领了安大略湖的伊利堡。

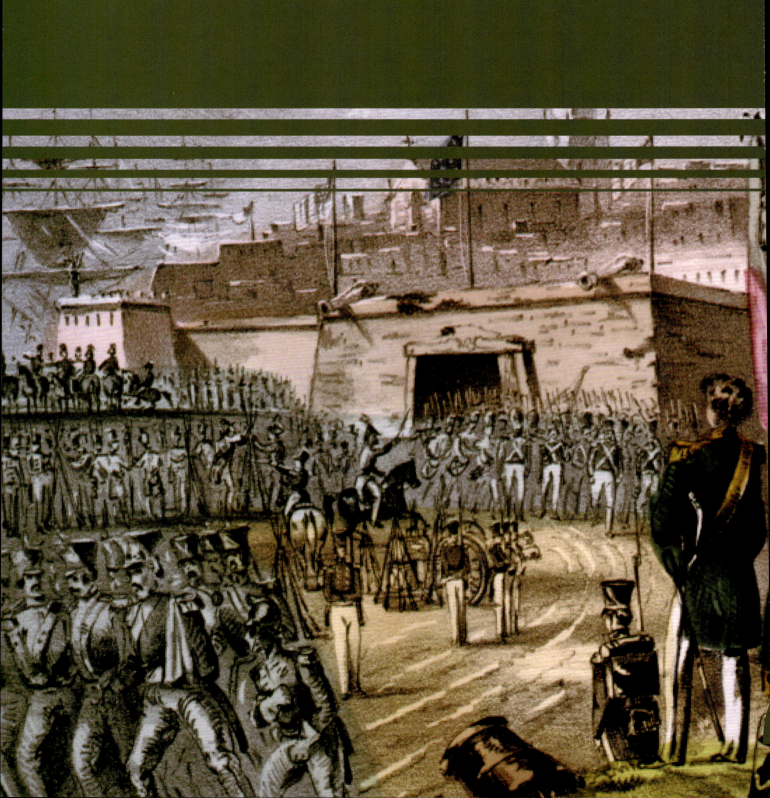

2

发展中的一个世纪
(1814—1898年)

美国陆军

1812年的战争结束以及墨西哥战争[1]开始之后成为美国陆军成型的决定性阶段。从1817年开始,美国陆军发生重大变化,当时的詹姆斯·门罗总统在其任期的第一年参观了西点军校之后解雇了其负责人,并换成了学院1808届毕业生、名誉少校西尔维纳斯·塞耶(Sylvanus Thayer)。门罗任命约翰·C.卡尔霍恩(John C. Calhoun)为南卡罗来纳州的战争部长,并要求他全力支持塞耶。卡尔霍恩认为战争是一门艺术,而塞耶则把战争视为一项专业性活动。新上任的负责人塞耶试图证明他的观点。他前往欧洲调研军事学校,在返回西点军校后,决定将注意力集中在工程、火炮和战术上。他还建立了专业学校:1824年,位于切萨皮克湾入口处的弗吉尼亚州门罗堡成为一所炮兵学校;1827年,位于圣路易斯的杰弗逊兵营成为一所一年制的专业步兵学校。

塞耶掌管西点军校长达16年,他将学院从一个基本的步兵训练学校转变成美国第一所技术学校。1824年之后,美国陆军工程兵团在国家的道路、海港、铁路和运河建造与扩建过程中充当了主要角色。西点军校还为全美的专业学校引入科学教育奠定了基础。1846年墨西哥战争爆发时,西点军校已经有1000名学员毕业。虽然西点军校自1802年以来在不同负责人的领导下一直在进步,但直到今天,塞耶依然被尊称为"西点军校之父"。

西点军校的毕业生在完成所有学业之后,可以自行选择出路。他可以继续当

> "战争不是像某些人想象的那样仅仅是关于运气的游戏。其原则构成了最复杂的现代科学之一。"
>
> ——亨利·W.哈勒克少将(Major General Henry W. Halleck)

---

[1] 即美墨战争,是美国与墨西哥在1846年至1848年的一场关于领土控制权的战争。墨西哥战败,割让得克萨斯、新墨西哥、加利福尼亚,共230万平方千米的土地。

上图：1835年12月，塞米诺尔印第安人[1]袭击了威斯拉库奇河[2]（Withlacoochee River）上的一处陆军要塞，温菲尔德·斯科特少将需要救援他的竞争对手——艾德蒙·P.盖恩斯少将（Major General Edmund P. Gaines），以避免后者全军覆灭。

一名职业军人，或在普通大学教授科学，或利用所学的工程知识参与国家基建。无论西点军校的毕业生选择民用还是军事领域，他始终是一名士兵。

打开西部

1829年，"老胡桃木"（"Old Hickory"）安德鲁·杰克逊将军成为美国第七任总统。他的别名来自燧发枪装填的标准配置——山胡桃木春杆。春杆永远不会弯曲，杰克逊也是如此。杰克逊将军于1815年在新奥尔良打败了英国人，从此开启了他的政治生涯。杰克逊还是一位"无耻的"扩张主义者。1830年，他签署了印第安人迁移法案，其中要求五个印第安人部落——彻罗基族人（Cherokee）、契卡索族人（Chickasaw）、乔克托族人（Choctaw）、克里克族人（Creek）和塞米诺尔族人（Seminole）从南部各州富饶的烟草和棉花产地迁移至俄克拉荷马州荒凉的平原。一些部落和平民离开了，但塞米诺尔族人发起反抗，并逃

[1] 操穆斯科格语的北美印第安部落，为克里克人的旁支，以渔、猎为主，农业为辅。历史上，塞米诺尔人力图抗击白人对其土地的侵占，以免西迁，曾频繁进行战争，但大多数人最后投降，被迫移往印第安人地区（今俄克拉荷马州），被安置在克里克人居留地的西部。

[2] 佛罗里达州的一条河流，流入墨西哥湾。

塞米诺尔战争

1817年，南方事务部长官安德鲁·杰克逊少将发动了第一次塞米诺尔战争，因为印第安人袭击了佐治亚州，所以杰克逊入侵了西班牙殖民的佛罗里达州。在追逐印第安人的过程中，杰克逊占领了几处西班牙领地。杰克逊给美国带来了一个外交问题，但他成功解决了这个问题，并实现了他的一个目标，即让西班牙放弃佛罗里达州。

1835年，塞米诺尔族人发起叛乱，因为美国陆军试图将他们赶到俄克拉荷马州。扎卡里·泰勒准将（Brigadier General Zachary Taylor）制定了作战方案，在有大量鳄鱼出没的沼泽地搜索由首领奥西奥拉（Osceola）带领的塞米诺尔游击队。泰勒使用平底的船只、划艇和侦探猎犬，经过五年的作战，结果并不令人满意，然后他将这项任务交给了别人。战争最终于1842年结束，当时威廉·沃斯准将（Brigadier General William Worth）摧毁了印第安人的生活物资，占领了塞米诺尔族印第安人的最后一个要塞。还有一些塞米诺尔族人隐藏在大沼泽地中，但国会认为沃斯已经完全解决了问题，1842年8月23日，国会将美国陆军减少至8613名军官和士兵。

超过10000名正规军和30000名民兵参与了塞米诺尔战争（1817—1818年，1835—1842年），有些人也认为两次战争是一次连续的长期冲突。1138名士兵因疾病而死亡，战斗伤亡为328人。对于泰勒和沃斯而言，他们还有一场仗要打，但不在佛罗里达州了。

上图：第二次塞米诺尔战争（1835—1842年）是一系列向佛罗里达大沼泽深入渗透的行动。在某次行动中，尤斯蒂斯将军（General Eustis）烧掉了一个镇。

下图：在第二次塞米诺尔战争期间，联邦部队跨过佛罗里达州中部的克瓦哈湖（Lake Ocklawaha），试图赶走河流两岸的塞米诺尔族印第安人。

上图：在第二次塞米诺尔战争期间，南卡罗来纳州的一个骑兵连到达威斯拉库奇河，替换掉大量感染疟疾和其他疾病的士兵。

到了佛罗里达大沼泽地。将南部的印第安人遣送到俄克拉荷马州也给当地的印第安人带来了压力。

政府认为的1812年战争之后的"三十年和平"并不存在。移民者和军人开始与新的对手——西部平原的印第安人发生冲突，他们也是最好的非正规轻骑兵。步兵无法与野蛮的不用马鞍作战的美洲原住民交战。1833年5月23日，国会批准成立骑兵部队，这也是后来的美国第一骑兵团的原型。自大陆军解散后，美国一直没有正规的骑兵团，主要原因是国会不想承担开支。虽然几十年来一直存在民兵和志愿骑兵，但与传统的英国民兵组织一样，他们自行筹备武器、马匹和军服。1836年，陆军组建了第二个骑兵团，骑兵

> "今天早上，我将跟随骑兵进入波尼族印第安人[1]的领地，但只有上帝知道那里是什么样子。"
> ——乔治·卡特林（George Catlin），艺术家

[1] 北美大平原印第安民族，自16世纪初期到19世纪晚期一直生活在内布拉斯加州普拉特河沿岸。

似乎就此延续下来了。

骑兵天生对南方拥有种植园的农场主具有吸引力，他们需要马匹进行运输，并且也有空闲时间进行军事训练。很多来自南方的西点军校毕业生都是技术娴熟的骑兵，并且毕业后也准备进入骑兵部队服役。

拓荒者定居在西部，骑兵和步兵从圣路易斯的杰弗逊兵营（1826年）向西建造了一系列堡垒，一直到普拉特河，由此打开并保护了这个开放的空间。1829年，第6步兵团的四个连摧毁了通往新墨西哥州的圣菲贸易通道。1830年，美国陆军占领了从明尼苏达州的斯内林堡（Fort Snelling）到俄克拉荷马州的吉布森堡（Fort Gibson）之间的密西西比河西岸上的7个阵地。1835年，本杰明·L.E.博纳维尔上尉（Captain Benjamin L.E. Bonneville）经过3年的勘探后回来了，同时带来西北偏远地区的第一幅可靠地图。所有这些活动不可能不引起原住民的注意，密西西比河以西的印第安人暴动也越来越多。

国会对新组建的美国陆军关注很少，团级军官的任命非常缓慢，以至于一名中尉几乎没有机会晋升为上尉。一名少尉每月的薪资是63.91美元，上校为172.66美元，准将和少将的薪资分别为257.75美元和401.50美元，军服的开支从军官的薪水中扣除。19世纪30年代，陆军开始统一军服之后，军官们的生活越发艰难，因为改换标准的蓝色制服大幅增加了他们的开支。晋升名誉军衔进一步增加了军官的经济负担，而他们与印第安人作战没有得到很多宣传。但低等级军人可怜的薪水和繁重的任务，再加上没有退役的希望，导致很多训练有素的年轻军官在军队中另做打算。1836年，117名军官辞职，到社会上重新找工作。

1842年，"探路者"约翰·C.弗里蒙特中尉（Lieutenant John C. Fremont）派出另一支探险队继续探索西部。他借助博纳维尔积累的经验，沿着很多以前的道路前进。他也发现了新路，开辟了俄勒冈小道。不久之后这里给印第安人带来了更大的压力，因为大量帆布覆盖的宽轮篷车沿着这些道路轰隆隆地跨过大草原。弗里蒙特还探索了落基山脉，沿着哥伦比亚河一直到达其河口。他向南开辟了一条穿过俄勒冈州的道路，1845年，他进入加利福尼亚州，这里主要居住墨西哥人。弗里蒙特在美国移民与墨西哥人发生冲突时到达了蒙特雷（Monterrey）[2]。弗里蒙特指挥了所谓的"熊旗暴动"（Bear Flag Revolt），并打败了墨西哥人，然后他在墨西哥战争前夕成为"熊旗共和国"（Bear Flag Republic）的统治者。

弗里蒙特的活动，再加上得克萨斯州

对页图：1847年2月22日至23日，"老而弥坚，准备就绪的"扎卡里·泰勒将军（1784—1850年）指挥了布埃纳维斯塔战役（Battle of Buena Vista）[1]。从历史观点上看，他可能在此期间说过："再多一点'葡萄弹'吧，布拉格（布拉克斯顿）上尉。"他更有可能轻声地说过："再次发射你们的火炮，把敌人送到地狱！"

---

[1] 美墨战争中的一次著名战斗。美将扎卡尔·泰勒率军4700人从蒙特雷出发，增援斯科特部攻打韦腊克鲁斯。墨西哥圣安纳将军在布埃纳维斯塔阻击泰勒军。1847年2月22日，美军与三倍于己的墨军展开鏖战。美军第一天失利，第二天大获全胜。墨西哥军被迫撤退。

[2] 加利福尼亚州的一个城市，位于加州中部太平洋海岸上的蒙特雷湾。

的麻烦,暂时将美国的注意力从印第安人身上转移到了墨西哥,墨西哥人对美国人的入侵表现出越来越强烈的反抗。

墨西哥战争

1835年,超过35000名美国人在得克萨斯州的墨西哥领地上安家落户。墨西哥政府最初表现出容忍,但不久之后就开始厌烦移民者独立的行为,并阻止美国人进一步的移民。1836年,得克萨斯州的美国人发动叛乱,并宣布他们从墨西哥独立。当年年底,山姆·休斯敦将军(General Sam Houston)在得克萨斯州打败了墨西哥军队,并申请加入美国。大多数美国人都赞同休斯敦的做法。但国会一直没有确认,对得克萨斯州加入美国是否合适讨论了10年之久,因为吞并一块仍然属于墨西哥政府的领土可能会引发战争。公众对于吞并所施加的压力可能只会导致一个结果。

1844年11月，来自北卡罗来纳州的詹姆斯·K.波尔克（James K. Polk）——一个不懂军事并且没有作战经验的人——赢得了总统选举，其中一个原因就是他向公众许诺吞并得克萨斯州。1845年3月1日，波尔克正式就职，国会通过决议，承认得克萨斯州加入美国。墨西哥与美国断绝外交关系，并向美国宣战。

没有等到得克萨斯州选民的认可，波尔克就命令扎卡里·泰勒准将将其部队从路易斯安那州调遣到格兰德河[1]，并把这里当作墨西哥和得克萨斯州的分界线。泰勒征集了一支由正规军、志愿兵和得克萨斯州骑兵组成的3500人的部队，然后深入墨西哥人控制但没有宣示主权的区域。泰勒在格兰德河河口处扎营，并在通往墨西哥马塔莫罗斯镇（Matamoros）的河上修建了得克萨斯堡，然后派遣骑兵沿着河流巡逻。1846年4月25日，一支墨西哥分遣队跨过格兰德河，袭击了一支由69名骑兵组成的侦察队，杀死了16名士兵。泰勒向波尔克表示战争已经开始，美国应该准备应战。

5月8日，泰勒将军带着补给从伊莎贝尔海角返回得克萨斯堡时，在得克萨斯州的帕洛阿尔托（Palo Alto）遇到了马里亚诺·阿里斯塔将军（General Mariano Arista）摆好作战队形的6000人部队。泰勒的"飞行火炮"发射了内部装有霰弹筒和实心弹头的6磅、12磅和18磅炮弹，造成敌军500多人伤亡。年轻的尤里西斯·S.格兰特中尉（Lieutenant Ulysses S. Grant）目睹了火炮战役，意识到他及其带领的步兵只能充当旁观者。

5月9日，泰勒在拉帕尔瓦战役中发现阿里斯塔部队建立的防御阵地封锁了道

---

[1] 北美洲南部河流，源出落基山，初向东，继向南流，最后沿美国、墨西哥国界作东南流向，注入墨西哥湾。

路。他大胆地发起进攻，突破了阿里斯塔的防线，经过短暂而密集的战斗之后，泰勒将墨西哥人赶回到格兰德河的另一侧。这一次步兵充当了战斗的主体力量。在为期两天的战斗中，阿里斯塔损失了1100人，而美国则有170人伤亡。由于没有浮桥，泰勒无法跨过河流继续追击。

4天之后，5月13日，国会向墨西哥宣战，并批准陆军扩大规模至15540名正规军和50000名志愿兵。虽然常备军规模还是很小，但作战准备超过了以往任何时候。常备军共有8个步兵团，每个团包

对页图：墨西哥战争期间（1846-1848年），尤里西斯·S.格兰特（1822-1885年）中尉以"山姆"的名字为人所知，但其真实姓名为海勒姆·尤里西斯（Hiram Ulysses）。格兰特在泰勒将军和斯科特将军手下都服役过。

左图：墨西哥战争期间，格兰特中尉指挥一个步兵排作战。他在战争中获得过勋章，两次得到温菲尔德·斯科特将军的提拔。一次是在马里莫战役（Molino del Rey）获胜时（9月8日）被提拔。第二次是5天之后在查普特佩克（Chapultepec）摧毁墨西哥堡垒而被提拔为上尉。图中展示了格兰特占领墨西哥城时的情形。

上图：1847年3月27日，经过五天的轰炸之后，温菲尔德·斯科特将军向韦拉克鲁斯（Veracruz）[1]派去10000名美国士兵，最终迫使守卫城市的5000名墨西哥人投降。斯科特缴获了墨西哥人的武器，然后迅速向内陆进军以躲避黄热病。

---

[1] 墨西哥韦拉克鲁斯州港城，濒临墨西哥湾。

含10个连、4个炮兵团（包括泰勒的"飞行的火炮"）以及2个骑兵团，共计7200名正规军。另外常备军还有一个包含45名军官的工程团，其中包括罗伯特·E.李上尉（Captain Robert E. Lee）、乔治·B.麦克莱伦上尉（Captain George B. McClellan）和乔治·G.米德上尉（Captain George G. Meade）。墨西哥战争是美国历史上第一次正规军取代民兵充当作战主力的军事行动，同时也是第一次所有士兵身着标准军服参战的战争。

当时，墨西哥全国人口为800万人，拥有一支44000人的常备军，但其军官和士兵的比例非常奇怪。墨西哥军队中，每220名士兵配备一名将领，每位在役士兵都配有一名军官，而士兵通常是印第安人或贫苦的劳工。墨西哥刚从西班牙殖民者手中独立不久，他们的很多士兵都拥有作战经验，但大部分步兵装备的是从英国军队购买的二手滑膛枪，火炮主要是法国提供的淘汰品，效率十分低下。墨西哥骑兵部队的12个团大多数只配有长矛。

1812年战争之后，美国陆军将燧发枪换成了撞击式枪机，从而解决了燧石磨损和点火盘中火药潮湿的问题，同时还消除了射击延迟——拉动扳机之后不能及时发射。雷管枪还缩短了子弹装填的时间。后装式.54口径卡宾枪也投入使用，事实证明这是一种非常适合骑兵使用的武器。炮兵采用了马拉的轻型6磅火炮，进而改善了他们的机动性，而这种火炮在墨西哥战争中发挥了重要作用。

温菲尔德·斯科特——既是一名少将，同时也是美国陆军的总司令——在波尔克总统的支持下决定向墨西哥北部发动三管齐下的进攻：泰勒将军率部跨过格兰德河，向蒙特雷迈进；约翰·E.伍尔准将（Brigadier General John E.

下图：1847年2月23日，扎卡里·泰勒将军赢得了决定性的布埃纳维斯塔战役的胜利。墨西哥将领圣安娜将军撤退到墨西哥城，不久之后他在那里又遇到了斯科特将军率领的另一支美国部队。

温菲尔德·斯科特

温菲尔德·斯科特出生于1786年——通过美国宪法的前一年，在1841年成为美国陆军正规军总司令。斯科特在1812年战争中表现出他的才能，现在他又有了另一次获得荣誉的机会——墨西哥战争。波尔克害怕斯科特成为下一届总统候选人，因此导致军事部署上有些迟缓，但最终还是同意了斯科特将军的提议：向韦拉克鲁斯派遣一支远征军，为占领墨西哥城做好准备。

1847年3月9日，在泰勒攻下墨西哥北部城市的同时，斯科特实施了美国历史上的第一次两栖登陆，向韦拉克鲁斯投放了10000人的部队。4月18日，经过几天的行军之后，他在塞罗戈多山（Cerro Gordo）的一处筑有防御工事的峡谷处停下，因为他发现圣安娜将军12000人的部队在那里等着他们。斯科特派他的工程人员设法接近墨西哥人。罗伯特·E.李、乔治·B.麦克莱伦、约瑟夫·E.约翰斯顿和皮埃尔·G.T.博勒加德发现了山体翼侧的一条小道。斯科特下令步兵和炮兵分散铺开，最终包围了圣安娜将军的大部分部队，俘虏了3000人，造成对方1000人伤亡，而自

下图：1847年9月14日，经过整夜的战斗，斯科特将军清除了通往墨西哥城道路上的圣安娜将军的部队，温菲尔德·斯科特将军骑着他的白马隆重地进入墨西哥城。

己的部队仅有64人死亡，353人受伤。

8月7日，斯科特切断他的通信线路，带领11000名士兵向墨西哥城迈进。他曾被迫在普埃布拉州（Puebla）[1]停滞3个月，以替换4000名一年期兵役到期的士兵。圣安娜将军带领着30000人的部队等待重创斯科特。威灵顿公爵看到新闻之后说："斯科特迷失了。他被成功冲昏了头脑。他无法攻下这座城市，他也无法回到他的基地。"

斯科特用事实证明所有的战略家都是错误的，因为他知道他拥有一支专业化陆军，而圣安娜将军没有。8月20日，他在拂晓时分对孔特雷拉斯（Contreras）发起猛攻，最终赶走了防守者。另一次进攻摧毁了位于楚鲁巴斯科（Churubusco）的一处防御性修道院，墨西哥人在顽强抵抗之后最终被赶回首都墨西哥城内。随后斯科特与墨西哥签订了停战协定。协定失效后，斯科特再次发动进攻，9月8日，他在马里莫战役消灭了12000名墨西哥士兵。5天之后，尤里西斯·S.格兰特中尉和托马斯·J.杰克逊中尉的炮兵在查普特佩克战役[2]中表现优异，同时打开了通往墨西哥城的大门。

斯科特完成了大多数人认为不可能的事情，带领不到7500名有效作战人员占领了投降的城市。

上图：1847年3月25日，在为期5天的韦拉克鲁斯轰炸中，美国海军的炮弹从主要的堡垒上空飞过，最终落到这座城市。

下图：1847年9月13日，美国步兵借助云梯冲上布满岩石的斜坡，摧毁了查普特佩克坚固的城堡。两名中尉——尤里西斯·S.格兰特和托马斯·J.杰克逊凭借英勇表现获得名誉晋升。

[1] 墨西哥中部偏东的一个内陆州，位于首都墨西哥市以东。
[2] 美墨战争期间，美国军队攻克墨西哥城屏障查普特佩克时的战役。1847年9月13日，斯科特将军率领美军7200人实施机动作战，打败圣安娜所率墨西哥军队1.6万人。美军乘胜进占墨西哥城。

下图：1859年10月16日晚上，激进的废奴主义者约翰·布朗突袭了位于弗吉尼亚州哈泊斯费里的联邦兵工厂。10月18日早上，罗伯特·E.李上校带领一支海军陆战队抵达那里，陆战队员冲进消防车仓库，抓捕了布朗及其手下。图中展示的是抓捕布朗及其手下的情景，当时布朗受伤，他的一些手下被处死。

Wool）的3000名士兵将跨越600英里，从圣安东尼奥市前往萨尔提略（Saltillo）；斯蒂芬·沃茨·卡尼准将（Brigadier General Stephen Watts Kearny）则带领1700人的部队，从莱文沃斯堡（Fort Leavenworth）向西占领新墨西哥州和加利福尼亚州。这套战略非常有效，其中一个目的是波尔克希望在华盛顿控制战争。

到1846年年底时，泰勒控制了墨西哥北部地区以及从萨尔提略到墨西哥城的主要道路。此时他对波尔克失去信任，违背了斯科特退回到蒙特雷的命令，在布尤纳维斯塔与墨西哥的圣安娜将军（General Santa Anna）率领的15000人部队相遇。虽然仅有4650名士兵，泰勒依然迎战了，最终运用策略战胜了圣安娜。杰弗逊·戴维斯上校的密西西比步枪部队击退了墨西哥骑兵的多次进攻，因此名声大振。圣安娜将军的撤退标志着北部战役的结束，他方共有1500名士兵伤亡。泰勒一方则有

267人死亡，456人受伤。

随着瓜达卢佩-伊达尔戈和约（Treaty of Guadalupe Hidalgo）[1]的签署，美国与墨西哥的战争于1848年2月2日正式结束。美国士兵返回祖国，而此时国家领土已经增加了100多万平方英里。美国向墨西哥支付了1500万美元，当作购买得克萨斯州和其他大片土地的费用，那些地方后来成为了新墨西哥州、亚利桑那州、加利福尼亚州、内华达州、犹他州以及科罗拉多州和怀俄明州的部分领土。其他代价则是牺牲了的美国士兵。疾病带走了大量士兵的生命。在总计13000名死亡的士兵中，仅有1700名士兵是在战斗中牺牲的。

令人不安的插曲

墨西哥战争之后，陆军重拾起他们在边界线上的职责，但现在的边界有了大幅扩展，包括了大片以前墨西哥的土地。尽管与印第安人的30次大规模冲突都是分散的，美国陆军兵力仍削减至16000名正规军，其中百分之九十分布在密西西比河以西。他们要进行不间断的巡逻和战斗，各州的民兵组织——有的是官方批准的，有的不是——造成的麻烦有时比印第安人还要多。

支持奴隶制度者和废奴主义者在堪萨斯州发生了战争，而这也标志着美国内战的开始。1856年5月21日，来自密苏里州的一支支持奴隶制度的部队进入堪萨斯州，并烧毁了劳伦斯（Lawrence）镇。约翰·布朗（John Brown）——一名狂热的废奴主义者开始寻求复仇，他在波塔瓦托米县（Pottawatomie）杀害了5个支持奴隶制度的农场主。被詹姆斯·E. B.斯图亚特中尉（Lieutenant James E.B. Stuart）的骑兵赶出堪萨斯州后，布朗于1859年征募了一批追随者，并突袭了位于弗吉尼亚州哈泊斯费里（Harpers Ferry）的联邦兵工厂。罗伯特·E.李上校俘获了布朗，并亲自将其交给弗吉尼亚州当局进行审讯，最终布朗被执行死刑。至此，整个美国在政治上分为北方的废奴主义和南方基于奴隶制的农业经济。

1860年11月6日，一名共和党人——来自伊利诺斯州的亚伯拉罕·林肯当选为总统，这促使南方的7个州相继宣布独立。而林肯的前任——被称为"跛脚鸭"总统的来自宾夕法尼亚州的詹姆斯·布坎南（James Buchanan）对此没有采取任何措施。1861年3月4日，也就是林肯就职典礼的那天，美利坚邦联宣布成立。来自密西西比州的杰弗逊·戴维斯（Jefferson Davis）——西点军校的毕业生——当选为邦联总统，组建了邦联内阁，并征募了10万名志愿兵。

---

[1] 1848年2月2日美国强迫墨西哥在瓜达卢佩-伊达尔戈镇（墨西哥城北）签订的屈辱性和约。和约规定墨西哥把得克萨斯、新墨西哥和上加利福尼亚以及塔马乌利帕斯、科阿韦拉和索诺拉的北部等大片土地割让给美国，美国付给墨西哥1500万美元并放弃墨西哥所欠的325万美元债务作为补偿。

罗伯特·爱德华·李

罗伯特·爱德华·李于1807年1月19日出生于弗吉尼亚州维斯特摩兰县的斯特拉特福德（Stratford）。李在面临装备更精良、补给更充足、训练更科学、纪律更严明、通常数量也多得多的北方军队时支撑起了南方战局。

值得注意的是，当李在1862年6月1日执掌北弗吉尼亚州军队时，他几乎还是一个新手。他从来没有在战斗中指挥过如此大规模的部队——确实，他从未掌管过大于团级的部队。李于1829年以第二名的成绩从西点军校毕业，他在墨西哥战争中证明了自己，同时给温菲尔德·斯科特留下深刻印象。战争结束后，他返回美国成为一名名誉上校。1852年，李成为西点军校的负责人。1855年，他在得克萨斯州的第二骑兵团成为一名中校。1860年2月至1861年2月期间，他掌管了整个得克萨斯州。李命中注定要投身更伟大的事业。随着内战的进行，温菲尔德·斯科特将他带到华盛顿，1861年4月，他被任命为美国陆军总指挥官。

李本身不赞同分裂，但他是一位忠诚的人——忠于家庭，忠于朋友，忠于家乡。当弗吉尼亚州在1861年4月宣布独立时，他别无选择，只能从美国陆军中辞职。很快，他获得了弗吉尼亚州军队的指挥权，1861年8月，他成为邦联戴维斯总统的一名将军和军事参谋。在南方军队的统帅约瑟夫·E.约翰斯顿于1862年5月受伤后，李成为统帅。

李带领南方军队英勇地作战了3年。北弗吉尼亚州军队于1865年4月9日在阿波马托克斯（Appomattox）投降后，南方战局彻底失败。在这些年里，李及其士兵凭借勇气和才华证明了自己：从1862年的七日战役[1]，到第二次布尔朗战役[2]、安蒂特姆战役[3]、钱瑟勒斯维尔战役[4]，以及盖茨堡战役[5]。李将军一直保持进攻态势，但邦联无法承受1863年7月1日至3日的损失[6]，南军被迫退回弗吉尼亚州。防御方面，李将军在莽原战役[7]、斯波特瑟尔维尼亚战役[8]和冷港战役[9]中表现卓越，但他不得不保护南方的行政中心。当他深陷彼得斯堡–里士满战线时，结局就可以预见了。1865年2月，李将军被任命为邦联陆军的总司令，他试图冲出困境，与北卡罗来纳州的约翰斯顿的军队取得联系，但格兰特进行了强力阻击，李最终被迫投降。

李将军在联邦政府受到的待遇表明了他受到的尊敬。获得假释后，他返回里士满，1865年9月成为弗吉尼亚州列克星敦的华盛顿学院院长，在这个岗位上一直工作到1870年10月12日去世。

---

[1] 南北战争的一次战役，时间为1862年6月25日至1862年7月1日，共7天，南军在罗伯特·李指挥下击退了乔治·B.麦克莱伦率领的北军。

[2] 南北战争中，1861和1862两年夏季在弗吉尼亚州北部马纳萨斯附近的布尔朗进行的两次战役。马纳萨斯是重要铁路枢纽，具有战略意义。第一次布尔朗战役，北军溃退。第二次布尔朗战役是在1862年8月29日至30日进行的。南军56000人，由李将军指挥；北军70000人，由波普少将指挥。最终，南军伤亡9000人，北军伤亡15000人。

[3] 南北战争中的一次决定性战役。北军在第二次布尔朗战役中失败以后不久，南军的李将军挥师挺进马里兰州。北军经过整编以后，在麦克莱伦将军的率领下，于1862年9月17日在安蒂特姆截击李的军队。在这场鏖战中，南军伤亡9000至1万人，北军伤亡约1.2万人。

[4] 南北战争期间主要战役之一，1863年4月30日至5月6日发生于弗吉尼亚州钱瑟勒斯维尔，南军获胜。

[5] 南北战争期间，在1863年6、7月间所发生的一连串战斗之总称。盖茨堡（Gettysburg，又译为"葛底斯堡"）是宾夕法尼亚州亚当斯县一个自治城镇，那里发生了此次战役中最大规模的战斗，米德将军在三天的激战中击败李将军。此战被称为美国内战的转折点。整个盖茨堡战役中，南军损失惨重，此后基本再无大规模的进攻。

[6] 指盖茨堡之战。

[7] 爆发于1864年5月5日至7日的弗吉尼亚州，南军成功阻击北军。

[8] 爆发于1864年5月8日至5月21日的弗吉尼亚州，格兰特将军进攻南军不果，只能绕过南军阵线继续南下。

[9] 1864年6月3日，进军邦联首都里士满的北军与南军在弗吉尼亚州冷港相遇。北军正面出击南军李将军部的堑壕阵地，在不到1小时的战斗中损失6000人。这场战斗是南军北弗吉尼亚兵团的最后一次胜利。

尤里西斯·辛普森·格兰特

尤里西斯·辛普森·格兰特于1822年4月27日在俄亥俄州出生，他的童年十分"平静，腼腆，似乎还有一些懒散"。他的父亲把他送到西点军校之后，年轻的"山姆·格兰特"得到了"极糟糕的学生"的名声，他更喜欢浪漫小说，而讨厌战术。他被认为是"最不可能成功的人"。不过，无论如何，格兰特在1843年成功毕业了，然后投入墨西哥战争，成为一名上尉。在此期间他两次凭借勇敢的行为获得称赞，另外还立下一次一等功。

格兰特无法忍受战后单调乏味的军事服役生活。他从军队辞职以躲避因醉酒而受到军事法庭的审判，变得穷困潦倒，直至1861年林肯征募志愿兵。来自伊利诺斯州的国会议员伊莱·沃什伯恩（Eli Washburne）成功为格兰特争取到一个准将的职位。慢慢地，他的境遇发生了变化。格兰特率部占领亨利堡（Fort Henry）和多纳尔森堡（Fort Donelson），并张扬地要求敌人"无条件投降"，此时林肯注意到了他。新闻媒体非常喜欢"无条件投降"一词，格兰特也成为"无条件投降格兰特"。1863年7月4日，格兰特再次让维克斯堡无条件投降。实际上，无条件投降正是林肯和国会希望的南方邦联的结局。

1863年秋季，林肯把格兰特派到了田纳西州的查特怒加地区，那里威廉·S.罗斯克兰斯少将（Major General William S. Rosecrans）的军队被一支弱小的邦联部队封锁了。格兰特从密西西比州带来了威廉·T.谢尔曼少将（Major General William T. Sherman）的军队，然后将邦联部队赶出了田纳西州。1864年3月9日，林肯将格兰特提升为陆军中将，并任命他为联邦军总司令，

左图：尤里西斯·辛普森·格兰特将军（1822-1885年），于1864年3月晋升为中将，并由林肯总统任命为联邦政府陆军的总司令。

对页图：图中是美国内战之后的罗伯特·爱德华·李将军（1807-1870年），当时他是弗吉尼亚州列克星敦的华盛顿学院（后来改为华盛顿-李学院）的院长。

这是继乔治·华盛顿之后陆军军官获得的最高荣誉。虽然战争部的一些成员对此任命有所质疑，林肯以"他战功卓越"的回应终结了争论。

格兰特离开了华盛顿，因为那里所有人都注视着他。他前往波多马克河[1]建立了他的指挥部。在那里，他能在最终的决战中指挥米德堡的部队与李将军熟练指挥的北弗吉尼亚州军队作战。格兰特将军和李将军认识彼此，但了解不深。他们已经多年没有相见了。直至1865年4月9日，两位将军才在弗吉尼亚州的阿波马托克斯相遇，当时李将军庄严地接受了格兰特将军的要求：无条件投降。

---

[1] 美国中东部最重要的河流，源自阿巴拉契亚山脉西麓，由北布朗奇河同南布朗奇河汇合而成，注入大西洋的切萨皮克湾。

上图：图中展示的是曼彻斯特军械和步枪公司制造的1859式惠特沃思.451打靶步枪。枪管采用六边形的步枪枪膛和20英寸（1英寸≈2.54厘米）的瞄准器。

内战——叛乱的陆军

内战初期，美国陆军共有1108名军官和15259名在役士兵。315名军官从美国陆军辞职——其中大部分是西点军校毕业生，然后加入了邦联。萨姆特堡向南卡罗来纳州军队投降后，林肯征集了75000名志愿兵，并开始寻找新人取代温菲尔德·斯科特，他由于年龄和疾病问题而不再适合指挥美国陆军。斯科特称61岁的罗伯特·爱德华·李是"在战场上见过的最优秀的军人"。林肯对军事问题一无所知，但他采纳了斯科特的建议，任命李为美国联邦野战军的统帅。李认为责任是"英语所能描述的最崇高的词语"，但他选择向他所热爱的弗吉尼亚州效忠，并且从军队中辞职，虽然他个人是反对分裂和奴隶制的。

联邦政府正规军军官辞职，这为联盟国军队带来了一些优秀的西点军校毕业生。李将军以全班第二的成绩从西点军校毕业，1852年至1855年，他担任了西点军校校长。弗吉尼亚州的约瑟夫·E.约翰斯顿于1829年以第13名的成绩毕业，他在墨西哥战争中5次受伤，获得3次晋升。肯塔基州的阿尔伯特·西德尼·约翰斯顿于1826年以第8名的成绩毕业，联邦政府向他提出担任仅次于斯科特将军的副司令邀请，但他拒绝了。路易斯安那州的皮埃尔·G.T.博勒加德于1838年以第二名的成绩毕业，他在墨西哥战争期间担任斯科特的高级工程师，共受伤两次，也获得两次晋升。弗吉尼亚州的"石墙"托马斯·J.杰克逊在西点军校几乎没有接受正规教育，但在1846年以第17名的成绩毕业，在墨西哥战争期间以炮兵军官的身份获得两次晋升。弗吉尼亚州的詹姆斯·E.B.斯图尔特在玩乐中度过了在西点军校的时光，但在1854年以第13名的成绩毕业。值得特别注意的是，西点军校1828届毕业生杰弗逊·戴维斯，他毕业时在33人中排名第32。这些人，加上很多其他在西点军校学习作战和管理的人，在4年备受折磨的美国内战期间维持了南方邦联的运转。

林肯总统在战争的大部分时间里都在痛苦地寻找联邦政府陆军的领导者。他可用的排名靠前的将军都是西点军校的毕业生。毫无例外，这些将军作战进度缓慢，常常给总统带来痛苦。直到1863年7月，乔治·G.米德少将（Major General

George G. Meade）在盖茨堡阻挡住李将军的进攻，以及尤里西斯·S.格兰特少将占领维克斯堡，形势才开始转变。米德于1835年以第19名的成绩从西点军校毕业，在墨西哥成为一名工程师，后来在波多马克河的部队中领导一支人马。除了表明愿意全力作战的决心，他一度并没有特殊的功绩让自己脱颖而出。

陆军的组织

美国内战爆发之初，11个州从联邦政府独立之后，北方的联邦政府共有18936579个白人，而南方则有5449646个白人和3521111个奴隶。奴隶劳工在南方联盟国的军事行动中扮演了重要角色。民兵组织在内战之初的几个月里发挥的作用有限，但很快就并入了支援兵团。南北双方最终都诉诸新的征兵，1862年的最后几个月里，联邦政府军开始组建黑人步兵团。

美国陆军的基本单位是连（名义上是100人）。10个连组成一个团，5个团组成一个旅，3个旅组成一个师，3个师组成一个军。战争刚爆发时，联邦政府共有198个连（共计16367人）分布在10个步兵团、5个骑兵团以及4个炮兵团中。志愿兵组织与此相同，但一个连的人数不总为100人，一个团也不一定包括10个连。正规军的团级部队在整个战争中保持了纯粹性，其中没有混入志愿兵。战争的损失打

左图：安蒂特姆河战役之后，亚伯拉罕·林肯总统于10月初在夏普斯堡附近的第5军总部接见了乔治·B.麦克莱伦将军（左）及其参谋。

下图：.53英寸夏普后膛装填式卡宾枪是联邦骑兵早期最喜爱的武器。美国内战期间，联邦政府一共购买了80512支夏普卡宾枪。

上图:1865年布尔朗战役纪念碑落成仪式。

第一次布尔朗战役

美国内战著名的开局之战——第一次布尔朗战役,也叫作第一次马纳萨斯[1]战役——开启了美国为期4年的国家统一和废除奴隶制斗争。

1861年7月,林肯总统希望快速终结战争。北方联邦政府所有的报刊都激昂地写道"向里士满进军"。总统还有另一个问题:当年4月征集的75000名90天服役期的志愿兵马上就要到期了,只能不加训练就匆匆将新兵投入战场。

双方都有可能赢得第一次布尔朗战役。双方到达战场时陆军兵力相差无几,并且都是训练不足的士兵。欧文·麦克道尔准将(Brigadier General Irvin McDowell)——西点军校的毕业生——指挥北方联邦政府35000人的部队,皮埃尔·G.T.博勒加德将军指挥南方邦联22000人的部队,后者主要在华盛顿以西30英里的马纳萨斯附近至关重要的铁列交会处活动。约瑟夫·E.约翰斯顿将军带领邦联12000人的部队驻守在弗吉尼亚州的温彻斯特,所有兵力都在博勒加德的支援范围之内。

麦克道尔希望罗伯特·帕特森少将(Major General Robert Patterson)带领18000名宾夕法尼亚州士兵在谢南多厄河谷阻击约翰斯顿的部队,后者在布尔朗对北方军队拥有数量优势。麦克道尔还希望对约翰斯顿的防御阵地发动一次复杂的翼侧包围行动,因为约翰斯顿的士兵不懂战术,指挥官对道路和地形也不熟悉。与美国内战期间很多其他战役一样,麦克道尔希望南方军队的阵地不妨碍自己部队对桥梁、河流和山丘的利用。

麦克道尔犯下的第一个战术错误就是将他的部队带到森特维尔(Centreville),然后等待数天以思考他的计划。第二个错误就是帕特森将军拒绝从哈泊斯费里赶来,并且没能在温彻斯特控制

[1] 弗吉尼亚州东北部的一个城市,南北战争时期,附近地区曾在1861年7月21日和1862年8月28日两次爆发战役。

住约翰斯顿的部队。麦克道尔在森特维尔浪费时间的同时,约翰斯顿开始借助铁路将他的部队运往马纳萨斯,从而奠定了北方联邦政府第一次重大军事灾难的基础。

7月21日,麦克道尔开始行动,主要的进攻力量集中在南方邦联军的左翼。第二次进攻试图突破邦联军的中心,同时派遣两个团佯攻对方右侧。博勒加德和约翰斯顿控制着内部战线,而麦克道尔的兵力散布在外围6英里长的战线上。麦克道尔进攻,博勒加德和约翰斯顿防守。三年多的经验表明,在面对面交战双方兵力相差无几的情况下,组织良好防御的一方总是会获得胜利。战场上曾一度出现过北方联邦军队取得胜利的时机,但麦克道尔没有真正把握战场的形势。

下午4时,北方联邦军队开始有序撤退,不久之后就变成了溃逃。成百上千希望看到麦克道尔猛击叛军的华盛顿居民看到后开始恐慌,然后加入向首都逃跑的行列。托马斯·杰克逊和他的步兵旅获得了巨大荣誉,因为他们在联邦军队的进攻面前坚如磐石,否则的话,联邦军队有可能借助最初的成功把这一天变成大规模进攻行动日。

上图:第一次布尔朗战役的地图展示了南北双方军队在当天下午相遇时的相对位置。南方邦联军的反击打乱了北方战线,最终导致北方溃败。

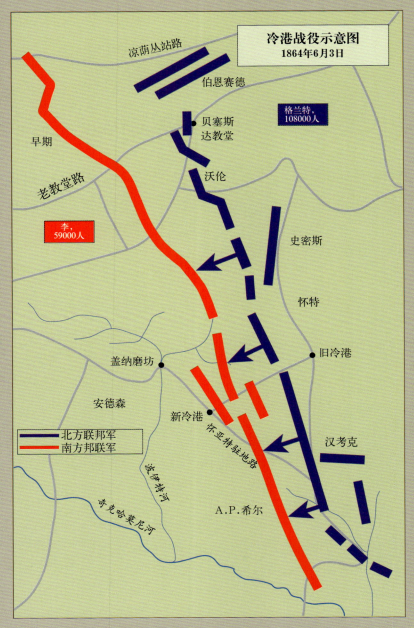

上图：图中展示了冷港战役之前南北双方部队的部署情况。虽然这场战争一直被视为格兰特将军最大的失误，他还是始终如一地坚持自己的目标，集中力量与李将军作战，并最终战胜了他。

冷港战役——经验教训

　　春季战役从1864年5月开始之后，格兰特将军一直敦促米德115000人的波多马克军团坚持与李将军60000人的北弗吉尼亚州部队作战。米德遭受惨重伤亡损失，因为李将军一直推行严密的防御措施。

　　6月1日，格兰特的部队靠近冷港，此时他开始失去耐心，因为那里的道路直接通向了里士满。得到16000名士兵的增援之后，格兰特决定利用骑兵突袭对方军队的右翼，突破对方漫长的防御战线，迫使李将军进入开放地形作战。然而在格兰特部署阵地的两天里，李将军调来火炮，进一步巩固了防御，同时还带来了增援力量。李将军的冷港是他防御最为严密的阵地。

　　6月3日凌晨4时30分，波多马克军团在6英里的前线上部署两道战线，对固若金汤的邦联军防御阵地发起进攻。联邦军队士兵意识到自己可能被屠杀，便将名字写到了衬衫上，这次进攻的人数达到40000人。随着联邦军队跨过开阔的农场，隐蔽的南方邦联军用成千上万支步枪雷鸣般向他们开火。一次进攻被击退后，另一次"难以置信的屠杀"又开始了。整个联邦军队战线堆满了尸体，后面的士兵踏着战友的尸体继续推进。进攻不到30分钟就停止了，联邦军队共有7000人伤亡。

　　格兰特一直为这次进攻行动感到遗憾。他似乎忘了众多其他战场上发生的情景：鲁莽的将领不断地向严防死守的防御阵地投放进攻部队而遭受惨烈后果。他似乎还忘了内战期间的武器不再是不精确的滑膛枪，而是变成发射米尼式弹头子弹的步枪了，这种武器的精确度有大幅提升。冷港战役可以被视为格兰特将军最大的失误。在战争接下来的时间里，他集中力量对付以谋略制胜的李将军，最终在10个月之后战胜李将军。

乱了基本编制，通常一个旅的人数还不到一个团满员的数量。当一个团的士兵遭到大幅削减时，该团通常会解散，然后再组建一个新的团。

南方邦联军的组织与北方正规军非常相似。

陆军是南北双方政府最大的组成部分，部队的名字通常就是驻地的名字，如李将军的北弗吉尼亚州陆军，杰克逊的谢南多厄河陆军，米德的波多马克军团。北方联邦军共有16支陆军部队，南方邦联军共有23支。北方军共有2040个团，其中包括1696个步兵团、272个骑兵团和72个炮兵团。南方军没有详细记录。南方邦联军至少有60万名在役士兵，实际数量可能比这两倍还多。

北方正规军包括8个职能部门：师级以上副官办公室、监察长办公室、军法署署长办公室、军需官办公室、物资办公室、医药办公室以及财务办公室，外加一组工程兵和一组地质工程师。后来又增加了通信兵。南方邦联军包括4个职能部门：副官和监察长办公室、军需官办公室、军粮办公室和医务部。南北军队在政

上图：乔治·B.麦克莱伦将军（中央偏右，系着腰带）及其参谋在布尔朗战役惨败之后掌管了所有联邦政府军队。

下图：马修·布雷迪（Mathew Brady）在1861年春季拍摄的这张照片，展示了弗吉尼亚州科克伦堡的第69纽约州民兵部队的军官，他们所在的是守卫首都一系列要塞中的一处。

人员伤亡	战斗伤亡	疾病伤亡	总计
北方	110542	249458	360000
南方	198703	59297	258000

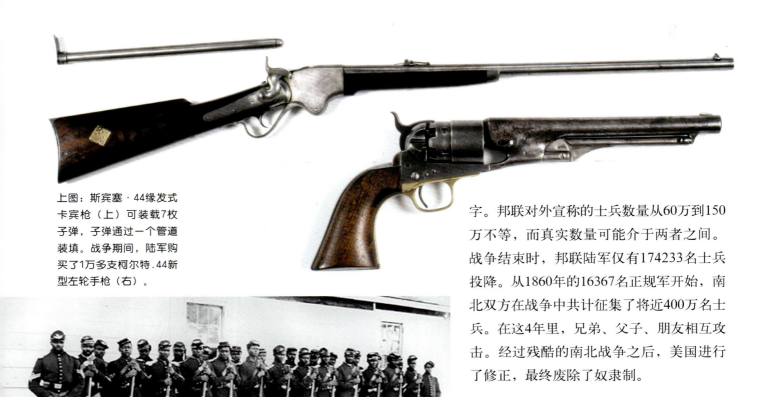

上图：斯宾塞·44缘发式卡宾枪（上）可装载7枚子弹，子弹通过一个管道装填。战争期间，陆军购买了1万多支柯尔特.44新型左轮手枪（右）。

上图：美国第4黑人步兵团E连驻守在马里兰州附近华盛顿以东的林肯堡。大部分非裔美国人连队都负责要塞的驻防任务。

---

[1] 易洛魁族系的北美印第安民族，居住在田纳西州东部和北卡罗来纳及南卡罗来纳州的西部。原住于大湖区周围，被德拉瓦人和易洛魁人击败后，迁移南方。

府部门中都由战争部长，也就是后来的陆军总司令统领，但在战争的大部分时间里，林肯和戴维斯负责战略决策。

1865年5月1日，北方联邦政府陆军人数达到100万人。整个内战期间，230万名士兵服了3年期的兵役。讨论最激烈的一个话题就是"美利坚邦联"陆军的规模问题，以及为南方陆军寻找一个合适的名字。邦联对外宣称的士兵数量从60万到150万不等，而真实数量可能介于两者之间。战争结束时，邦联陆军仅有174233名士兵投降。从1860年的16367名正规军开始，南北双方在战争中共计征集了将近400万名士兵。在这4年里，兄弟、父子、朋友相互攻击。经过残酷的南北战争之后，美国进行了修正，最终废除了奴隶制。

与印第安人的战争（1865—1898年）

美国内战期间，印第安人暂时摆脱了源源不断的移民者。斯坦德·瓦提将军（General Stand Watie）——从佐治亚州迁移到俄克拉荷马州的一名彻罗基族人[1]——募集了一个骑兵团，并为南方联盟军作战。该部落的其他成员与瓦提断绝关系，并加入北方联邦军。自此，印第安人也分成了两个阵营。

1866年，国会将陆军正规军削减至54600名士兵和3036名军官，分布在45个

左图：第21密歇根州步兵团的士兵正在进行充分的休息，他们似乎完全结束了战争。这支部队在大急流城（Grand Rapids）成立，他们一共服役了32个月，其中大部分时间在西部战场，几乎参与了那里所有的重大战役。

步兵团、10个骑兵团和5个炮兵团中。第9和第10骑兵团，第38、第39、第40和第41步兵团成为第一批进入美国陆军服役的非裔美国人部队。这些士兵被称为"水牛战士"（Buffalo Soldiers），他们部队的番号一直沿用至1950年才更换。同样进入陆军名册的还有1000名印第安人侦察兵，他们的职责是驱逐其他美洲原住民。西部地区的平静就此被打破了。

1865年至1898年，美国陆军共与印第安人展开了12次独立的战役，共计943次战斗，几乎所有原因都是美国坚持不懈地向西部扩张。

1866年12月21日，美国陆军觉察到一场新的战争正在爆发，由"疯马"（Crazy Horse）和"红云"（Red Cloud）率领的两千名苏族印第安人[1]大肆屠杀了怀俄明州卡尼堡附近的威廉·费特曼上尉（Captain William Fetterman）领导的82人分遣队。

1868年，密苏里州统治者菲利普·谢里丹少将（Major General Philip Sheridan）发起了一场冬季战役。骑兵装备了斯宾塞连发步枪，该武器是美国内战晚期出现的一种卡宾枪，子弹装载在一个管状弹匣中，弹匣插在枪托末端，其中可装载7颗.52口径铜制缘发式子弹。还有一些部队装备了杀伤力更大的.50口径"斯

[1] 美洲土著印第安人，生活在美国西部的大平原区，主要靠狩猎维生。

上图：美国内战之后，国会将骑兵削减至10个团。第9和第10骑兵团成为美国陆军中第一批非裔美国人骑兵部队。图中第10骑兵团在一名白人军官的带领下向西前进，这些士兵也被称为"水牛战士"。

右图：第25步兵团的"水牛战士"，其中一些士兵穿着水牛皮外套。

普林菲尔德"后膛装填步枪。

谢里丹发起的战役演变成了一场长达10年的持久战。1868年9月，"鹰钩鼻"（Roman Nose）领导印第安人在科罗拉多州的山毛榉岛（Beecher's Island）发动袭击，乔治·A.福塞斯少校（Major George A. Forsyth）坚持防守了9天。11月，乔治·A.卡斯特中校（Lieutenant Colonel George A. Custer）的第7骑兵团在俄克拉荷马州最西北端打败了"黑壶"（Black Kettle）领导的印第安人。1869年5月，弗兰克·诺斯少校（Major Frank North）的骑兵在科罗拉多州消灭了一支夏安族人[1]部队。总体来说，几乎每年美军都要与印第安人发生十几次小规模冲突。

[1] 美国大平原的原住民，属于阿尔冈昆语族。

左图：该版画的原标题是"美国部队惨遭苏族和夏安族印第安人屠杀，达科他州卡尼堡附近，1866年12月22日"。

左图：苏族战争期间，克鲁克将军率部在蒙大拿州蔷薇花河上作战：6月17日，苏族人与罗伊尔上校的分遣队交战。

上图：1888年，阿帕奇族印第安人[1]首领杰罗尼莫（Geronimo）（1829—1909）（右一）和他的三名士兵。他们总是从预留给他们的地方逃走。

1876年，战争转移到了北部平原，苏族印第安人和北部的夏安族印第安人与"坐牛"（Sitting Bull）和"疯马"联合起来抵抗美军对他们部落的封锁。蒙大拿州南部和达科他州的大角山（Big Horn Mountains）地区爆发了5次战斗。最灾难性的一次发生于1876年6月25日，当时卡斯特上校的第7骑兵团在小大角（Little Big Horn）追上了"疯马"。卡斯特将部队分成3个队列，他带领的其中一支队伍落入了一个精心设置的陷阱之中，包括卡斯特本人在内的所有212人全部阵亡。

以上就是19世纪晚期的一些战事，这些行动让美国陆军一直处于战斗之中，他们因此积累了战术经验，同时也训练了下一代士兵。截至1898年，美国的战争范围一直限制在美洲大陆。然而，外部世界已经发生巨大变化，美国的扩张主义者也开始注意到这一点。

---

[1] 数个文化上有关联的美国原住民部族的总称，他们的语言是阿帕奇语系。与白人抗争达数世纪。

首领约瑟夫和内兹珀斯战争

1877年6月17日,年轻的内兹珀斯印第安人[1]的首领——约瑟夫拒绝进入预留地,因为白人要接管他们在俄勒冈州瓦罗瓦山谷富饶的土地。在白鸟峡谷(White Bird Canyon)打败一支美国陆军后,约瑟夫聚集起部落里的300名战士和400名妇女儿童,向东进入爱达荷州和蒙大拿州寻找新的家园。

奥利弗·O.霍华德准将(Brigadier General Oliver O. Howard)追击约瑟夫的部队一直到克利尔沃特河(Clearwater River),然后急切地与之交战,但遭到了意想不到的反击。在步兵和骑兵不停地追逐下,约瑟夫和他的部落成员跨过比特鲁特山脉(Bitterroot Mountains)进入蒙大拿州,逃离过程中发生了一系列小规模的冲突。霍华德的部队意外地发现,内兹珀斯印第安人作战的技巧和纪律与正规军相差无几。

从东部赶来的约翰·吉本上校(Colonel John Gibbon)在蒙大拿州的大孔盆地(Big Hole Basin)突袭了约瑟夫的部队。内兹珀斯人重新集结后包围了吉本的部队,但内兹珀斯人在霍华德的部队8月11日赶来后就撤退了。

约瑟夫试图将其部落残余的力量带到加拿大。9月末,这支奄奄一息的部队到达距离加拿大边界线30英里的贝尔波山脉(Bear Paw Mountains)。经过将近2000英里的长途跋涉,内兹珀斯发现他们已经被纳尔逊·B.迈尔斯将军(General Nelson B. Miles)和霍华德的联合部队包围了。10月5日,坚持了10天力量悬殊的战斗后,约瑟夫投降了。放下武器之后,约瑟夫说道:"我再也不会作战了。"

左图:1877年,约瑟夫首领(1840—1904年)——被称为"山脉间翻滚的响雷"——带领他的小股内兹珀斯部落开展了史诗般的战斗,失败后撤退到了加拿大边境。

左图:这幅拼贴画描述了美国陆军对约瑟夫首领漫长追逐的情景,内兹珀斯族印第安人从俄勒冈州的瓦罗瓦山谷一直逃窜到蒙大拿州的"鹰岩"(Eagle Rock)(奇努克附近)。图中的肖像是向导乔治·A.休斯敦。

[1] 生活在美国太平洋西北地区(哥伦比亚河高原)的一支美洲原住民部落。

3

展示力量
(1898—1918年)

1890年，美国突然醒悟过来，意识到与欧洲强国相比，他们一直生活在"穷乡僻壤"。随着西部的平定，并且开始享受现代文明的裨益，越来越多的美国帝国建设者开始向海外寻求扩张领土的机会，但他们失望地发现，欧洲人已经瓜分了大部分世界。美国人仍然把战争视为光荣的事业，但没有意识到他们的陆军部队根本无法投入战争。虽然陆军采用了克拉格-乔根森（Krag-Jorgensen）步枪作为其步兵武器，大多数士兵装备的还是.45口径的单发斯普林菲尔德卡宾枪。需要再来一场战争才能使武装部队赶上武器技术的发展速度。截至1898年，美国陆军几乎没有什么动作，他们似乎急切地希望找到一个理由来施展拳脚。

西班牙战争

1898年1月25日，美国战舰"缅因"号（Maine）以保护美国人在古巴的利益为由进入哈瓦那港。三周之后，不明原因的爆炸导致266名官兵死亡，"缅因"号也沉入海底。美国媒体猛烈抨击此次事件，美国人民大声呼喊："记住'缅因'号！"与此同时，美国也踏上不可逆转的世界强国之路。

3月9日，国会拨款5000万美元用于与西班牙作战，并在接下来的一个月里促使威廉·麦金莱总统发表开战声明。当麦金莱仅仅向国会提出军事干涉古巴时，国会中的帝国主义者就表示不满。

4月25日，与西班牙运输队在海上发生一次小型事故后，国会宣布进入与西班牙交战的状态，并促使麦金莱号召征集

美国陆军兵力（1898年）

步兵团	25个
骑兵团	10个
炮兵团	7个

125000名志愿兵。国会批准像内战期间那样组建旅、师、军三级单位,一个旅包括3个团,一个师包括3个旅,一个军包括3个师。陆军共组建7个军,其中正规军被分配到第5军。

等到5月底兵源征集结束时,海军准将乔治·杜威(Commodore George Dewey)已经占领了马尼拉湾,摧毁了西班牙在太平洋的舰队,然后派出一艘巡洋舰前去占领关岛,同时等待陆军派兵占领菲律宾,但他已经有些不耐烦了。海军上将威廉·T.桑普森(Admiral William T.

下图:1898年7月17日,美国部队从圣地亚哥后方发动突袭。西班牙将领若斯·托拉尔将军(General José Toral)向美军投降,但他没有意识到美国军队由于黄热病和疟疾而大幅减员。

上图：西奥多·"泰迪"·罗斯福（1858—1919年）——美国第26任总统——在"勇猛骑士"担任上校时获得了巨大声誉。该部队是美西战争期间第一支志愿骑兵部队。

"勇猛骑士"

  1898年4月22日，国会批准建立美国第1志愿骑兵团。这是一支匆忙组织起来的部队，主要由常在野外活动的人、牛仔以及常春藤联盟[1]的运动员构成，常春藤联盟的运动员被认为"拥有良好的枪法，并且是优秀的骑兵"。陆军提出让40岁的海军部长助理西奥多·"泰迪"·罗斯福掌管这支部队，但罗斯福想到了他的朋友——美国陆军的伦纳德·伍德上校（Colonel Leonard Wood），因为此人的军事经验更丰富。罗斯福以中校的军衔担任该部队的副指挥官。不久之后，罗斯福辞去了他在海军的职务，全身心投入这支骑兵部队的组织和训练中，而新闻记者戏称这支部队是"罗斯福的勇猛骑士"。罗斯福试图将这个团称为"伍德的勇猛骑士"，但没有成功。最终，他的名字与这支部队紧密地联系在一起，并获得了巨大声誉。

  伍德和罗斯福在得克萨斯州的圣安东尼奥组织起这个骑兵团，并试图在前往古巴之前训练几个星期。6月22日，超过20000名士兵，其中包括"勇猛骑士"，在古巴圣地亚哥以东的代基里（Daiquiri）渔村登陆。沙夫特将军带领骑兵开始在陆地上向圣地亚哥行进，其中包括1000名步兵充当先锋部队。"勇猛骑士"在拉斯瓜西马斯（Las Guasimas）遇到一支强大的西班牙部队。战地记者跟随罗斯福经历了接下来的战斗，因此这成为对未来总统英雄事迹的一次新闻报道。

  7月1日，在圣地亚哥高地战役中，沙夫特将军遭到西班牙人前所未有的激烈抵抗。美国人伤亡惨重，400人在凯尼（Caney）丧生。S.B.M.扬准将（Brigadier General S.B.M. Young）身负重伤，伍德替代他之后，罗斯福开始指挥"勇猛骑士"。"勇猛骑士"在凯特尔山（Kettle Hill）基地受阻时曾一度出现巨大混乱。罗斯福迅速重组

---

[1] 由美国东北部地区的8所大学组成的体育赛事联盟。这8所大学都是美国一流名校，包括哈佛大学、宾夕法尼亚大学、耶鲁大学、普林斯顿大学、哥伦比亚大学、达特茅斯学院、布朗大学及康奈尔大学。

了部队,并带领步兵发起了对凯特尔山的进攻,这里是通往凯尼的主干道两侧两座大山中的一座。随后,罗斯福带领5名士兵,翻过阻挠士兵的铁丝网,登上圣胡安山(San Juan Hill),成为第一个到达对方战壕的人。占领圣胡安山后,"勇猛骑士"继续发动进攻,占领了俯瞰圣地亚哥的高地。两周之后,也就是8月13日,西班牙人投降。

2001年,罗斯福被追授国会荣誉勋章,以表彰他在圣胡安山高地的英勇事迹。颁奖词写道:"他的领导和英勇扭转了局势。"

伍德也获得了荣誉勋章,他最终成为美国陆军第一位真正的参谋长,并且在1910年至1914年期间一直担任该职务。

下图:1898年7月1日,在向古巴圣地亚哥推进过程中,非裔美国人组成的美国第10骑兵团所有骑兵都登上了圣胡安山。

右图：20世纪初期，罗斯福总统立誓重建美国陆军，征兵海报再次出现在城市的街道。

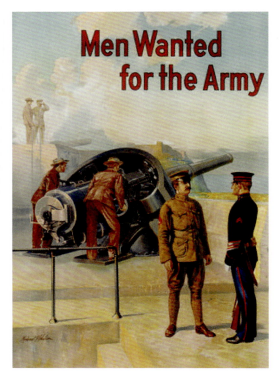

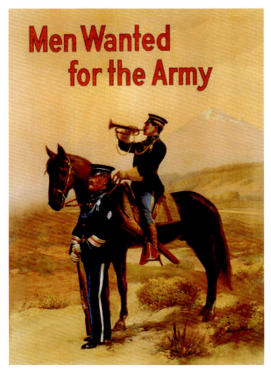

Sampson）和海军准将温菲尔德·S.施莱（Commodore Winfield S. Schley）带领两支海军中队同时越过大西洋和加勒比海寻找西班牙的大西洋舰队。这是美国历史上第一次所有的陆军行动都建立在海军行动的基础之上。此后，战争变成了一场"士兵的战争"。威廉·T.沙夫特少将（Major General William T. Shafter）指挥古巴远征军，韦斯利·梅利特少将（Major General Wesley Merritt）指挥菲律宾远征军。8月，梅利特在菲律宾登陆后，西班牙军队投降，但沙夫特却闯进了古巴的"马蜂窝"。

"勇猛骑士"（Rough Riders）是美西战争中为数不多的装备弹匣装弹、自动栓式克拉格－乔根森步枪的部队。大多数志愿兵，包括美国陆军的老兵，仍然装备单发的滑膛枪。西班牙人使用的7毫米毛瑟步枪可发射8颗子弹，而美国人装备的斯普林菲尔德步枪每次只能发射一颗子弹。然而，美国陆军使用了一种与众不同的武器：进攻圣胡安山期间，3挺40年前的加特林机枪在8分钟内发射了6000颗子弹，开启了世界上首次大规模使用机关枪的先河。

不幸的是，古巴的战役让美国陆军更加重视枪法，而忽略了快速射击的作用，同时他们也过于节省弹药。观察者注意到，在西班牙士兵漫无目的地射击时，美国士兵进行了谨慎的瞄准。单发射击的步枪让士兵更加重视每次射击的重要性。直到1903年，美国陆军才开始将老旧的单发射击武器换成现代化的斯普林菲尔德手动栓式步枪。

扩张主义的后果

1898年8月，西班牙向美国投降后，菲律宾、波多黎各（Puerto Rico）和关岛全部成为美国领土。将菲律宾纳入美国国土的计划激怒了民族主义者领导人埃米利奥·阿奎纳多（Emilio Aguinaldo）。

下图：义和团运动期间，美国第11步兵团于1900年7月23日加入一次5000人的进攻行动。这次行动攻破天津城墙，占领了这个防守要塞。

他是菲律宾的一位持不同政见者，曾指挥一支8000人的部队。阿奎纳多曾与西班牙人斗争多年，现在转而与美国作战。梅利特将军在第一次菲律宾起义中将阿奎纳多的部队赶出吕宋岛，暴躁的菲律宾人开始在整个菲律宾群岛开展游击战。1899年，梅利特将菲律宾的统治权交给了埃尔韦尔·S.奥蒂斯少将（Major General Elwell S. Otis），奥蒂斯少将采取一种"仁慈的同化"政策。但当他的士兵被叛乱分子杀害以及村庄被掠夺时，他又是另一副面孔。

1900年5月，亚瑟·麦克阿瑟中将（Lieutenant General Arthur MacArthur）取代了奥蒂斯，并加强了奥蒂斯所采用的惩罚措施。在面对与常规战争不同的游击战时，麦克阿瑟摒弃了陆军常规的组织形式。他将兵力分散，在正规军中加入了50个新成立的菲律宾侦察连。1902年，侦察兵帮助俘获了阿奎纳多，从而终止了叛乱。然而，游击队依然在最南端岛屿上的地区活跃，直到今天仍是这样。

新陆军

美西战争结束后，威廉·麦金莱总统命令格伦维尔·M.道奇少将（Major General Grenville M. Dodge）带领一个调查委员会对美国陆军进行审查。道奇从陆军部开始调查。调查报告称，美国陆军各层级机构都效率低下，贪污腐败盛行。正当调查走向高潮时，1901年9月6日，一名刺客刺杀了麦金莱总统。副总统"泰迪"·罗斯福接任总统，他授意作战部长伊莱休·鲁特（Elihu Root）——一名杰出的行政官员——清除障碍并提出更好的建议以准备战争。

由于深知自己的军事知识不足，鲁特开始广泛学习欧洲军事架构。他阅读了英国军事评论家斯宾塞·威尔金森（Spenser

下图：1900年8月14日，八国联军占领北京。几个月之后，主要由非裔美国人组成的美国第9骑兵团列队向义和团运动期间八国联军统帅阿尔弗雷德·冯·瓦德西伯爵（Count Alfred von Waldersee）致敬。

Wilkinson)的《军队的大脑》(*The Brain of an Army*),该书颂扬了德国参谋部的效率。他还研究了道奇委员会的改革意见,发现美国陆军自内战以来就没有变化。此外,鲁特调查了他自己的参谋之间的权势斗争。随后,他开始改革。他削减了参谋部的权力,完全将军事问题交给将军处理,并给将军配备一名参谋长,参谋长取代了陆军的主将。参谋长领导一个参谋部,充当了军队的"大脑",履行计划职能,为所有可能的意外事件准备作战计划,同时保证武器和装备的供应。参谋长还充当总统在军事政策方面的首席顾问和执行代理人。

国会采纳了鲁特的提议,并通过了1903年的军事法案(也称为迪克法案,因为发起人是俄亥俄州的众议员查尔斯·W.迪克(Charles W. Dick)。然后,鲁特创建了陆军战争大学——扩大的西点军校,并将各州民兵组织转变成后来的国民警卫队和陆军预备队。他还将陆军规模增加至3820名军官和84799名士兵。鲁特的改革是如此彻底和现代化,以至于直到1947年美国陆军都没有再次改革。

1903年8月15日,鲁特任命塞缪尔·B.M.扬中将(Lieutenant General Samuel B.M. Young)——美国内战期间的老兵,也是圣地亚哥高地战役的指挥官——为陆军的第一任参谋长。扬为美国陆军建立了一套至今仍然存在的组织架构。今天,参谋长由总统在参议院的建议和同意下从陆军的将领中挑选。

1905年,28000人的师(而不是军)成为陆军基本的武装单位。一个师包括3个旅,每个旅包括2个或更多步兵团、1个炮兵团、1个骑兵团、1个工程营以及其他支援单位。

"一战"之前最重要的发明可能就是内燃机了,它的发明使得现代化的坦克、卡车和飞机的出现成为可能。1907年8月1日,在飞机首次面世4年之后,美国陆军在通信部队中建立了航空师。内燃机对战术的影响是革命性的,但在1907年时没有

上图:美西战争期间,主要由非裔美国人组成的美国第9骑兵团准备前往古巴作战。

右图：1914年，骑兵还是一如既往地重要，教官依然面临诸多问题，如教新兵学会骑马。

人能清楚地认识到空中力量对未来战争的重要性。直至1947年美国政府让空军成为一支独立部队之前，空中力量都是陆军的一部分。

前四任参谋长都在摸索中前进，没有明确的方向，但从1910年情况开始转变。当时伦纳德·伍德少将（Major General Leonard Wood）——曾经"英勇骑士"的指挥官，也是荣誉勋章的获得者——接任参谋长。伍德通过一条非常规之路获得最高职位。他不是西点军校的毕业生，而是从哈佛医学院毕业的。他通过加入医疗队而进入陆军，后来成为一名陆军校级军官。伍德在其4年任期内是一位真正高效的参谋长。

他相信一名军官可在6个月或更短时间里被训练出来，因此他集中精力创建了短期军官培训项目，而这成为20世纪的一个至关重要的创举。

虽然陆军重新组织了兵力结构，参谋长几乎没有对武器装备采取什么动作。德国人已经生产了成千上万支由美国人海勒姆·马克西姆（Hiram Maxim）发明的短后座式机关枪，而美国陆军还在使用柯尔特公司生产的效率低下的气动式武器。当美国在1917年加入"一战"时，他们不得不依赖法国的飞机、坦克和自动化武器。

格兰德河的另一侧

1904年，美国陆军工程兵团开始横跨巴拿马地峡修建运河。运河长50英里，宽110英尺，深41英尺，并在10年后正式对外开放。总工程师乔治·W.格塔尔斯准将（Brigadier General George W. Goethals）负责整个工程。威廉·C.戈加斯上校（Colonel William C. Gorgas）发现了一种摆脱该地区肆虐的黄热病的方法，因此才使该工程得以顺利开展。按照吉米·卡特总统在1977年签署的协议，联邦政府对该运河的使用权截至1999年12月31日，此后应将其归还给巴拿马政府。

1914年，巴拿马运河投入使用，这也标志着美国与墨西哥的另一场冲突的开始。当时弗朗西斯科·"潘乔"·维拉（Francisco "Pancho" Villa）——一个土匪和自封的将军——试图推翻政府。陆军派遣弗雷德里克·芬斯顿准将（Brigadier General Frederick Funston）的第5旅前往韦拉克鲁斯稳定局势，但问题又加剧了。道格拉斯·麦克阿瑟代表陆军部前去评估形势，在未获批准的情况下进行了一次深入侦察，但遭到攻击，最终不得不返回韦拉克鲁斯。

下图：1914年，美国第8骑兵团学习机关枪的布置和射击。

1916年3月9日，弗朗西斯科·维拉跨过格兰德河，在新墨西哥州的哥伦布市杀死了15个平民。陆军部派遣约翰·J."黑杰克"·潘兴准将前去抓捕维拉，并将其部队赶走。潘兴带领3个旅（5000人）进入墨西哥，其中包括乔治·S.巴顿中尉。潘兴还首次将第1航空中队的寇蒂斯R-2飞机用于侦察和通信。潘兴没有抓住维拉，但他成功驱散了其追随者。这场战役让他有机会在战场上调遣和指挥如此大规模的部队。对他而言，这次经历到来的时机也是绝佳的。1917年1月，当时的形势表明欧洲迫切需要美国陆军，潘兴因此返回美国。

下图：1916年，约翰·J.潘兴准将（Brigadier General John J. Pershing）对墨西哥进行了惩罚性远征，他的骑兵团穷追弗朗西斯科·维拉的突袭者直至将其抓获。

"拉法耶特，我们就在这里！"

1913年，57岁的伍德罗·威尔逊成为美国第28任总统。一年后欧洲战争爆发。在接下来的3年里，他保持中立，并努力让美国远离第一次世界大战。在这些年里，他扩充了陆军，但力度非常有限。当国会在1917年4月6日向德国宣战时，美国陆军在全世界排名第17，兵力包括127588名正规军、5000名菲律宾侦察兵、15000名后备军，外加174000人的国民警卫队，其中一半已经联邦化了。陆军的战斗兵力削减至200000人，并且自美国内战以来没有经历过任何师级规模以上的军事行动。

上图：1916年3月，弗朗西斯科·维拉（骑白马者）带领突袭者跨过美国边境。这支游击队分成小队行动。维拉领导了多次袭击，但最后也没有被俘。

左图：虽然潘兴的部队在墨西哥成功驱散了弗朗西斯科·维拉的追随者，但最终没有抓获狡猾的维拉。

1916年，潘兴将军利用陆军第1航空中队的寇蒂斯R-2飞机进行侦察和通信，使用范围是新墨西哥州哥伦布和墨西哥埃尔瓦列之间的140英里航线。

上图：跟随潘兴将军进入墨西哥之前，这些部队在艾奥瓦州的得梅因进行训练。

右图：新墨西哥州哥伦布，约翰·J.潘兴准将坐在其指挥部里的一棵树下。

1917年5月2日，潘兴将军接到来自作战部长牛顿·D.贝克（Newton D. Baker）的秘密指示，要求挑选5个团组成一个步兵师，准备前往海外作战。潘兴合并了第16、第18、第26、第28步兵团和第6野战炮兵团，外加另外两个炮兵团，由此组成第1远征师，后来重命名为第1师，而其更为人所知的名字是"大红一师"（Big Red One），因为他们的肩章是与众不同的大红色。潘兴指派乔治·C.马歇尔指挥全师作战，而马歇尔后来成为陆军最具才华的参谋长。

虽然潘兴在陆军中资历不高，威尔逊还是任命他为美国远征军（AEF）的总司令，主要原因是他在墨西哥恢复秩序的

行动中表现优异。贝克指示潘兴与盟军协作,但同时要保持美国部队的独特性,要与欧洲部队独立开来。5月28日,潘兴起航前往法国,并在绍蒙[1](Chaumont)建立了总司令部(GHQ)。3周之后,第1师的先头部队进入欧洲。7月4日,也就是美国独立日那一天,来自"大红一师"的正规军穿过巴黎市区,为法国军队提振士气。潘兴的一名副官在拉法耶特侯爵(Marquis de Lafayette)的墓前驻足,缅怀这位法国贵族在美国独立战争期间给予的帮助,他大声喊道:"拉法耶特,我们就在这里!"虽然这句话通常被认为是潘兴将军的名句,实际上是由查尔斯·斯坦顿中校(Lieutenant Colonel Charles

左图:随着美国加入第一次世界大战,陆军的海报也变得更常见。

[1] 法国勃艮第大区约讷省的一个市镇。

Stanton）讲的。

下一个问题涉及国民警卫队的动员。道格拉斯·麦克阿瑟少校也是参谋部的成员，他建议从各州征集部队。事实证明该办法是公平的，最终组建了第42"彩虹"师。麦克阿瑟说道："这支部队像一道彩虹从美国的一端跨越到另一端。"被提升为上校后，麦克阿瑟成为该师的参谋长，在1917年10月17日，带领这支部队进入法国。

威尔逊总统在1917年5月18日通过兵役法组建了美国远征军，兵役法规定征兵对象为21岁至30岁之间的男子。他发布法令"动员全国所有资源"，然后政府开始发行战争债券以筹集资金。与过去的征兵制度不同，现在征兵不再由陆军部负责，而是由国会批准各地成立征兵局，工作人员也变成了平民。全国共计2400万人在

下图：1917年6月13日，约翰·J.潘兴将军（中）抵达法国布洛格，然后开始部署接收美国远征军的第1步兵师。

上图：约翰·M.勃朗宁（John M. Browning）设计了很多步枪。一战期间最著名的一款就是柯尔特公司生产的.30口径M1918勃朗宁自动步枪（BAR）。注意最原始的生产版本没有两脚架。

4648个征兵局登记注册，在为期长达18个月的征兵之后，超过270万名应征者进入军队服役。

随着新的作战连队成立，潘兴开始将他们编成团级部队，并展开训练。他要求所有新兵接受与西点军校军官相同的基础训练。军官和士兵到达法国之后，最严格的战斗训练开始了。截至1917年12月，9800名军官和165000名步兵已经抵达法国，同时每周还有上千名士兵到来。潘兴拒绝在做好准备之前将士兵投入战场。尽管盟军要求把美国部队整合到英国和法国的师级部队之中，他坚持拒绝该要求。他表示美国远征军必须作为一个独立主体在其专属的战场区域作战。随着美国部队涌入法国，威尔逊总统要求国会向奥匈帝国——轴心国的另一支主要力量宣战，该行为几乎无济于事。

春季攻势开始之前，潘兴将他指挥的所有师整合成军，由此组建了第1集团军。1918年伊始，他共有8个师，但仅有3个在战场上，剩余的都还在路上。1月15日，他把4个师（第1、第2、第26和第42师）整合为第1军，并将其交由亨特·利格特少将（Major General Hunter Liggett）指挥。第2军已经和法国部队一起参与了战斗，并且自始至终没有成为潘兴第1集团军的一部分。随着更多师的到来，他又组建了第3、第4、第5和第6军，最终建立了自己的陆军部队。

1918年3月21日，德国发起春季攻势——连续五次密集进攻以期在美国远征军进入盟军部队之前赢得战争。德国统帅部，特别是陆军元帅保罗·冯·兴登堡（Paul von Hindenberg）和埃里希·鲁登道夫将军（General Erich Ludendorff），下令在索姆[1]对英国部队发动突袭，同时在佛兰德斯[2]发动支援性进攻行动。英国部队指挥官道格拉斯·黑格爵士（Sir Douglas Haig）向潘兴寻求援助，潘兴做出回应，表示会派美国远征军前往任何需要的地方。

审视了德国的进攻之后，潘兴给予了反击，现在他的部队还有26万人计划将对方赶出战壕，最终赶出法国。蒂耶里堡战役[3]在对方战线上造成了一个30英里宽的

---

[1] 法国的一个省，属皮卡第大区。索姆河西临英吉利海峡，地处索姆河流域。索姆为法国北部拱卫首都巴黎的重要屏障，在军事上极具战略意义。

[2] 西欧的一个历史地名，泛指古代尼德兰南部地区，位于西欧低地西南部、北海沿岸，包括今比利时的东佛兰德省和西佛兰德省、法国的加来海峡省和北方省、荷兰的泽兰省。

[3] 蒂耶里堡为法国东北部埃纳省城镇，第一次世界大战期间，1914年德军推进到马恩河一线以后，协约国军队与德军进行争夺蒂耶里堡的战役，最终收复该城。

 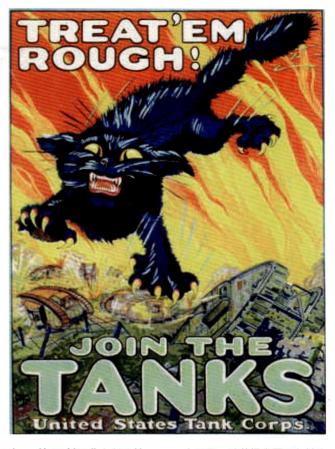

凸出部分，这里也或多或少成为更易攻击的地方。德国总参谋部试图发动另一次进攻以夺回马恩（Marne）[1]，潘兴决定静观其变，等到德国人的士气消耗得差不多后，再带领美国远征军予以反击。

7月15日，鲁登道夫开始第二次马恩战役，这次还是试图进攻香槟区[2]（Champagne）和兰斯[3]（Reims）以西一块防守薄弱的区域，以此将英国人从佛兰德斯赶走。德国第7集团军的14个师跨过马恩河[4]，但遭到迪克曼的第3师阻击，该部队也因此获得"马恩之石"（Rock of the Marne）的称号。鲁登道夫从苏瓦松-蒂耶里堡-兰斯凸角撤退以缩小防御前线，因为他的部队遭到大幅削减。在5个月的时间里，德国人损失了5万人。虽然盟军的损失更大一些，不过，美国部队每月向法国转移30万人。

上两图：随着坦克军团与其他部队抢夺兵源，海报内容也开始发生变化。

对页图：1918年9月，第27师第107步兵团的士兵在一次进攻中离开战壕。

[1] 法国香槟-阿登大区所辖的省份。
[2] 位于巴黎以东不足200千米的地方，是法国葡萄酒最有名的三大产区（波尔多、勃艮第和香槟区）之一。
[3] 法国东北部城市，香槟-阿登大区马恩省的市镇。
[4] 法国北部河流，塞纳河支流，全长525千米，流域面积1.3万平方千米。第一次世界大战期间，马恩河谷地区发生过激烈的战斗。

上图:1918年5月,一名英国的狙击手(前景,左)正在教第77师的士兵如何伪装。

下图:1918年5月5日,第93师第368步兵团I连的非裔美国士兵在阿尔贡森林西侧边缘的战壕里作战。在美国陆军中,黑人和白人仍然是分开的,但指挥官主要是白人。

埃纳河攻势——蒂耶里堡

1918年5月27日,埃里希·鲁登道夫将军发起德国的第三次进攻。此次行动是将英国人赶出佛兰德斯,削弱盟军进攻势头的最后一击,此次行动造成了一个30英里宽和20英里深的凸角区域。当天中午,德国的三个军——第18军从西南方,第1和第7军从西方——跨过埃纳河[1]。当天晚上,他们跨过韦勒河[2],5月30日,他们抵达马恩。

与此同时,5月28日,潘兴匆忙命令奥马尔·邦迪少将(Major General Omar Bundy)带领第2师,约瑟夫·T.迪克曼少将(Major General Joseph T. Dickman)带领第3师前往坎提尼(Cantigny)[3]增援法国部队。邦迪和迪克曼到达之前,罗伯特·L.布拉德少将(Major General Robert L. Bullard)的第1师对位于坎提尼的德国观察哨发动了猛烈攻击,击退了由德国老兵组成的第18军多次猛烈的反击。虽然仅仅是一次局部行动,但它标志着美国人的第一次进攻行动,并且大大提升了盟军的士气。

美国第2师和第3师继续向马恩迈进,途中与德国先头部队相遇。迪克曼的第3师接替法国第6军成千上万退下的士兵,陆续进入蒂耶里堡空出来的阵地,坚守德军进攻的桥梁。在一次停战期间,迪克曼下令发起反击,他集结了法国部队,将德国人赶回至马恩河另一侧的若尔戈讷(Jaulgonne)。

---

[1] 位于法国东北部,发源于马恩省圣梅内乌尔德附近的森林,流向先向北然后向西,最后在贡比涅注入瓦兹河,全长290千米。埃纳省因此而得名。

[2] 法国东部河流,索恩河的左支流,全长67千米,流域面积670平方千米,发源自沙拉蒙,河口处在马孔附近。

[3] 法国东部汝拉省的一个市镇,位于该省中部偏西。

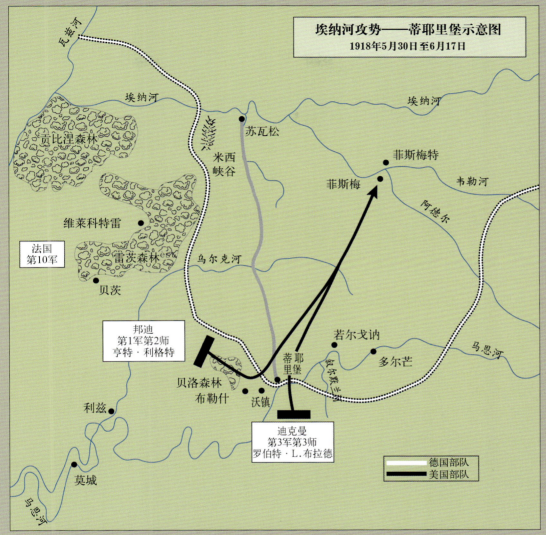

左图:蒂耶里堡行动展示了美国部队在埃纳河攻势初期的相对位置。

蒂耶里堡战役期间,迪克曼的第3师不屈不挠地参与了41天的战斗。这场战役实际上包括三次行动,主要由潘兴派给斐迪南·福煦将军(General Ferdinand Foch)的两个师完成。而福煦将军在4月14日成为英国、法国和美国部队的总司令。战役共分为三个阶段:马恩河战线的防御、贝洛森林战役[1](由第2师的第4海军陆战旅阻击)以及占领沃镇(Vaux)[2]。

邦迪的第2师在蒂耶里堡以西、沃镇和贝洛森林之间替换了法国第11军,他们让德国打破延长战线的努力付诸东流。当鲁登道夫在6月4日发起进攻时,邦迪利用他的海军陆战旅发起反击。在成功进攻德军阵地6次之后,德国人撤退了,德军共计9500人死亡,1600人被俘。在沃镇的战斗中,德军的化学战(芥子气)导致美军400人受伤。

[1] 1918年6月,在法国埃纳省接邻马恩河的贝洛森林地带,德军进攻,伤亡惨重,被逐退。

[2] 法国摩泽尔省的一个市镇。

迷失的大军——默兹-阿尔贡攻势

1918年9月26日早上5点25分,潘兴命令第1集团军——并排的3个军——进入默兹河[1]流域。该计划是由乔治·C.马歇尔上校设计的。这次行动也是美国远征军在一战中规模最大、代价最惨重的战役。60万名美国士兵带着3900门火炮沿着默兹河,向下推进进入阿尔贡森林,同时H.J.E.古尔戈将军(General H.J.E. Gouraud)的法国第4军在左侧推进。福煦元帅将这次行动视为其夏季反攻的顶点,但他有所顾虑。因为美国22个没有作战经验的师将进攻克里姆希尔德防线。这里是兴登堡防线中防御最牢固的部分,也是对方在梅茨(Metz)、色当(Sedan)和梅奇埃尔(Mezieres)三地的主要通信线。

美军最初的进攻覆盖了整个德国防线,但通信和运输问题导致行动受阻并造成混乱。很多部队在4天之内没有得到任何食物,德军的抵抗进一步强化,经过多天密集的战斗之后,美军的进攻停滞下来。

10月2日,当第1集团军重组时,第77师派出一个营进入阿尔贡森林,该部队的士兵主要来自第307和第308步兵团。该营悄悄穿过对方防线,进入森林之后就消失了,与总部失去了联系。虽然遭到力量悬殊的敌军的多次攻击,"迷失的大军"指挥官查尔斯·W.威特利斯少校(Major Charles W. Whittlesey)拒绝投降。在黑暗而可怕的5天里,该营击退了一次又一次进攻。幸亏威特利斯的最后一只信鸽——"亲爱的朋友"(Cher Ami)最终飞到师总部,10月7日,一支救援队赶到。在这支"迷失的大军"554名军官和士兵中,仅有194名步兵依靠自己的力量走出了森林。

3天之后,美国远征军将德国人赶出了阿尔贡森林。为期47天的默兹-阿尔贡攻势从1918年

上图:1918年9月26日,默兹-阿尔贡攻势的第一阶段战斗开始。美国的9个师参与此次行动,他们还征用了142辆法国和英国的坦克。

下图:默兹-阿尔贡攻势是美军在一战中损失最惨重的行动。1918年10月11日,第1师第18团试图穿过埃克塞尔蒙(Exermont)附近的阿尔贡森林。

[1] 发源于法国朗格勒高原的普伊,大致向北流,经比利时和荷兰注入北海,全长950千米。上游叫默兹河。

9月26日持续到11月11日，促成了最终停战协议的签署。

救援"迷失的大军"成为史诗般的事迹，出现在新闻头条中，也因此成为美国远征军的一个传奇。由于他们在敌人压倒性力量面前顽强的抵抗，威特利斯和他的副指挥官乔治·麦克默特里少校（Major George McMurtry）获得了荣誉勋章。

美国共有4 057 101名士兵参与第一次世界大战，其中包括545 773名正规军，728 234名志愿兵以及2 783 094名被征召入伍者。签署停战协议时，美国每小时的战争花费为4 200万美元，其中仅有13%是付给士兵的薪水。

战斗死亡	37 568人
伤病死亡	12 942人
受伤	193 663人
被俘	4 416人

美国远征军消耗的弹药（颗/枚）

.30口径步枪	181 391 341
.45口径手枪	120 901 102
37毫米加农炮	2 274 229
77毫米榴弹炮	7 550 835
手榴弹	2 724 067

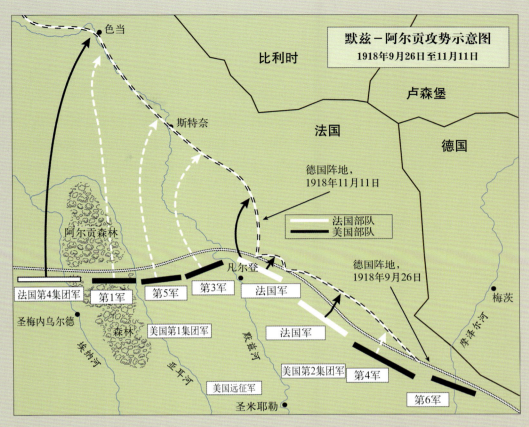

上图：这张地图展示了默兹-阿尔贡攻势中，美国远征军在1918年9月26日至10月2日期间的作战路线。这场战争于当年11月11日以德国的投降结束。

右图：新泽西州，霍博肯，欢呼的部队乘坐"阿格蒙"号运兵船从法国战胜归来。

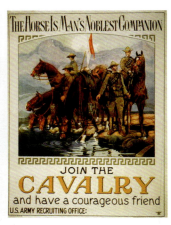

上图：虽然1918年骑兵仍然在宣传征兵，但不久之后摩托化车辆就取代马匹了。

对页图：随着美国开始动员另一场战争，成千上万年轻人加入美国陆军，经过训练之后，他们手持装有刺刀的步枪前接受检阅。

在"以战止战"结束时，美国和欧洲试图裁军，或至少控制军备。1918年1月8日，威尔逊总统向国会提呈了14条建议，并称其是"获得和平唯一可能的计划"。他已经在心里想好了国际联盟，但美国参议院后来没有批准该计划。

1922年2月6日，为了实现暂停建造主力战舰10年的目标，美国、英国、日本、法国和意大利联合提出了华盛顿海军条约（Washington Naval Treaty），其中限制了战列舰和航空母舰的数量。这似乎是首次在正确的方向上迈出一步，但最终日本没有遵守该条约。

1925年6月17日，国际联盟在日内瓦召开会议，试图控制武器和弹药的国际贸易，并禁止使用毒气。美国拒绝签署协议。

1928年8月27日，世界大国签署了凯洛格-白里安非战公约（Kellogg-Briand Pact），宣布不发动入侵战争，但如果有签约国违反公约，其余各国保留制裁的权力。

1930年4月22日，伦敦海军条约（London Naval Treaty）试图控制潜艇和巡洋舰吨位，但意外地忽略了德国，并且对日本造船的意愿也没有限制。

1932年，世界大国，这次包括德国，在日内瓦召开了一次世界裁军大会，以减小重整军备的可能性，并接受国际联盟的检察和控制。德国和日本脱离国际联盟后，该会议在1934年中止，没有达成协定。然后日本公开声明华盛顿海军条约和伦敦海军条约无效，德国总理阿道夫·希特勒也拒绝履行凡尔赛条约的裁军条款，该条约夺走了德国战前八分之一的领土，并要求支付560亿美元的战争赔款。

当其他国家还在做无效的谈判时，德国、意大利和日本已经在准备战争了。

动员

自"一战"以来，美国陆军（现在包括一个陆军航空兵团）一直处于军事的边

缘地带。1920年，国会通过国防法案，将陆军削减至28万人，并且拒绝了参谋长提出的统一军事训练的要求。当国会把坦克划归步兵时，德怀特·D.艾森豪威尔少校和乔治·S.巴顿少校争辩道，装甲的功能就是穿透对方战线，而不应该混杂在步兵团中使用。1928年，他们输掉了这场争论，当时陆军在马里兰州的米德军营建立了一支试验性机械化部队，并证明了装甲部队进攻的潜力。

1930年，50岁的道格拉斯·麦克阿瑟中成为美国历史上最年轻的参谋长，他上任后采取的一系列举措之一就是要求所有陆军部队都进行机械化改造。由于股票市场已经在1929年崩盘，现在不是麦克阿瑟寻求资金的好时机。尽管如此，他还是把第1和第13骑兵团整合成第7骑兵旅（机械化），并把这支部队转交给了阿德纳·R.查菲少将（Major General Adna R. Chaffee）——另一位装甲力量的倡导者，从此骑兵部队开始将马匹升级为坦克。查菲在肯塔基州的诺克斯堡建立了该骑兵旅，不久之后，他就开始训练士兵使用轻型坦克、装甲车、半履带式运兵车，以及车载75毫米火炮。由于资金严重不足，美国陆军直到1939年才开始设计中型坦克。

富兰克林·D.罗斯福在1933年成为美国第32任总统，此时他面临着众多令人沮丧的经济问题，并且对国家的备战情况充满担忧。他号召陆军支持美国民间资源保护队（CCC）的行动，这产生了一些良好的宣传效应，但影响了陆军的首要任务——备战。资金的缺乏影响到了所有在役部队，特别是步兵。在世界上其他国家都在研制自动步枪时，美国士兵还在使用笨重的手动栓式1903型斯普林菲尔德步枪。麦克阿瑟对此局面非常失望，他退出了美国陆军。1935年，他前往马尼拉指挥菲律宾部队。

1935年10月2日，马林·克雷格将军（General Malin Craig）——一名脚踏实地的现实主义者，在潘兴的力保下成为陆军新任参谋长。令他大为震惊的是参

上图：M3轻型坦克是M2A4的发展版本，它在炮塔中安装一门37毫米火炮和3挺.30口径机关枪，其中两挺安装在翼侧。直至1943年7月被淘汰，M3都是一种重要的侦察车辆。

对页图：乔治·S."血胆老兵"·巴顿（1885—1945年）身着全套的坦克制服站在他的指挥车前，当时他正在路易斯安那州训练第2装甲师。

谋部制定的军事计划具有高度的理论性，而没有考虑陆军薄弱的现状。陆军使用的武器是西班牙内战（1936—1939年）期间使用的，这证明了美国武器技术落后。克雷格在为国家备战方面比麦克阿瑟更有经验，但他没能抓住壮大空军力量的机会。

1941年夏季，美国开始作战准备。马歇尔和他的海军搭档——海军上将哈罗德·斯塔克（Admiral Harold Stark）正确地预测到与德国和日本的两线作战，他们还起草了必要的全国兵力动员计划。9月底，新动员的美国陆军暴增至120万人，其中大部分都是一年兵役，并且几乎没有人接受过训练。快速扩张的陆军没有基础设施和后勤保障，甚至没有足以支撑兵力扩充的武器。志愿兵和应召入伍者开始进行基本训练。他们分到了新制服和靴子，少量的野营装备，但由于枪支不足而

下图：美国FT17坦克离开伊利诺斯州的岩岛，前往加拿大接受训练。

在训练中只能用扫帚柄代替。

几个月之后，1941年12月7日，日本人偷袭了珍珠港海军基地，摧毁了美国太平洋舰队。12月8日，美国对日宣战。两天之后，德国和意大利向美国宣战。"欧洲第一"战略暂时搁置，但陆军还需要几周的训练才能投入战斗，国会还不得不解决一年兵役期的问题。马歇尔将军再一次在国会展现了他的才能，最终在议会投票中以203比202勉强通过强制延长兵役期的法案。

1942年2月9日，英美两国作战指挥官在华盛顿会面讨论战略。他们意识到让俄罗斯开辟第二战场的重要性。英国可以提供跳板，但1942年，英国的总参谋长怀疑这样一次远征能否成功。尽管在进入欧洲方面没有达成一致，美国部队仍继续涌入英国，其中包括美国的第一支战略轰炸

下图：自1941年开始生产的M3中型坦克重达30吨，它在舷侧凸体中安装一门75毫米加农炮，炮塔中安装一门37毫米加农炮，外加3挺或4挺.30口径机关枪。在开放的道路上，它的速度可达到26英里/时。

乔治·C.马歇尔（1880—1959年）

1939年9月1日，也就是德国入侵波兰的那一天，59岁的乔治·C.马歇尔将军成为参谋长。两天之后，英国、法国、澳大利亚和新西兰向第三帝国宣战。而日本帝国陆军自1931年以来就开始侵占中国领土了。

让马歇尔成为参谋长似乎是一个奇怪的选择，他于1901年从弗吉尼亚州军事学院毕业，而不是西点军校毕业生。他不是陆军的高级军官，他甚至没有指挥过一场大型战役，但他曾是潘兴将军的法国指挥部中一名优秀的参谋人员。潘兴意识到了马歇尔的潜力，并且一直记着他，马歇尔也从来没有忘记潘兴将军在"一战"期间的开放战术和快速机动战役。当马歇尔在本宁堡[1]的步兵学校担任助理指挥官时，他培养了一代拥有相同理想信念的年轻军官。

右图："一战"期间，乔治·卡特里克·马歇尔将军在欧洲的美国远征军服役。"二战"期间，他成为美国陆军的参谋长（1939—1945年）。马歇尔在战争期间退役，但在1944年被召回，并成为陆军的五星上将。战后，他成为哈利·S.杜鲁门总统的国务卿。

[1] 美国陆军的训练基地，位于乔治亚州哥伦布，创建于1918年，被称为"美国陆军卓越演习中心"，也是"装甲和步兵之家"。

就任参谋长10个月之前，在一次白宫会议上，马歇尔不赞同罗斯福忽略国防现代化。他严厉指责使用过时的步枪、火炮、飞机和机械化车辆。美国陆军当时仅有174000名士兵，已经滑落到全世界第19名，排在保加利亚之前、葡萄牙之后。马歇尔还说道："陆军发挥不了任何作用。"名义上的9个步兵师中，仅有3个拥有满员的编制，其他的兵力不足一半。马歇尔没有特别在意他是否冒犯了总统，但显然，罗斯福很赞赏马歇尔的坦白，因此任命他为参谋长。

在罗斯福的支持下，马歇尔成为国会听证会的主要发言人。由于迫切需要人力、资金和武器，马歇尔指示参谋部准备人力资源动员计划以扩充军事力量。1940年9月27日，国会召集了6万名国民警卫队士兵。18天后，国会议员通过了义务兵役和训练法案。"这是我们国家历史上的第一次，"马歇尔向国人讲道，"我们开始在和平时期应对可能的战争。"

在接下来的六年里，马歇尔把参谋部转变成了指挥部。参谋部军官的才能和素质是以前所有战争中任何指挥官都无法匹敌的。他熟练地设计了伟大的战争战略。意外的是，参谋部的计划中还需要工业动员和后勤支持。

当冲动的总统干预军事事务时，马歇尔运用其独特的才能打消了罗斯福糟糕的想法，同时提出了更好的意见。如向英国派遣驱逐舰，通过租借法案，以及如果美国参战，必须奉行"欧洲第一"的政策（打败德国的优先级高于打败日本）。

马歇尔从零开始重塑了陆军，并带领他们赢得了"二战"的胜利，并且在他担任国务卿（1947—1949）期间提出的欧洲复兴计划（也叫作马歇尔计划）。该计划重振了欧洲经济，加速了欧洲的复兴。

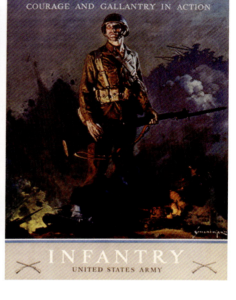

上图："二战"期间，所有部队都设计了自己的海报。陆军首次大量征募女兵。

中队。英国首相温斯顿·丘吉尔建议通过地中海"柔软的薄弱部分"打击轴心国。罗斯福同意了该提议，但原定于1942年跨过海峡的计划被推迟了，转而换成了"火炬"行动——占领法属摩洛哥、阿尔及利亚和突尼斯。

这次会议还标志着参谋长联席会议（JCS）的成立，以及参谋长联席会议成为英美联合参谋部（CCS）的美国部分。参谋长联席会议的形成没有任何官方的指示。美国海军上将威廉·莱希（Admiral William Leahy）成为JCS的第一任主席，海军上将欧内斯特·金（Admiral Ernest King）代表海军，马歇尔将军代表陆军。亨利·H.阿诺德少将（Major General Henry H. Arnold）——陆军的空军司令也成为参谋长联席会议的一员，预示着空军力量的兴起和壮大。今天的参谋长联席会议与1942年一样重要，其总部位于五角大楼。

北非战役——"火炬"行动

马歇尔将军将"火炬"行动的指挥任务交给了52岁的德怀特·D.艾森豪威尔中将，他当时正在英格兰学习如何在欧洲而不是北非开辟第二战场。"火炬"行动包括三个重大战略：为未来与意大利和德国作战建立立足点；阻止德国陆军元帅埃尔温·隆美尔占领北非和苏伊士运河，缓解英国第8集团军的压力；阻止维希法国的海军上将让·弗朗索瓦·达尔朗

（Admiral Jean François Darlan）率领的法国海军和10万人的法国陆军部队支援隆美尔。

11月截止期限的到来意味着迅速而密集的行动。出于预期的目的，艾森豪威尔将指挥部转移到直布罗陀。陆军部队在两栖战场上接受训练。造船厂将客轮改装成运兵船。飞行员练习从航空母舰上起降。美国海军陆战队已经在所罗门群岛成功地实施过两栖登陆。"火炬"行动将是有史以来最大规模的两栖行动。这支英美联合部队共计107000人。这次行动还意味着美国部队将接受英国指挥官的领导，同时英国部队也将在美国指挥官手下服役。

1942年10月，在计划实施的登陆之前，艾森豪威尔命令马克·W.克拉克少将（Major General Mark W. Clark）和三名军官去执行一项秘密而危险的任务，即设法获取北非的维希法国兵力信息。克拉克与法国军官

左图：客轮的内部设施被拆除，改装成了运兵船。曾经豪华的特等舱现在挤满了折叠床，四张床上下堆放，每层之间仅有16英寸到18英寸的狭小空间。

对页图：1943年12月，德怀特·D.艾森豪威尔将军成为西欧所有同盟部队的总司令。

展开对话，试图争取他们同意不妨碍火炬登陆行动。但该任务失败了，克拉克小队勉强逃了回来。

11月8日，乔治·S.巴顿少将率领的34300人的西部特遣部队的先头部队在法属摩洛哥的一个200英里前线上登陆。巴顿遭到了零星的抵抗，特别是在卡萨布兰卡城市中心周围。到11月11日时，法国人的抵抗开始崩溃。美国士兵占领了利奥特港[1]的机场，护航航

左图：1942年11月8日，美国游骑兵将81毫米迫击炮装进一艘突击艇。作战中，他们佩戴白色臂章以区分敌我。

[1] 摩洛哥西北部港市。

上图：1942年12月5日，第1游骑兵团的士兵在非洲的演习中穿过一片龙舌兰种植园。

母舰"切南戈"（Chenango）号运来的P-40F战鹰式战斗机很快获得了制空权。

劳埃德·弗雷登多尔少将（Major General Lloyd Fredendall）的中央特遣队在阿尔及利亚的奥兰市遭到维希法国军队最激烈的抵抗，这支部队由39000名美国士兵组成，基地在英格兰。从英格兰赶来的第509伞降步兵团第2营在占领机场过程中也没有取得完全的胜利。随着登陆的进行，部队建立了一个滩头堡以保护奥兰市。11月10日，法国防守者投降。

查尔斯·莱德少将（Major General Charles Ryder）率领的东部特遣队由10000名美国士兵和23000名英国士兵组成。他们也从英格兰而来，在阿尔及尔登陆后于11月10日占领了这座城市，整个过程仅发生了一次小规模冲突。英美联合部队在阿尔及尔发现并带走了海军上将达尔

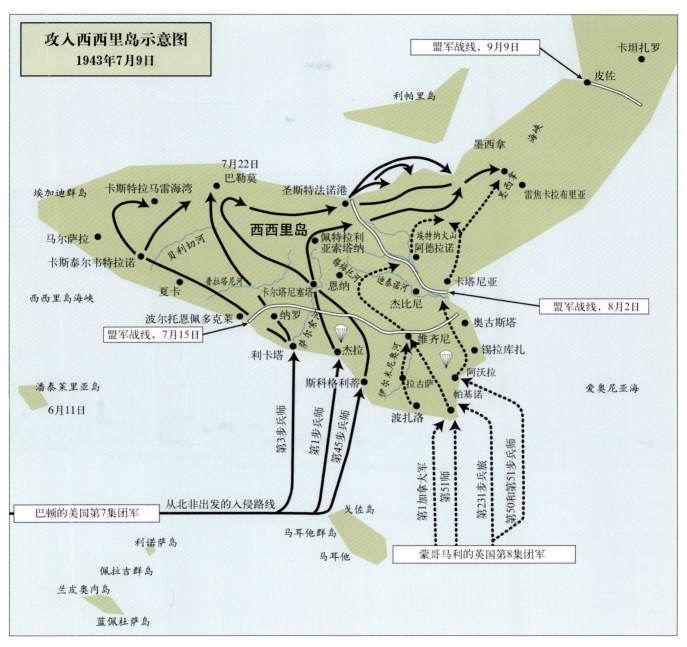

上图：1943年7月9日，巴顿将军的第7集团军从北非跨过地中海，在西西里岛南部的3个海滩登陆，席卷了整个岛屿，而英国部队则进攻了该岛的东南海岸。

上图：1943年7月22日，乔治·巴顿将军在佩特拉利亚索塔纳[1]附近视察第1步兵师，他要求该部队快速跨过西西里岛北部，目的是帮助英国的伯纳德·蒙哥马利将军进入墨西拿[2]城。

---

[1] 意大利西西里岛巴勒莫省的一个市镇。
[2] 意大利西西里岛第三大城市，在西西里岛东北角，正对墨西拿海峡。
[3] 突尼斯北部港市，战略位置重要，是非洲大陆最北的港口，扼地中海东西航运要冲。

朗。达尔朗脱离维希法国政府，要求所有法国部队立即停火，并同意帮助英美联军将德国人赶出突尼斯。来自达尔朗的帮助持续了大约6周。12月24日，一位接收到所谓的抵抗命令的学生刺杀了达尔朗。该命令的确切来源并不清楚，但一般认为命令来自自由法国领导者夏尔·戴高乐，因为当得知艾森豪威尔任命达尔朗作为北非法国军队的指挥官时，戴高乐异常愤怒。

竞争突尼斯

11月17日，盟军占领法属北非后，德国国防军开始以每天1000人的速度将部队送进突尼斯北部。盟军还没有准备好一场大规模的陆地遭遇战，但英国的肯尼斯·A.N.安德森中将（Lieutenant General Kenneth A.N. Anderson）带领英国第1集团军进入比塞大[3]西南部的山区，遇到进犯的德国部队之后停止了前进。艾森豪威尔催促弗雷登多尔的第2集团军进入安德森的右侧区域,但1942年结束时,弗雷登多尔与安德森的第1集团军在突尼斯中西部与德国于尔根·冯·阿尼姆将军(General Jürgen von Arnim)的第5装甲集团军陷入僵局。

德国陆军元帅隆美尔担心,如果安德森和弗雷登多尔从其后方进攻的时候,伯纳德·L.蒙哥马利中将的英国第8集团军从南方进攻其翼侧,这样他引以为豪的"非洲军团"将在马雷特(Mareth)[1]陷入困境。1943年2月14日,没有等待形势的变化,隆美尔在纳粹德国空军的战斗机和俯冲轰炸机的大力支持下发起一场由装甲部队领头的双管齐下的突袭。小型的闪电战导致弗雷登多尔松散部署的第2军四散而逃,迫使第1装甲师不得不后退。2月18日,德国部队蜂拥而至穿过了凯塞林山口。由于担心丢掉位于特贝萨(Tebessa)的至关重要的补给基地,艾森豪威尔匆忙聚集英美两国部队前去增援。2月20日,阿尼姆没能赶来支援隆美尔的进攻,德国的进攻行动开始放慢速度。在彻底丧失进攻势头之前,隆美尔以尽可能快的速度退回到马雷特。

年轻的美国部队第一次体会到被作战经验丰富的德国老兵进攻是什么感觉,此外,对手的武器更先进,还享有制空权。艾森豪威尔认真总结了问题所在,他得到的结论是美国部队进行了顽强的战斗,但他们在地面的组织非常糟糕,同时空中支援力量也不足。巴顿将军替代弗雷登多尔成为美国第2军指挥官,美国陆军航空队(AAF)改变了战术,采用了英国的空中支援系统。

1943年4月,在巴顿手中获得重生的第2军在凯塞林山口从辅助角色一跃成为主要作战力量。在巴顿的领导下,美国第2军在盖塔尔(El Guettar)[2]与德国部队首次作战中取得重大胜利。随后,巴顿向东推进,与蒙哥马利的第8集团军汇合之后,开始将意大利的乔瓦尼·梅塞将军(General Giovanni Messe)赶出马雷特。5月13日,突尼斯战役以24万人的德

上图:1943年7月21日,美国游骑兵步行穿过西西里岛的巴勒莫[3],图中士兵来自第3步兵师。

[1] 二战前法国在突尼斯东部修建的一条长达20英里以防意大利入侵的防线。

[2] 阿尔及利亚的城镇,位于该国西北部。

[3] 意大利西西里自治区首府,位于西西里岛西北部的港城。

乔治·S.巴顿（1885–1945年）

1943年，"血胆老兵"乔治·S.巴顿已经58岁了，但他从来没有因为年龄的增长而变得行动迟缓。巴顿出生在美国陆军之中。他来自弗吉尼亚州的一个军事家庭，很早就进入了弗吉尼亚军事学院，1909年从西点军校毕业，随后加入了骑兵部队。充满火力，能力突出，斗志旺盛，生硬直率，巴顿的这些特征从来没有改变过。他在潘兴将军的远征部队中获得队长的职位，并参与了对潘乔·维拉叛军惩罚性追讨行动（1916年3月15日至1917年2月5日）。潘兴去法国后，巴顿也跟随他一起去了法国。巴顿是美国第一位接受坦克训练的军官，他建立了美国远征军坦克学校，并在圣米耶勒行动和默兹－阿尔贡攻势中领导第1坦克旅。

第一次世界大战让巴顿成为一名坦克兵，在接下来的20年里，他花费了大量时间去提升机械化装甲力量的优势，并为下一场战争做好准备。在希特勒的第三帝国扩张期间，巴顿相继执掌了第3骑兵团（1938年12月至1940年7月）、第2装甲旅（1940年7月至11月）以及第1装甲军（1942年1月15日）。他还参与制定"火炬"行动最终作战计划，并在入侵法属摩洛哥行动中指挥西部特遣队。凯塞林山口的形势逆转后，他取代弗雷登多尔将军成为美国第2集团军指挥官。

巴顿经常在新闻报道中发表不合适的言论，也常针对英国军队中他的搭档——伯纳德·蒙哥马利将军。在一次因为这样做而被调离指挥岗位后，巴顿向艾森豪威尔保证，他将注意言行。西西里岛战役前夕，艾森豪威尔任命巴顿指挥第7集团军。

巴顿在西西里岛证明了他的战术天赋，但他立即就遭到公众的批评和谴责，因为1943年8月的一次小插曲，当时他在一个医院里处置了一名蜷缩在伤员之中的所谓的懦夫。这次事件再次导致他丢失了指挥权。然而，艾森豪威尔把巴顿的不良行为转变成了一次机遇。他把巴顿带到伦敦，利用他在英国的事实误导德国人相信，盟军将从加莱进攻法国，而不是从计划中的诺曼底进攻。艾森豪威尔把这位将军搁置了好几个月，随后让他执掌了新组建的第3集团军。

当艾森豪威尔最终完全放开巴顿后，第3集团军横扫法国，先头部队直指德国中心。巴顿的装甲部队最终开进捷克斯洛伐克，如果按照他的方式发展，他一定将第3集团军转而对付苏联人了。由于错误的政治言论，巴顿再次丢掉指挥权。1945年12月21日，巴顿在一次交通事故中由于充血性心力衰竭在海德堡去世。

下图：乔治·S.巴顿中将除了是一位卓越的指挥官，还因为反对英国盟友而出名，而他的言行也经常让他在上级面前陷入麻烦。

国和意大利部队投降结束。北非的行动导致轴心国62万名士兵死亡。1942年11月至1943年5月期间，美军共有18500人伤亡。丘吉尔和罗斯福把北非作为试验场的决定获得了回报。英美盟军现在有了进入地中海的跳板，外加历经战术训练、战斗考验的士兵，这一切都将成为未来发动联合行动的成功样板。

西西里岛——"哈士奇"行动（也称"爱斯基摩人"行动）

1943年1月，罗斯福、丘吉尔以及联合参谋部（CCS）在卡萨布兰卡市举行了战略对话。他们一致同意将跨海峡行动推迟到1944年，转而发动另一次地中海行动，目标就是西西里岛。英国人要求推迟

下图：M4A3谢尔曼坦克从一辆坦克登陆艇里开出来，这种坦克登陆舰可装载40至70辆25～40吨不等的坦克。

跨海峡作战,作为交换,丘吉尔也同意了罗斯福扩大在太平洋行动的要求。罗斯福发布公告称,丘吉尔也只同意对方的"无条件投降"——一项其实用性存在争议的政策。

艾森豪威尔的参谋已经为"哈士奇"行动——入侵西西里岛准备了好几个月。6月9日,在对西西里岛、撒丁岛和意大利本土上的轴心国空军基地进行了长达一个月的轰炸之后,盟军先头部队出现在西西里岛的南海岸。巴顿新接手的第7集团军——美国第一支参加二战的有编号的部

下图:英国和美国的侦察部队(M5轻型坦克和M8装甲车)在开往罗马的道路上交换信息。

队——进攻了西西里岛西南岸的海滩，而蒙哥马利的英国第8集团军则进攻东南海岸。美国部队成扇形散开向西推进，他们的首要任务是占领机场，并保护英国部队的两翼。

"哈士奇"行动也标志着马修·B.李奇微准将（Brigadier General Matthew B. Ridgway）的第82空降师首次登台。李奇微将军的第82步兵师突然变成一支空降部队时，他还从来没有使用过降落伞。李奇微将军最终参加了很多次跳伞和滑翔进攻行动，但在西西里岛时，他是乘坐登

下图：一辆M10坦克歼击车从意大利阿尔泰纳的街道中穿过。

上图：1944年8月29日，第598野战炮兵营C连用105毫米榴弹炮向亚诺河的另一侧射击。

[1] 西西里的第二大城市，位于西西里岛的东岸，是卡塔尼亚省的首府。

陆艇上岸的。他的伞兵进行了两次夜间降落，但在第二天晚上遭受惨痛损失，因为友军舰队的防空炮误把运载第504伞降步兵团的运输机当作了对方飞机。

7月15日至23日，虽然德军将蒙哥马利阻挡在卡塔尼亚[1]以南，并将英国的部队封锁在墨西拿城，但巴顿的军队横扫了整个西西里岛西部。哈罗德·R.L.G.亚历山大将军（General Harold R.L.G. Alexander）——盟军地面部队指挥官，命令巴顿向巴勒莫推进，缓解蒙哥马利的压力。巴顿占领巴勒莫后转而向东，借助大量小规模的两栖迂回进攻，从侧翼包围了德军位于北部沿海公路的阵地，并封锁了墨西拿。8月17日，蒙哥马利的第8集团军在墨西拿与巴顿的第7集团军会合，此时，轴心国最后一支部队也撤出西西里岛。

这次战役也有一些遗憾：一方面，德

国防守者的主体部队跨过墨西拿海峡逃到意大利半岛;另一方面,巴顿和蒙哥马利之间的争论导致了两次独立的战役,而不是一次良好协作的进攻行动。当然也有一些值得注意的积极影响,特别是巴顿摧毁了北部的沿海公路。他利用一系列小规模两栖登陆证明了他的战术洞察力,而这远远超过了其他美国指挥官的战术运用熟练程度。为期五周的战役最终取得成功的一部分原因是美国陆军航空兵的大力支援,巴顿所用的空中战术成为第7集团军横扫西西里岛的重大优势之一。

除了大量武器,轴心国至少损失了164000名士兵,其中32000名是德国人,而美国和英国仅分别损失了7319人和9353人。正如预期的那样,德国人的抵抗非常专业和顽强,这与意大利人形成鲜明对比,意大利的损失占到了轴心国损失的80%。

在巴顿的领导下,美国陆军在西西里岛真正成长起来,也因此得到了英国统帅部的尊重。

意大利——"雪崩"行动和"砾石"行动

盟军控制西西里岛之后,艾森豪威尔有了选择权,但巴顿的不光彩事件之后,他只能暂时不安排巴顿这位最优秀的

左图:任何经历过二战的美国人都可能会认出这张熟悉的海报。

将军。奥马尔·N.布莱德雷少将(Major General Omar N. Bradley)——另一颗冉冉升起的新星,曾在西西里岛战役中成功地指挥过第7集团军第2军,似乎也是合适的巴顿继承人,但艾森豪威尔想让布莱德雷这位他在西点军校的老同学返回英国制定跨海峡入侵法国的作战计划。所以艾森豪威尔将意大利的行动交给了47岁的马克·W.克拉克中将,他曾在摩洛哥指挥第5集团军。

1943年1月,克拉克开始计划入侵萨勒诺[1]。此时意大利的政治形势已经变得不可控制。7月24日,厌战的意大利人民在西西里岛战役期间将贝尼托·墨索里

[1] 意大利中南部坎帕尼亚大区第二大省萨莱诺省首府。

尼赶下了台。陆军元帅彼得罗·巴多格里奥（Pietro Badoglio）掌权后宣布，他将继续战争，但很快他就与同盟国展开秘密和谈。9月3日，也是意大利签署停战协议的日子，蒙哥马利的英国第8集团军在意大利靴形半岛的"足尖"处登陆。6天之后，第二支英国两栖部队在塔兰托（Taranto）[1]登陆，然后开始向福贾（Foggia）[2]推进。9月9日，克拉克的第5集团军——由英国第10军和美国第6军组成——向意大利西海岸开进，最终在萨勒诺守军猛烈的炮火下登陆。兵分三路的英美联军进攻行动计划在意大利取得立足之地，这与意大利的停战协议是一致的，但德国空军元帅阿尔伯特·冯·凯塞林的军队还在意大利。德国人很快解除了意大利人的武装，并占领了他们的防御工事。两个月的密集战斗之后，盟军始终无法突破古斯塔夫防线。这条防线宽10英里，从意大利的一侧延伸至另一端，卡西诺山[3]正好在其中。希特勒决定尽可能地守住意大利。德国人还是一如既往地凶狠和好战，守护着意大利半岛上被大雪覆盖的每一寸土地。

由于对方占据地形优势，克拉克的战斗十分受挫，后来他决定在安齐奥（Anzio）[4]从德国战线后方发起一次两栖登陆（"雪崩"行动）。他试图快速插进德国战线内部而切断他们的通信线，但第6军的指挥官约翰·P.卢卡斯少将（Major General John P. Lucas）建议克拉克在向内陆推进之前先停下来巩固滩头堡。克拉克错误地同意了这个建议。凯塞林从北部和东部带来了增援部队，最终几乎把5万人的英美联合部队赶回第勒尼安海（Tyrrhenian Sea）[5]。战术错误导致意大利的行动被迫推迟到1944年5月中旬，当时英国的亚历山大将军将意大利的英美联军整合到第15集团军，然后突破了古斯塔夫防线。6月4日，也就是诺曼底登陆的前两天，克拉克的第5集团军开进罗马。

马克·克拉克希望得到荣誉，但在意大利没有实现。他不擅长战术实施、协调和持续作战，于是在整个战役中的领导非常混乱，下属提出建议时，他缺乏自己的主见，一部分原因是他手下的部队来自22个不同国家，几乎没有人熟悉英美联军的行动。从1943年9月3日开始，也就是盟军第一次登陆意大利的那一天，到1945年5月2日，也就是德国人在意大利阿尔卑斯山脚下无条件投降的那一天，盟军共有312000人伤亡，德国则有435000人伤亡。CCS似乎对拖拉的意大利战役感到满意，因为希特勒必须不断地从法国调来德国部队，而在英国，一支300万人的盟军远征部队集聚起来，展开了解放西欧的伟大行动。

对页图：美国的码头不断为美国陆军和盟军提供装备，其总量足以装备2000个步兵师。图中甲板兵看着起重机将一辆吉普车、一辆装甲车和一辆2.5吨的卡车装上货船。

[1] 意大利东南部城市，普利亚大区塔兰托省首府。濒临伊奥尼亚海，处于塔兰托湾北部，是意大利最重要的港口之一。

[2] 意大利南部普利亚大区城市，为福贾省首府。

[3] 意大利中部拉齐奥大区弗罗西诺内省卡西诺郊外的一座标高519米的石山。山上有一座由圣本笃在529年建立的本笃会修道院。"二战"末期，修道院作为德军防卫据点，遭到盟军空袭，严重受损。战后修道院得以复原。

[4] 意大利沿海城市，在罗马市南33英里。

[5] 地中海的一个海湾，在意大利西海岸与科西嘉岛、萨丁尼亚岛、西西里岛之间。

德怀特·戴维·艾森豪威尔将军（1890—1969年）

德怀特·戴维·艾森豪威尔在堪萨斯州的阿比林长大。1915年他从西点军校毕业，当时正好参加了第一次世界大战。与乔治·巴顿一样，艾森豪威尔也成为一名坦克教导员。他还在道格拉斯·麦克阿瑟将军手下在菲律宾服役过（1933—1939年），并在此期间学会了飞行。返回美国后，他跟随乔治·C.马歇尔将军在华盛顿的美国陆军参谋部的作战处工作。虽然曾在美国一些将军手下服役过，艾克却从来没有在战场上指挥过部队，而他第一次指挥就是被马歇尔派去指挥北非、西西里岛和意大利的英美联军登陆行动。

作为各兵种和各国混合部队的最高指挥官，艾森豪威尔提出了一套统一指挥系统。英国陆军的亚历山大将军、英国皇家海军的上将安德鲁·坎宁安爵士以及亚瑟·特德将军都非常赞赏这套系统，他们也非常乐意作为艾森豪威尔的下属。而艾森豪威尔最讨厌的工作就是与法国人共事，特别是夏尔·戴高乐。

"最高指挥部，特别是盟军指挥部，"艾森豪威尔写道，"会面临大量教科书中从未出现过的新事物。"虽然是政治家中的新手，但艾森豪威尔的风格让罗斯福、丘吉尔甚至斯大林非常满意。

1944年6月，令艾森豪威尔吃惊的是，罗斯福和丘吉尔将其调回伦敦指挥"霸王"行动（Operation Overland），即入侵法国的行动。他将相同的指挥系统应用到盟军最高统帅部（SHAEF），这套系统在北非和地中海的行动中一样运转良好。他向空军部队表达了他的想法，但没有明确告知如何去做。"海王"行动（Operation Neptune）即诺曼底登陆最初突袭阶段，他把细节留给了海军和空军技术人员，并告知了英国陆军元帅蒙哥马利。这种安排非常有效，因为艾森豪威尔知道如何团结拥有不同技能的人去完成一个共同的目标。

1944年6月6日诺曼底登陆之后，艾森豪威尔一直等到8月才将指挥部移到法国，以把握布莱德雷将军和蒙哥马利将军指挥的盟军作战的大方向。尽管遇到很多障碍，但总体上讲，他在广阔的战场上实现了系统化的推进。

1952年，他当选为美国总统，并在下一次选举中实现连任。

左图：诺曼底登陆前夕，艾森豪威尔将军对第101空降师的士兵发表了充满激情的演讲。

战略和政策——1943年

罗斯福、丘吉尔和CCS之间的会议主导了战争。1943年1月14日至23日期间,卡萨布兰卡会议将跨海峡入侵作战推迟到了1944年。1943年5月15日至25日期间,在华盛顿举行的"三叉戟会议"(Trident Conference)加速了针对德国和德国占据的欧洲区域的战略性轰炸进攻,并决定在1944年5月1日进行跨海峡作战。1943年8月14日至24日,在魁北克举行的"四分仪会议"(Quadrant Conference)就加强对日作战达成一致,同时把苏联纳入与西方盟国更亲密的关系中。两个月后,来自美国、英国和苏联的外交部部长在莫斯科会晤,为计划于11月和12月召开的开罗-德黑兰会议做好准

下图:英国、美国、法国和苏联的将领和外交人员举行会晤,并就战争政策达成一致。

备。三国外交部部长同意让中国成为第四个同盟国,他们还同意组建战后国际机构,也就是后来的联合国。两次开罗会议是至关重要的,因为罗斯福和丘吉尔需要让中国加入战争。11月,约瑟夫·斯大林参加了德黑兰会议,在此期间他得知将在1944年5月末或6月初开展跨海峡作战,并同意苏联在同一时刻发动大规模进攻行动。

从天而降的巨雷——"冲拳"行动

"二战"期间,亨利·阿诺德将军(General Henry Arnold)成为美国空军的缔造者。他提出的空战战术使得美国陆军航空兵成为战时最强大的空中打击力量。他提出的简单口号——"保持飞行"使得远程作战的战略空军力量成为盟军最

下图:"霸王"行动(Operation Overland)即诺曼底登陆行动准备期间,士兵们正在进行日常的身体锻炼。

上图：60毫米M9火箭炮被拆成两部分以便于运输。

具毁灭性的武器。

1943年，美国第8航空队在卡尔·斯帕兹将军（General Carl Spaatz）的带领下从英国机场起飞，开始了全天候的空中进攻。空军元帅亚瑟·哈里斯（Air Marshal Arthur Harris）的英国皇家空军轰炸机部队主要在夜间摧毁德国人的士气，第8航空队集中在白天精确轰炸航空工业目标和纳粹德国空军的基础设施。两支部队都使用了新技术：一套由雷达定位目标的"探路者"系统，以及一套由镀铝纸条构成的系统——让金属条从飞机上抛下后严重干扰德国的电子防空系统。

1943年6月，斯帕兹的B-17"空中堡垒"重型轰炸机和B-24远程轰炸机开始了穿梭式轰炸行动，而哈里斯的英国轰炸机部队则进攻德军潜艇基地。同一年，轰炸范围从波罗的海延伸至罗马尼亚的普洛耶什蒂油田。事实表明，白天的轰炸比夜间的更有效。直到当年12月，盟军才拥有足以保护大型轰炸机的战斗机，当时第一支远程P-51战斗机护航队在第9航空队投入使用，指挥官是刘易斯·H.布里尔顿中将（Lieutenant General Lewis H. Brereton）。

1944年早期，艾森豪威尔开始考虑跨越海峡。出于无法说明的理由，战略空中打击力量一直独立于艾森豪威尔的指挥。尽管如此，艾森豪威尔做出了一个与他的空军部队长官意见相左的关键性决定：命第8航空队停止轰炸德国的工业和石油中心，转而去摧毁登陆海滩后方的法国运输网络，从而切断纳粹国防军运输部队和装备的通道。艾森豪威尔不希望"霸王"行动的通路上存在任何阻碍。

军事组织

1944年的前5个月见证了世界历史上最大规模的军事力量建设。艾森豪威尔在位于英国的盟军最高统帅部（SHAEF）任命领导作战的指挥官，当然都获得了各自国家政府的批准。他选择了蒙哥马利将军领导地面部队,英国的海军上将伯特伦·拉姆齐(Admiral Bertram Ramsey)指挥海上行动,空军上将哈里斯指挥空中行动。他又任命布莱德雷将军为第1集团军指挥官,布莱德雷将军自1月份以来一直参与战争的规划。占据一个滩头阵地后,艾森豪威尔立即把布莱德雷将军调至第12集团军群,而考特尼·霍奇斯中将(Lieutenant General Courtney Hodges)接管第1集团军,乔治·巴顿将军指挥第3集团军。

基本的军事单位仍然是步兵师,正如人们预料的那样,美国和英国的师级部队非常相似。一个师的兵力从16000人到18000人不等,主要由一个司令部、一支侦察部队和3个步兵团组成,每个团由3个800人的营构成。每个营包含三至四个步兵连和一支重型火炮部队。重型火炮部队装备迫击炮、重型机关枪和摩托化火炮。

下图:1944年9月,第60步兵团的士兵跟在一辆M4中型坦克后面向比利时前进。

右图：美国的空降师通常包括两个伞降步兵团和一个滑翔机步兵团。图中展示的是1945年3月24日的"大学"行动（Operation Varsity）期间，一架C-47拖曳着一架滑翔机飞往莱茵河的另一侧。

左图:"霸王"行动的前几天,成千上万的坦克和装甲车辆被装进坦克登陆舰和坦克登陆艇,准备跨过英吉利海峡进入法国。

每个师都包含大量野战炮、反坦克武器和防空炮。每个师至少有一个工程连,一个通信连,以及一些服务连队,如医疗队、运输队、维修队和军事警察。

1944年,一个步兵师装备大约有18000支步枪、卡宾枪和手枪,1200挺轻型机关枪,40挺重型机关枪,360门迫击炮,72门野战炮,110门反坦克炮,145门防空炮。其总兵力超过1940年一个师的5倍。运输一个师所需车辆超过3300辆。

一个装甲师的兵力超过14000人,外加390辆坦克(232辆中型坦克和158辆轻型坦克)。具体构成为一个摩托化步兵团,3个野战炮兵营,一个防空营,一个工程营,以及标准的服务连队。第2和第3装甲师组建成了重型师。从1943年9月开始,其他14个装甲师被改建成了轻型师。轻型师的坦克仅有263辆(186辆中型坦克和77辆轻型坦克),批准的兵力为10937人。

空降师在"二战"期间做出了巨大贡献。他们与步兵师相似,区别就是他们在空中作战。他们的目标经常变化,但通常是发动突袭,在对方战线后方行动,最终造成巨大的破坏。然而,空降部队无法携带重型武器,在没有机械化运输条件下也

4 "二战"中的欧洲战场(1918—1945年)

无法快速插入对方战线后方,同时他们完全依赖空中支援。"二战"刚开始时,一个空降师的实际兵力通常不到9000人,构成单位包括一个司令部,一支侦察部队,两个伞降步兵团和一个滑翔机步兵团(每个团由3个营组成),一个野战炮兵营,一个防空或防坦克营,一个工程营,外加一些服务连队。

一个军通常包括2~4个师,但有时多达6个。除了这些师,每个军还包括大约3000人,其中包括司令部、侦察部队、工程部队、炮兵部队、通信部队以及其他服务部队。

一个集团军,如巴顿的第3集团军,拥有自己的参谋部门,一般下辖两个或更多个军。两个或更多个集团军构成一个集团军群,如布莱德雷的第12集团军群。在西欧作战的4581000名士兵有将近一半进入法国。

"霸王"行动——诺曼底登陆

诺曼底登陆日前夜,艾森豪威尔将军对其指挥官的简短说明非常精确:"你们进入欧洲大陆,与盟国友军协同作战,目标是德国的心脏,并且摧毁他们的武装力量。"5个月之后,艾森豪威尔共计派出了将近300万人的部队,在英国南端到法国的诺曼底半岛之间发动了规模巨大的两

对页图:1944年5月22日,也就是诺曼底登陆日的前两周,人们排起长长的队伍领取食物。诺曼底登陆行动("霸王"行动)进行了大规模的动员。大多数美国士兵集中在英国南部的基地训练,他们在那里真正体会到了什么是"焦急的等待"。

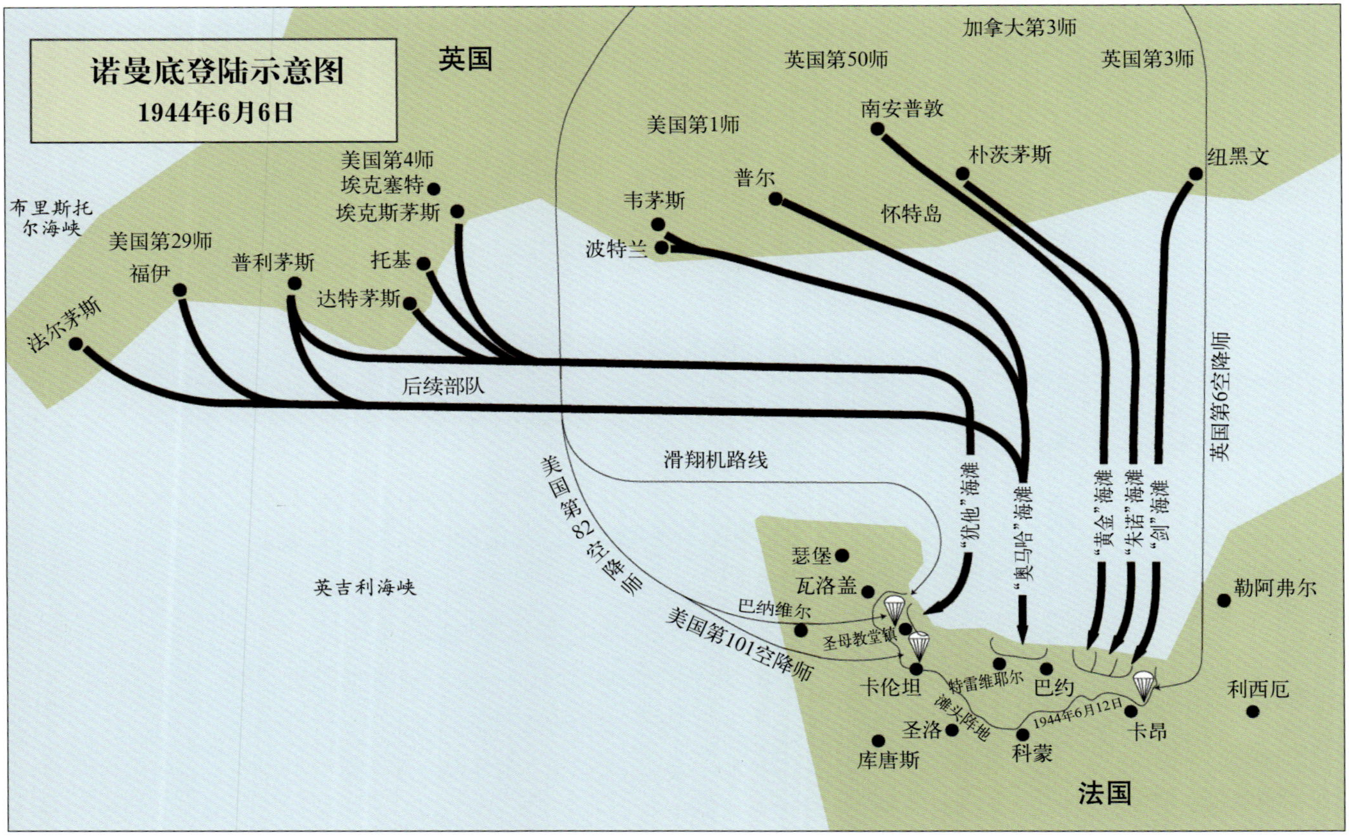

诺曼底登陆示意图
1944年6月6日

上图：诺曼底登陆的地图展示了盟军部队的路线，他们从英国发动了大规模的两栖行动和空降行动，目标是法国的诺曼底。

栖行动。他还一直让德国人无法确定他所选择的登陆地点。

1944年5月，艾森豪威尔告知英美联合参谋部他的部队已经做好准备，并选定6月5日为登陆日。盟军计划由5个集团军群对5个海滩发起进攻。布莱德雷将军的美国第1集团军负责进攻"奥马哈"海滩和"犹他"海滩，迈尔斯·邓普西将军（General Sir Miles Dempsey）的英国第2集团军（包括一个加拿大军）则负责进攻其左侧的3个海滩，代号分别为"黄金""朱诺"和"剑"。两个空降师——第82师和第101师则负责在进攻前5个小时在美国人的目标海滩后方投放16000人的兵力，目的是打通"犹他"海滩和"奥马哈"海滩，为占领瑟堡[1]作铺垫。

恶劣的天气导致登陆延迟至6月6日早上。天一亮，600艘战舰向海滩开火，随后是密集的空中轰炸行动。在登陆的前22个小时里，盟军共出动了10万多架次飞机。大约2500架重型轰炸机投下10000吨炸弹，另外7000架战斗机和战斗轰炸机摧

[1] 法国西北部重要军港和商港，在科唐坦半岛北端，临英吉利海峡。有长达3700米的防波堤。

4 "二战"中的欧洲战场（1918—1945年） | 133

毁了区域内的所有目标物。

登陆行动随之开始。大约4000艘舰船运载了176475名士兵、3000门火炮、1500辆坦克和15000辆战车，在海上将所有运载物装进了分配给5个海滩的登陆艇。到中午时，除了"血腥的'奥马哈'海滩"，盟军的部队在其他4个海滩都建立了牢固的立足点。"奥马哈"海滩长6英里，右侧是一处100英尺高的峭壁。

"奥马哈"海滩

在"奥马哈"海滩，"大红一师"（Big Red One）的每一步似乎都是错

下图：诺曼底登陆当天，美国第1步兵师和第29步兵师涉水走到"奥马哈"海滩，然后开始攀登诺曼底半岛陡峭的绝壁。

第82空降师

1917年8月25日，美国陆军在佐治亚州的戈登堡组建了第82步兵师。由于该师的士兵来自所有48个州，它也被称为"全美国人的师"。士兵佩戴现在大家熟悉的"AA"臂章。1918年该师的士兵均以步兵的身份作战，他们共参与了三次大型战役，其中包括阿尔贡森林战役，阿尔文·约克中士（Sergeant Alvin York）凭借其英勇行为获得荣誉勋章。"一战"之后，美国陆军解散了第82师。

1942年3月25日，美国陆军重新组建了第82师，其指挥官是奥马尔·N.布莱德雷少将。仅仅4个月之后，布莱德雷将军被调到第28师，而第82师被转交给马修·李奇微将军指挥。李奇微将军让所有士兵接受了跳伞训练，然后将该师转变成美国陆军的第一个空降师。李奇微——尽管从来没有穿过降落伞，也没有从飞机上跳下过——很快克服了他经验不足的问题。

第82师首次参战是在1943年7月9日，当时该部队首次在西西里岛上空发起空降进攻行动。两个月之后，第82师的伞兵团在萨勒诺附近辅助摧毁滩头堡阵地，而该师的第325滑翔机步兵团则开展了两栖登陆。当年11月，该师的大部分兵力转移到了英国以准备入侵法国，但李奇微将军将第504伞降步兵团调去参加了安齐奥入侵行动。一名德国战地记者称伞兵是"穿着袋形裤的恶魔"。

在西西里岛和意大利有过两次空降作战经验后，第82师开始准备诺曼底登陆行动。由于在意大利损失了大量兵力，而第504团又在安齐奥（该团直到1944年3月才出发前往英国），第82师新增了两个团——第507团和第508团。

6月5日，李奇微将军发动3个伞降步兵团和一个增援的滑翔机团，士兵爬上几百架飞机和滑翔机，由此开启了历史上最大规模的空降行动。从空中跳下后，他们全部在诺曼底的乡村区域登陆。伞兵分散在灌木丛、树林和村镇中，他们不知所措，四处寻找战友。这些士兵组织成一支混合部队之后，他们占领了"犹他"海滩的出口，切断通信线，在对方战线后方制造了混乱。

尽管开端非常混乱，第82空降师依然在没有增援或救援部队的情况下战斗了33天。他们报告了所有完成的任务，并表示所有占领的土地都没有丢失。此次行动有5245名伞兵死亡、受伤或失踪。

在英国重组后，第82师成为李奇微将军第18空降军的一部分，该军包括第17、第82和第101空降师。总而言之，第82师在整个法国和德国上空作战过。当美国陆军在1945年解散第18空降军时，只有第82空降师保留了下来。该师的驻地位于北卡罗来纳州的布拉格堡，现在仍然驻守于此。

对页图：1944年9月17日，"市场花园"行动期间，第82空降师由C-47投放在荷兰的奈梅亨附近。

的。指挥第5军的伦纳德·T.杰罗少将（Major General Leonard T. Gerow）涉水走到岸上，并试图主导行动。德军的防御异常牢固，地形也是5个海滩中最糟糕的，对方火炮的射击也分外精确。随着行动的推进，成千上万的士兵全身湿透，伤痕累累，他们冒着寒冷的天气背负装备，开始怀疑他们是否会被赶回海里。

杰罗四处寻找谢尔曼坦克，但一无所获。坦克装上了悬浮板，但卸载的位置距离海岸太远了，还没到达海岸就与乘员一起沉入了海底。杰罗也没有得到任何空中支援，虽然成千上万的盟军飞机在海洋上空飞着。第8航空队的重型轰炸机本来负责轰炸这片区域，但飞行员飞过了德军的碉堡，将他们的炮弹投放到了内陆3英里的地方。

令问题更复杂的是，"大红一师"的第16团进入了错误的区域——"奥马哈"海滩防御最严密的位置。士兵们挤成一团，躲在一处防波堤后方，看着他们的战友在密集的炮火和机枪射击中磕磕绊绊地

下图：一艘突击登陆艇大约长41英尺，宽10英尺，可运载4名船员、880磅（1磅≈0.45千克）物资，外加35名士兵。诺曼底登陆当天，第1步兵师的步兵从这艘突击登陆艇中下水，然后涉水走到"奥马哈"海滩。

向岸边行进。第16团指挥官乔治·泰勒上校（Colonel George Taylor）咆哮道："这片海滩上只有两类人！死人和即将死去的人！我们快离开这个鬼地方！"该团在冰雹般的子弹中奋力地内陆推进。

詹姆斯·E.鲁德尔上校（Colonel James E. Rudder）的第2和第5突击营由于导航错误延误了时机，最终到达了"奥马哈"海滩的最西端。按照计划，他们将在100英尺的悬崖下登陆，在开始主要的登陆行动之前爬上悬崖，然后摧毁德国人的沿海炮台。而实际情况是，突击队员在对方猛烈的炮火下登陆，不得不在布满石头的海滩上度过这一天。泰勒上校开始向内陆推进时，鲁德尔下令突击队开始行动，最终从侧翼包围了德军阵地。50年之后，斯蒂芬·斯皮尔伯格（Steven Spielberg）拍摄了电影《拯救大兵瑞恩》，让鲁德尔的突击队员们获得了不朽之名。

杰罗的第5军控制"奥马哈"海滩之后，关于"霸王"行动是否能成功的质疑声都消失了。截至当天晚上，盟军有135000名士兵在法国登陆了。人员伤亡超过10000人，其中大部分来自"奥马哈"海滩上的第1和第29步兵师，那里也是德国人在诺曼底防御最牢固的位置。如果希特勒没有被误导相信最初的进攻地点在200英里之外的多佛尔海峡的话，诺曼底登陆的情况会更加糟糕。

上图：一辆美国的吉普车向圣米歇尔山[1]开去，"眼镜蛇"行动开始之后不久这里就被解放了。

突围——"眼镜蛇"行动

诺曼底半岛上纵横交错的小块土地，外加浓厚密集的灌木丛，导致盟军的推进大大受阻，而防守的德国人充分利用了每一处地形优势。不过，滩头堡在继续扩大，并且相互连接起来。约瑟夫·劳顿·柯林斯少将（Major General Joseph Lawton Collins）在"犹他"海滩登陆之后开始向内陆推进。他占领了瑟堡港，开辟了一个新的供给基地。到7月底时，盟军的兵力已经增加到100万人，外加15万辆车和50万吨补给。

7月25日，斯帕兹将军的远程轰炸机

[1] 法国著名古迹和天主教朝圣地，位于芒什省一小岛上，距海岸2千米。小岛呈圆锥形，周长900米，由耸立的花岗石构成，海拔88米。圣米歇尔山是天主教除耶路撒冷和梵蒂冈之外的第三大圣地。

在圣洛[1]以西的德军阵地上投下了4200吨炮弹，由此打开了一个豁口。布莱德雷的第1集团军从该豁口突围，于7月31日抵达阿夫朗什（Avranches）[2]。在这个紧要关头，布莱德雷把第1集团军转交给霍奇斯将军，并把刚赶来的巴顿将军第3集团军整合到新组建的第12集团军群。8月初，霍奇斯将军在阿夫朗什击退了德国人的一次猛烈反击，巴顿的第3集团军从豁口处发起猛烈进攻，横扫布列塔尼（Brittany）[3]到勒芒（Le Mans）[4]之间的区域。8月25日，第5军以法国雅克·勒克莱尔将军（General Jacques Leclerc）的第2装甲师为先锋部队解放了巴黎。巴

对页图：250名全副武装的美国士兵从一艘步兵登陆艇进入一艘突击登陆艇。突击登陆舰每次可将35名士兵运送到海滩上。

左图：1944年8月，第7集团军在法国南部作战期间，M10坦克歼击车在圣特鲁佩兹被装进一艘坦克登陆舰中。

[1] 法国西北部城市，芒什省首府。在维尔河畔。
[2] 法国芒什省城市。
[3] 法国西部的一个地区。
[4] 法国西北部城市，属卢瓦尔河大区萨尔特省，位于巴黎以西大约200千米，是由巴黎前往布列塔尼地区的必经之地。

下图：1944年8月18日，法国南部的卡瓦莱尔，一辆防空半履带式车辆停放在"阿尔法红"海滩中央的一个出口处。

[1] 法国河流，源出临地中海岸的塞文山脉南麓，西北流至奥尔良，折向西流，在南特形成长而宽的河口湾，于布列塔尼半岛南面注入大西洋。全长1012千米，流域面积约12.1万平方千米。两岸风光秀丽，多葡萄园。

黎解放后，布莱德雷和蒙哥马利同时向莱茵河冲去。

布莱德雷横跨法国中部的快速突袭将德国的一个军和许多对方前哨站隔离在了卢瓦尔河[1]南部，德国士兵徘徊了几个星期，寻求投降的方式。

奔向莱茵河

1944年9月1日，艾森豪威尔到达法国，负责所有地面行动，他命令他的集团军群指挥官沿着广阔的前线向德国边境推进。莱茵河是法国东北部的边境，穿过德国西部，途经荷兰后流进北海。这条宽

4 "二战"中的欧洲战场（1918—1945年） | 141

左图：在1944年12月的阿登战役期间，德国陆军横扫比利时，在盟军战线上制造了一个巨大的凸角，将美国的部队孤立在巴斯托涅[1]。这场战役就是著名的突出部战役。

阔的河流为德国内地设置了一道天然的屏障，德国人也费尽苦心在莱茵河上设防，即建造并强化齐格菲防线。

在艾森豪威尔到达法国的前两周，亚历山大·帕奇中将（Lieutenant General Alexander Patch）带领第7集团军在法国南海岸登陆。吕西安·K.特拉斯科特少将（Major General Lucien K. Truscott）的第6军迅速向北转移，充当了进攻的先锋部队，实际上摧毁了德国的第19集团

[1] 又译巴斯通，位于比利时卢森堡省东部阿登地区的一座城市。

上图：1945年3月26日，在一阵烟幕的掩护下，美国第3集团军第98师的士兵等待命令登上突击艇，准备在德国的奥伯威塞尔渡过莱茵河。

[1] 法国东部城市，勃艮第大区首府和科多尔省省会，位于巴黎东南约290千米。
[2] 荷兰东部城市，海尔德兰省首府，莱茵河下游河港。
[3] 法国东北部城市，摩泽尔省的省会。
[4] 法国东北部城市，大东部大区首府和下莱茵省省会，也是法国最大边境城市。市区位于莱茵河西岸，东侧与德国巴登－符腾堡州隔河相望。
[5] 位于德国北莱茵－威斯特法伦州，靠近比利时与荷兰边境，以温泉著名。这个城市是一个重要的铁路汇集点，也是工业与集会中心。
[6] 位于德国－比利时东部边境，鲁尔河与亚琛之间崎岖不平的地带。

军。9月11日，帕奇于第戎[1]西部与巴顿的第3集团军取得联系。南部的入侵部队随后变成了雅各布·M.德弗斯中将指挥的第6集团军群。艾森豪威尔现在手上有了另外10万名老兵可用于进攻德国。

美国陆军向莱茵河的推进不久之后就成为史诗般的决定性力量。盟军部队有时推进得太快，甚至耗尽了燃料和补给。蒙哥马利将军在"市场花园"行动中在对方战线后方投放3个空降师，其中包括美国第82空降师，以此作为从荷兰跨过莱茵河的垫脚石，但该设想最终于9月中旬在阿纳姆[2]遭到沉重的回击。盟军的这一挫折为希特勒赢得了时间，他调来增援力量后开始准备反击。

突出部战役（阿登高地）

1944年10月28日，艾森豪威尔决定在11月发起进攻，目标是摧毁莱茵河以西的所有德国部队，为跨越莱茵河扫清障碍。巴顿占领了梅斯[3]，德弗斯的集团军群解放了斯特拉斯堡[4]，布莱德雷的第1和第9集团军在亚琛[5]完成突围，但许特根森林[6]

上图：1944年12月29日，第101空降师的士兵离开巴斯托涅向东迎接德国人的进攻。

成为一个重大障碍。冬季马上就要来临，盟军部队来到德国边境线，他们在那里稍作停留，从秋季的战役中恢复元气，积聚力量准备最终的进攻行动。

12月16日，德国人率先发起进攻，派出两个装甲师猛烈攻击霍奇斯将军的第1集团军，企图越过默兹河[1]，占领盟军位于安特卫普[2]的后勤中心。希特勒希望在巴斯托涅到安特卫普之间消灭盟军部队，正如德国人在1940年做到的那样。希特勒手下的将领并不赞同，但他们还是执行了命令。德国人在一段时间的雨雪天气之后发起进攻，浓雾和积雪遮挡了观察视线，严重阻碍了作战行动。随后发生的突出部战役成为美国陆军在"二战"期间参与的最大规模战斗。艾森豪威尔了解到德军这次进攻行动的规模和范围之后，他将手上所有可用的兵力全部投入了战斗。德国人如潮水般涌到这里，圣维特[3]到巴斯托涅之间的每一名美国士兵都藏进了深深的掩体之中，计算着他们的炮弹，像很久之前的士兵一样，努力不让每一颗炮弹浪费。

"市场花园"行动之后，第82和第101空降师在法国兰斯[4]附近进行了修整，这两支部队是艾森豪威尔将军当时唯一的

[1] 发源于法国朗格勒高原的普伊（海拔456米），大致向北流，经比利时和荷兰注入北海，全长950千米。
[2] 位于比利时西北部斯海尔德河畔，是比利时最大港口和重要工业城市。
[3] 比利时列日省的一座城市，是重要的公路和铁路交会点。
[4] 法国东北部城市，属香槟-阿登大区马恩省，是法国著名的宗教文化中心。

上图：雷马根大桥[1]被第9装甲师的一支特遣队完整地占领。这里成为一条通往德国的高速通道。

---

[1] 位于德国北莱茵-威斯特法伦州阿尔魏勒县雷马根的一座横跨莱茵河的铁路桥。

战略后备力量。1944年12月17日夜，艾森豪威尔决定派出他的后备力量，让空降师乘坐卡车在第二天快速进入比利时：第82师前往维伯蒙（Werbomont）阻击派佩尔战斗团（Kampfgruppe Peiper），第101师则去了关键的位于十字中心的巴斯托涅。所有的美国士兵在圣维特与第7装甲师会合，阻止了德国第6装甲集团军的推进，给希特勒的计划造成致命性延迟。

代理指挥官安东尼·C.麦考利夫准将（Brigadier General Anthony C. McAuliffe）的第101空降师乘坐卡车在12月19日抵达巴斯托涅，麦考利夫在那里聚集了大约18000人的部队，粉碎了德国第5

上图：随着战争尾声的临近，战斗越来越激烈，双方为每一寸土地展开争夺，有时也伤及了老人和小孩。

装甲集团军所有跨过边界的企图。当德国人要求巴斯托涅投降时，麦考利夫简单粗暴地回复道："呸！"

希特勒要求必须占领巴斯托涅。战斗从1944年12月26日一直持续到1945年1月2日。远在南方的巴顿第3集团军向北急剧调转90度，进攻德军侧翼，猛烈攻击德国第5装甲集团军，扫清了通往巴斯托涅的道路。空中也清静下来，美国陆军航空兵开始轰炸德国向圣维特运送增援部队和补给的专列，德国的坦克和车辆逐步耗尽了燃料。

1945年1月3日，盟军开始反击，在空中力量的掩护下，迅速将德国人赶出阿登

奥迪·L.墨菲（1924—1971年）

奥迪·L.墨菲出生于得克萨斯州亨特郡法默斯维尔的一个极贫佃农家庭。他曾想成为一名海军陆战队员，但由于年龄不够、身材瘦小而被征兵人员拒绝。他最终加入美国陆军成为一名伞兵，但没有空降部队收留他。所以列兵墨菲接受了基本的步兵训练，并在西西里岛战役前夕前往了北非，作为一名普通士兵被分配至第3步兵师的第15步兵团。

事实证明15岁的墨菲不是一个普通人。由于其年龄较小，以及瘦小的身材，他的战友称其为"孩子"。连队的指挥官试图将其留在部队后方，但墨菲对步兵的战斗有一种天生的才能。当他看到自己的同伴被子弹射中死亡，而一名敌人在自己的子弹下死亡时，他的战斗生涯正式开始了。他先后在西西里岛、萨勒诺、安齐奥、罗马和整个法国参加过战斗，最终进入德国作战。截至1944年夏季，他已经凭借英勇的作战赢得了众多荣誉。截至欧战胜利日，他共计杀死了240多个敌人，在一次战斗中独自摧毁了一辆坦克，在另一次战斗中抵挡了6辆坦克，还曾获得过一次战场委任令。墨菲成为"二战"期间获得荣誉最多的士兵，赢得了美军的所有荣誉奖章。

战争结束时，墨菲问自己："在我小的时候，我被告知男人应打上战争的烙印。我是否印上了战争的符号呢？多年来的流血和毁灭是否剥夺了我的体面呢？……我可能被刻上了战争的烙印，但我不会被它打败……我将学会重新生活。"

墨菲决定摆脱他身上的烙印，并凭借自己的名气去挣钱。他去了好莱坞，遇到了大卫·麦克卢尔——一名同乡的老兵，也是一名作家。他把墨菲的日记和回忆打造成了一本畅销书——《百战荣归》（To Hell and Back），该书也成为最动人的战争回忆录之一。参演了几部小成本的西部电影之后，墨菲亲自参演了电影版的《百战荣归》，后来他还参演了约翰·休斯敦的经典电影——《红色英勇勋章》（The Red Badge of Courage）。

左图：奥迪·L.墨菲少尉手持他的M1步枪准备出动。当时是1945年1月26日，他由于"不屈不挠的勇气并且拒绝放弃每一寸土地"而获得荣誉勋章。

1945年3月23日，英国，新组建的陆军C-46运输队运载第17空降师和盟军第1空降师的伞兵跨过莱茵河参与战斗。

上图：1945年2月2日，罗斯福（中）与温斯顿·丘吉尔（左）、约瑟夫·斯大林（右）在克里米亚半岛的雅尔塔里瓦几亚宫会晤。

地区，退至莱茵河。第三帝国此后再也没有从突出部战役中恢复过来。超过100万人参与了这场寒冬之中的惨烈战斗。德军共计12万人死亡，损失了600辆坦克和攻击型武器、1600架飞机和6000辆车辆。盟军的损失（大部分是美国人）为大约7000人死亡，33000人受伤，21000人被俘或失踪。1944年12月19日，纳粹党卫军第1装甲师在马尔梅迪[1]俘获了86名战俘，然后残忍地处决了他们。

无条件投降

当盟军部队在突出部战役之后进行

[1] 比利时列日省东部阿登地区的一座城市。

修整时,罗斯福、丘吉尔和斯大林于1945年2月4日在苏联克里米亚半岛的雅尔塔会晤,就战争相关问题进行了讨论。罗斯福此时的身体状况已经十分糟糕,生命也仅剩最后两个月,会议期间,他做出了可能是一生中最糟糕的决定。同盟国领导人一致要求德国无条件投降,战后由四国(包括法国)占领德国,解除德国所有武装力量。协议还包括赔款,这也是"一战"之后导致"二战"爆发的原因之一。罗斯福同意苏联对日开战,并且将苏联夺回的日占领土也交给他们。由于无条件投降是硬性要求,德国继续战斗,虽然希特勒对第三帝国的军事控制已经大幅削弱了。

1945年3月7日,美国第9装甲师的一支两个营规模的特遣队在防守薄弱的雷马

上图:1945年4月22日,第3集团军第11装甲师的第55装甲步兵营和第22坦克营向德国的韦恩贝格推进。

对页图:来自美国第9集团军第78步兵师的增援部队向丁斯拉肯[1]走去,德国的难民从他们的对面走过。

[1] 位于德国北莱茵-威斯特法伦州韦塞尔县的一个工业城市。

1945年4月9日，虽然德国境内的大部分战斗已经停息，第9集团军的第35步兵师在清理德国赫尔讷的建筑物和街道时仍然小心翼翼。

上图：1945年5月9日，兰斯，德国陆军大将阿尔弗雷德·约德尔和海军上将汉斯·冯·弗里德堡坐在盟军指挥官面前，签署了无条件投降的文件。

根铁路桥跨过了莱茵河。艾森豪威尔立即改变了沿着莱茵河进攻的计划，命令所有部队从雷马根大桥跨过莱茵河。巴顿将军带着架桥设备，在其陆军专列上带来了一支带有登陆艇的海军分遣队，最终带领他的第5师在奥本海姆[1]跨过莱茵河。巴顿的先头部队突破了对方的防线，48小时之内在莱茵河以东推进了100多英里。3月25日，霍奇斯将军的第1集团军通过雷马根桥头堡，后方跟着德弗斯将军的第6集团军群和帕奇将军的第7集团军。盟军部队成扇形铺开，竞相向东推进以在易北河[2]与苏联部队会合。1945年5月7日，德国宣布无条件投降。欧洲的战争至此结束。

1945年4月12日，罗斯福总统去世，美国的政权转交给副总统哈里·S.杜鲁门。杜鲁门来自密苏里州，他还需要在高级外交和国际政治的舞台上接受考验。还有一些决定等着他去做，但没有一个是简单的。

---

[1] 德国西南部城市，近莱茵河上游。
[2] 中欧主要航运水道之一，发源于捷克和波兰两国边境附近的克尔科诺谢山南麓，穿过捷克西北部的波希米亚，在德勒斯登东南40千米处进入德国东部，在下萨克森州库克斯港注入北海。全长1165千米，约1/3流经捷克，2/3流经德国。流域总面积144060平方千米。

5

"二战"中的太平洋战场
(1941—1945年)

自1931年，日军为了占领中国的东北制造了九一八事变。1937年，日军发动七七事变全面侵略中国。

1940年，法国向德国投降后，日本进一步扩大了战争的范围，将部队送到了法属印度支那。1940年9月26日，罗斯福总统下令对日本实施钢铁禁运，后来这被称为"不友好的行为"，因为美国一直是日本最大的自然资源来源国。一天之后，日本与德国和意大利签署公约，成为轴心国的第三个成员。虽然三方承诺在未来10年里互相帮助，但约定中没有要求日本与英国或其盟国开战。日本这次出现了错误，当时他们认为英国将在1940年崩溃。

1941年7月26日，日本拒绝从印度支那撤退，罗斯福和丘吉尔冻结了日本的资产。3个月之后，东条英机中将（Lieutenant General Hideki Tojo）——一名狂热的军国主义分子——上台，然后采取了一项秘密计划，即同时对珍珠港的美国太平洋舰队、菲律宾群岛、石油储量丰富的英属马来半岛和荷属东印度群岛发起进攻。东条英机相信，如果日本摧毁了太平洋舰队，特别是美国的战列舰和航空母舰，美国将在很长一段时间里无法在太平洋发动战争，此举甚至可能永久摧毁美国的太平洋力量。

珍珠港事件

美国的文职政府和军事当局都敏锐地

下图：除了传统的海岸防御角色，海岸炮兵部队还负责防空任务。

觉察到日本的备战。他们预计战争会在马来半岛爆发，也可能在菲律宾群岛，但没有人想到会在远离日本、位于太平洋中部的热带夏威夷群岛。美国的情报机构破译了日本的密码，掌握了日本军队和船只的动向，但密码专家跟丢了海军中将南云忠一（Vice Admiral Chuichi Nagumo）的第一航空舰队。1941年11月25日，搭载着360架飞机的6艘航空母舰，在2艘战列舰、2艘重型巡洋舰和9艘驱逐舰的护航下驶向了北太平洋。

虽然珍珠港一般被认为是海军上将赫斯本德·E.金梅尔（Admiral Husband E. Kimmel）的美国太平洋舰队的大本营，实际上它还是沃尔特·C.肖特少将（Major General Walter C. Short）的陆军基地。这里是太平洋上最大的陆军基地，共计43000人，分布在两个步兵师、海岸炮兵部队、陆军航空兵部队以及后勤服务部队中。两位将领都得到警报称一支大规模的日本舰队于11月25日从千岛群岛出发，去向不明，应该保持警惕。但肖特将军没有派出侦察巡逻舰船，相反，他令飞机停在西卡姆、惠勒、贝洛斯和哈雷瓦机场，以防止破坏活动。当然，肖特将军知道这样的集群易使飞机受到空袭，但这样的机会又有多大呢？海军陆战队和海军也要使用机场，但海军上将金梅尔的警惕性也没有比肖特将军高出多少。

上图：东条英机中将（1884-1948年），日本政府中的激进扩张主义分子，于1941年成为日本陆军上将，并担任日本首相。他在外交政策问题上的强硬和好战最终导致了日本与美国的战争。

尽管收到了警报消息——有一次是来自位于奥帕纳的岛内雷达基地发出的警报——但金梅尔和肖特都没有采取防御措施。1941年12月7日黎明，第一波共148架"瓦尔"俯冲轰炸机、"凯特"鱼雷轰炸机和"零"式战斗机从位于瓦胡岛[1]以北220英里处的日本航空母舰上起飞。第二波共170架飞机紧随其后。虽然主要的进

[1] 夏威夷群岛的一部分，面积为1574平方千米，有太平洋上最大的城市——火奴鲁鲁。

上图：美国陆军宣扬爱国主义的海报，很多年轻人受到征兵宣传的鼓舞而参军。

攻目标是美国舰队，南云忠一还想摧毁岛内的飞机场。上午8点左右，第一批"瓦尔"俯冲轰炸机飞过西卡姆机场，机场内的所有人都被惊醒了。西卡姆机场里的陆军飞行员直到3个小时之后才驾驶飞机飞上天空。

在珍珠港里的8艘美国战列舰中，3艘沉没，1艘倾覆，其他4艘严重受损。3艘轻型巡洋舰、3艘驱逐舰和几艘其他船只也都沉入海底。在陆军的231架飞机中仅有87架可以起飞。在海军和海军陆战队的250架飞机中仅有54架可以起飞。陆军共有226人死亡，396人受伤。海军和海军陆战队共计3000多人死亡，876人受伤。如果美国的3艘航空母舰"企业"号、"列克星敦"号和"萨拉托加"号——一般停在珍珠港——没有在海上的话，日本就可以圆满地完成任务了。美国的太平洋舰队遭到重创，但不是致命性的。

第二天，罗斯福总统称12月7日是"耻辱的一天"，要求国会对日本宣战。海军上将欧内斯特·J.金——美国舰队总

右图：沃尔特·坎贝尔·肖特中将（1880—1949年）掌管夏威夷的陆军部队。由于他在1941年12月7日日本偷袭珍珠港事件中应对不力，被陆军召回并于1942年2月退役。

上图：气动式弹匣装弹的.30口径M1卡宾枪是美国陆军标准的短管步枪。战争期间，这种步枪生产了600多万支。半自动卡宾枪的出口速度和精确度比不上伽兰德M1步枪。

司令立即将海军上将金梅尔撤职，1941年12月31日，任命海军上将切斯特·W.尼米兹取代金梅尔。金梅尔在珍珠港待了一段时间，但仅到1942年2月马歇尔将军就让他退役了。

日本入侵菲律宾群岛

由于美国海军力量损失惨重，日本人于12月10日占领了关岛，并将第一批部队投放到菲律宾群岛中的吕宋岛上。现在日本人可以随心所欲了。他们贪婪地占领了威克岛[1]、中国香港和新加坡，然后向马来半岛、缅甸、所罗门群岛和荷属东印度群岛推进。为了保障向西和向南的行动，占领菲律宾群岛对于日本人而言就尤为重要了，因为那就意味着赶走美国人。

麦克阿瑟的地面部队主力是马尼拉北部的乔纳森·M.温赖特少将（Major General Jonathan M. Wainwright）的第1军和该城南部的乔治·M.帕克准将（Brigadier General George M. Parker）的规模稍小的第2军。12月10日至12日期间，日本部队在吕宋岛北部的阿帕里市（Aparri）和美岸（Vigan），以及南部的黎牙实比（Legaspi）开展了两栖登陆行动。麦克阿瑟没有任何飞机可用于发动反击了，因为在12月8日这一天，他的17架B-17轰炸机和34架P-40战斗机几乎全部被摧毁。快速评估形势之后，麦克阿瑟决定在马尼拉海湾北部巴丹半岛的多山丛林中展开最后的防守。麦克阿瑟很早之前就确定了如何守住菲律宾群岛，但防御的前提是假定美国太平洋舰队可带来增援部队和航母空军力量。由于太平洋舰队丧失作战能力，麦克阿瑟将其部队集结在了巴丹半岛上。如果他试图守卫马尼拉的话，他所有的部队可能都会全军覆灭了。

到1942年1月7日，在美国陆军顽强的防守下，救援的唯一希望来自海上。大量无法跨越的山脉将整个半岛分成不同区域。温赖特的第1军在左，帕克的第2军在右。补给的形势非常严峻，再加上2万难民，粮食供应更加紧张了，美军的粮食

[1] 太平洋中部的环礁，美国无建制领地，在檀香山以西3700千米，包括三个珊瑚小岛，总陆地面积6.5平方千米。

道格拉斯·麦克阿瑟将军（1880—1964年）

1941年，61岁的道格拉斯·麦克阿瑟已经不再年轻了。道格拉斯·麦克阿瑟出生于阿肯色州小石城的陆军兵营，他的父亲是亚瑟·麦克阿瑟将军。1903年，麦克阿瑟在西点军校以第一名的成绩毕业，随后去了菲律宾群岛担任其父亲的助手。

麦克阿瑟的陆军职业生涯大放异彩。他在1914年的韦拉克鲁斯远征行动中获得荣誉勋章提名。"一战"爆发后，他帮助组建了第42"彩虹"师，并成为该师的参谋长。他还领导一个旅在圣米耶尔参与了埃纳河－马恩河战役，后来他又参加了默兹河－阿尔贡战役。他凭借自己的英勇奋战而获得了极高的荣誉，其中包括两次优异服务十字勋章。"一战"之后，麦克阿瑟在西点军校担任了4年的校长。

1928年，麦克阿瑟晋升为少将，陆军将其送回菲律宾群岛。麦克阿瑟在菲律宾十分享受生活。返回美国后，麦克阿瑟于1930年至1935年期间担任了陆军的参谋长。菲律宾群岛在1935年取得独立之后，麦克阿瑟从陆军退役，并成为菲律宾政府的陆军元帅。他任该职务大约一年。1937年，随着日本和美国之间关系的恶化，罗斯福重新召回麦克阿瑟，并任命他为远东地区的美国陆军部队指挥官。

截至1941年12月，麦克阿瑟手下的美国和菲律宾地面部队大约有130000人，其中包括22400人的正规军（超过一半是菲律宾的侦察兵），3000人的菲律宾警察，外加一支107000人的菲律宾陆军部队，其中包括一些训练有素的武装志愿者。麦克阿瑟将其部队主力部署在了吕宋岛。

日本可能进攻菲律宾群岛的第一个迹象来自华盛顿，当时日本海军上将南云忠一的部队秘密开进太平洋。攻击行动在12月8日午后开始了，当时日军的84架战斗机和108架双引擎轰炸机猛烈攻击了克拉克机场和伊巴机场，而刘易斯·H.布里尔顿少将的飞行员当时正在吃午饭。美军仅有一支战斗机中队成功起飞升空。

日本的袭击标志着麦克阿瑟"二战"期间辉煌事迹的开始。后来在1950年，麦克阿瑟在远东半岛战争中扮演了关键角色。这位老兵在结束其军事生涯很长时间之后极力提醒约翰·F.肯尼迪总统和林顿·B.约翰逊总统不要卷入越南的战事，但没有人听他的意见。

下图：1942年，被罗斯福总统从菲律宾群岛召回时，道格拉斯·麦克阿瑟将军（左二）发誓他还会回来的。1944年10月，他返回菲律宾指挥莱特岛的两栖登陆行动。

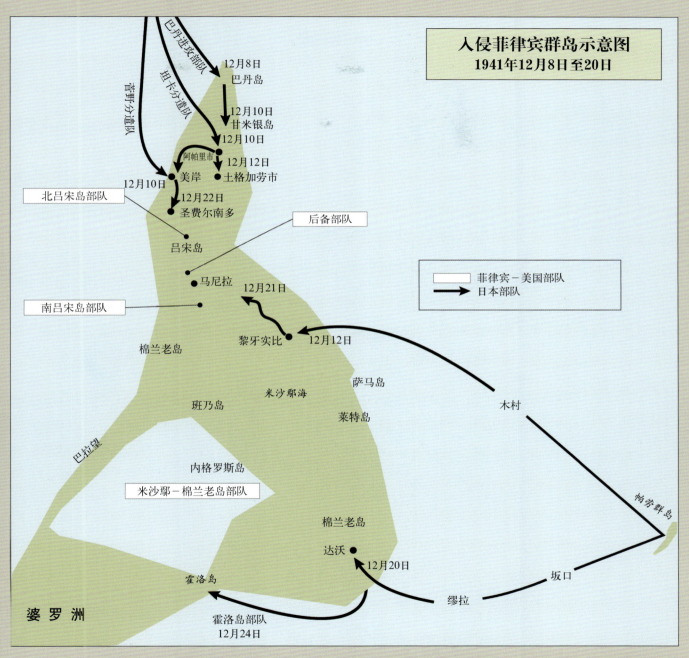

上图：1941年12月8日至20日，日本海军和陆军部队入侵了菲律宾群岛，日军以压倒性优势打败了道格拉斯·麦克阿瑟将军指挥的菲律宾－美国部队。

上图：1936年，气动式弹夹装弹的.30口径伽兰德M1步枪成为美国陆军的标准步枪。M1重9.5磅，长43.6英寸，出口速度为2750英尺/秒。战争期间生产数量超过500万支。

右图：1942年5月6日，科雷吉多尔岛沦陷后，日本人俘虏了11500名美国和菲律宾战俘，并驱赶他们长途跋涉到惨无人道的战俘营。

[1] 位于菲律宾马尼拉湾口的海洋之中，是马尼拉湾的咽喉重地，面积只有8万平方米。

供应立即减半。因此当日军在1月26日对美军阵地发起进攻时，麦克阿瑟撤离了半岛，进入科雷吉多尔岛[1]的火炮可以提供额外支援的区域。

到3月11日时，形势无法再维持下去了。罗斯福命令麦克阿瑟放弃菲律宾群岛，立刻离开，前往澳大利亚，并接管南太平洋的盟军部队。麦克阿瑟极不情愿地服从了，离开前，将指挥权转交给了温赖特。离开时，他告诉人们："我还会再回来的。"1942年4月1日，麦克阿瑟将军获得荣誉勋章，理由是："卓越的领导……勇敢，无畏，在面对日军的入侵时迅速响应使命的召唤，以及巴丹半岛上史诗般的进攻和防御行动。"

4月3日，本间雅晴将军（General Masaharu Homma）的进攻突破了美军防线。温赖特的部队彻底崩溃。逃出来的人都涌进了科雷吉多尔岛，其他人——正规军和菲律宾侦察兵——成为90英里"死亡行军"的一部分，他们最终都被关到了奥唐纳尔兵营。其中1253名美国俘虏死于精神崩溃、营养不良、医疗护理不足以及酷刑折磨。温赖特逃到了科雷吉多尔岛，并勇敢地迎接了对方具有压倒性优势的进攻。5月6日，由于补给和弹药耗尽，他带来的所剩无几的精疲力竭的残兵无条件投降了。

菲律宾群岛的沦陷是预料之中的结局，但日本人首次在技能丰富、勇敢决绝的美国士兵面前接受了教训。这场战役还将日本的军队拖延了5个月的时间，从而让美国陆军和海军有了时间恢复力量。日本人从来没想到过这种阻力，特别是来自麦克阿瑟将军训练的菲律宾部队。从战争

小亚历山大·R.尼宁格

小亚历山大·R.尼宁格出生于佐治亚州，成长于佛罗里达州的劳德代尔堡。他似乎不是西点军校合适的候选者，因为相比于枪炮，他更热爱音乐、美术和戏剧。尽管如此，他希望去陆军军官学校，并且以最艰难的方式——当时是通过竞争激烈的测试和挑选——进入军校。

1941年10月，在佐治亚州的本宁堡完成步兵军官课程后，尼宁格少尉回到家乡休假。回家后，他收到紧急命令，要求他前往菲律宾群岛。跟随最后一批大规模运输部队到达马尼拉后，尼宁格成为第57步兵团1营A连的一个排长。这个团是菲律宾的侦察部队，也是最好的菲律宾-美国部队之一。

日本步兵登陆吕宋岛时，尼宁格还在调整自己以适应新角色。圣诞节之后，麦克阿瑟宣布开放马尼拉，然后向巴丹半岛源源不断输送部队。乔治·S.克拉克上校（Colonel George S. Clarke）——第57步兵团的指挥官——命令尼宁格的部队前去掩护乔治·M.帕克准将的第2军撤退。尼宁格的部队与K连一起掩护撤退部队左翼，但沼泽地形导致两个连始终没有会合。

1月9日，本间雅晴将军开始对麦克阿瑟在巴丹半岛的薄弱位置施加重压。在整整两天的时间里，尼宁格的部队独自面对日军主要的进攻，而I连已全军覆灭，K连即将被包围。侦察兵重新团结起来，夺回了一些阵地，但K连仍然被吞没了。

尼宁格告诉他的连队指挥官——弗里德·耶格尔中尉，他已经研究过了地形，只需要10个人就能把K连救出来。他挑选了10个最优秀的具备反狙击作战能力的菲律宾人。尼宁格带着一支步枪、一支手枪以及一袋手榴弹，率领这10个人进

左图：小亚历山大·R.尼宁格中尉在第57步兵侦察团服役，1942年1月撤退至巴丹半岛后，他凭借与日军士兵的白刃战而获得荣誉勋章。

入一条灌溉水渠，然后出现在日军战线后方。他发现了对方一名狙击手，然后将其从树上射下。战斗愈演愈烈。

尼宁格和他的侦察兵穿过日军阵地，在前进过程中消灭对方。当营长雷洛兹少校下令撤离时，尼宁格命令他的侦察兵原地待命，而他独自继续前进。步枪弹药用完后，尼宁格消失在浓密的草地中，一只手拿着手枪，另一只手提着一袋手榴弹。K连重整力量后向这片区域走来，期间他们发现了尼宁格，而此时的尼宁格虽然身上三处受伤，仍然在坚持一个人的战斗。当尼宁格步履蹒跚地走出草地时，三个日本人发现了他，用刺刀刺杀了他。

1942年1月12日，尼宁格成为"二战"期间第一个获得荣誉勋章的美国士兵。他也是1941届西点军校毕业生中第一个在战斗中牺牲的人。

上图：1942年4月3日至9日，日本人突破了麦克阿瑟的防线，上万人的美国和菲律宾部队投降，其中大部分都经历了90英里的"死亡行军"，很多人最终在战俘营中被折磨致死。

对页图：1936年8月，麦克阿瑟将军从美国陆军退役，成为菲律宾政府的陆军元帅。当1941年7月罗斯福总统召回麦克阿瑟担任远东地区的美国部队指挥官时，他已经倾尽心力建立起了一支由高素质军官和士兵构成的菲律宾陆军。

[1] 位于新几内亚岛东南巴布亚湾沿岸，是巴布亚新几内亚首都。

的平衡性来看，菲律宾群岛战役一直是日本潜在问题的根源。

形势逆转

截至1942年5月，日本军队令人震惊的胜利给东京陆军总司令部留下了战无不胜的印象。陆军的成功超过了他们最大胆的预期，现在已经没有什么可以阻止他们了。广阔的新帝国驱使陆军总司令部瞄向更远的地方：新几内亚、澳大利亚，甚至是位于中途岛的美军基地。如果中途岛落入日本人手中，美国舰队将被迫逃到西海岸。这种过度自信为日本埋下了失败的种子。

1942年5月至6月初，美国海军收拾好了烂摊子，在珊瑚海战役中击退了开往新几内亚莫尔兹比港[1]的日本入侵部队。3周之后，美国的密码专家破译了日本占领中途岛的计划，海军上将尼米兹匆匆将其仅有的3艘航空母舰调到该区域。6月初，尼米兹击沉了日军的4艘航空母舰，击退了日本的"无敌舰队"。这次失败让东京陆军总司令部大为震惊，从而为盟军转为进攻打下基础。第1海军陆战师发起了一次两栖远征行动，进攻了所罗门群岛中的瓜

上图：一个菲律宾团立正接受检查。很多菲律宾士兵变成了岛上美国部队的侦察兵。

---

[1] 位于太平洋西南部所罗门群岛的东南端，战略要地，是所罗门群岛最大和最主要的岛屿，面积5302平方千米。最高点为马卡拉空布鲁山（海拔2447米）。

[2] 所罗门群岛的岛屿，位于瓜达尔卡纳尔岛北面，周长5千米。

[3] 新几内亚岛中部高地的一部分，位于该岛东南端，绵亘300千米。

达尔卡纳尔岛[1]和图拉吉岛[2]，麦克阿瑟将军制定好了反击日本入侵新几内亚的巴布亚半岛的计划。

1942年3月，麦克阿瑟抵达澳大利亚。令他沮丧的是，他发现除了澳大利亚民兵组织，外加一些来自陆军航空兵的飞行员，他几乎没有部队可用。在接下来的3个月里，澳大利亚的第7师从北非赶来，美国的两个国民警卫队师——第32师和第41师从美国本土赶来。麦克阿瑟还成功凑齐了6个战斗机中队和2个轰炸机中队。在没有更多部队加入的情况下，他准备进攻堀井富太郎少将（Major General Tomitoro Horii）的第18军。该部队自7月21日以来一直在缓慢穿过新几内亚的欧文·斯坦利岭[3]向莫尔兹比港推进。

9月，堀井的先头部队到达距离莫尔兹比港仅30英里的地方，盟军的抵抗突然加强了。澳大利亚的埃德蒙·F.赫林少将（Major General Edmond F. Hering）

指挥盟军部队向日军施加了压力。他带领部队穿过难以穿越的丛林和沼泽,跨过山脉移动到堀井的部队后方。这次进攻——没有火炮和补给,士兵也都疾病缠身——在所罗门海沿岸的布纳和戈纳的村庄周围的沼泽地陷入了困境。麦克阿瑟意识到他遇到了严重的后勤问题,随即派遣罗伯特·L.艾克尔伯格中将(Lieutenant General Robert L. Eichelberger)带着补给和增援部队进入该区域。1943年1月22日,美国步兵对布纳的日军最后一处阵地发起猛烈攻击,并夺回了巴布亚岛。从战斗中存活下来的13646名美国士兵中有60%因为疾病而丧失行动能力,而在战斗中死亡和受伤的仅为2783人。

1942年12月9日,刚在瓜达尔卡纳尔岛执行完艰巨任务的第1海军陆战师,将岛上剩下的行动转交给了亚历山大·帕奇将军的第14集团军群以及第2海军陆战师。帕奇的部队迅速发起进攻,迫使战败的日军跨过瓜达尔卡纳尔岛退至埃斯帕恩斯角。日本的驱逐舰在那里将13000名疾病缠身的幸存者撤离了岛内。

"二战"期间在美国步兵作战过的所有地方中,气候炎热,又充满恶臭、昆虫和丛林的瓜达尔卡纳尔岛和巴布亚岛,算得上是环境最恶劣的了。但这两次战役彻底压制了日本人傲慢的态度,也首次让日军转为防御。

上图:1944年5月4日,威廉·H.吉尔少将(左)带着第32步兵师抵达澳大利亚,与麦克阿瑟将军的部队跨过新几内亚北部,展开交替跃进行动。

新的战略

1942年3月,联合参谋部在远东地区划分了责任区:英国负责东南亚的行动,包括印度、缅甸和印度洋;麦克阿瑟负责西南太平洋区域,从澳大利亚起,穿过新几内亚、荷属印度群岛和菲律宾群岛;海

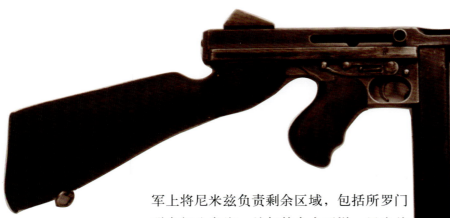

上图：战争期间，美国共生产了125万多支汤普森冲锋枪。该武器在M1A1的基础上采用了30发容量的盒式弹匣。

军上将尼米兹负责剩余区域，包括所罗门群岛部分岛屿，外加整个太平洋。尼米兹将他的负责区域分成了三个作战区：北太平洋、中太平洋和南太平洋。海军陆战队已经在太平洋早期行动中夺得先机，但他们的数量现在被陆军超过了。

1943年早期的有利战果，再加上所有在役陆军部队的加强，促使联合参谋部形成了首个具体的战胜日本的战略。随着海军在海上聚积力量，联合参谋部决定针对日本本土发动两次汇聚的进攻行动。麦克阿瑟动用陆军地面部队、陆基航空兵部队以及一支由老旧的战列舰和巡洋舰组成的舰队，交替前进跨过新几内亚北海岸，进一步靠近菲律宾群岛。麦克阿瑟承认他受到过教训。当他看到从巴布亚岛战役返回的士兵疾病缠身时，他做出承诺："再也不去布纳了！"此后，他的政策变成绕过日军的要塞，让拉包尔（Rabaul）[1]等地方逐渐失去价值。麦克阿瑟从来没有忘记他重返菲律宾群岛的承诺。

联合参谋部展开的第二次进攻行动涉及太平洋上日本人控制的广泛散布的岛屿。陆军航空兵部队需要为远程轰炸机寻找空军基地，联合参谋部命令海军上将尼米兹通过战略性岛屿跳跃得到所需基地。然而，尼米兹无法避开日军所有的要塞，因为日军在十几个凌乱散布的岛礁上建立了互相支援的空军基地。随着陆军部队涌入南太平洋，以及越来越大的兵力需求，越岛作战行动再也不能全部交给海军陆战队了。

联合参谋部战略的成功取决于两栖作战和战术空军力量改进的新技术。在坚决果断的敌人躲进战壕的情况下将部队送上岸，需要很多复杂的充满风险的演习。"二战"早期的行动证明，两栖进攻行动成功与否取决于空中和海上领导权和战斗力量。为了尽可能减少两栖行动中的人员伤亡，必须使用特殊的登陆艇将士兵、坦克和火炮送上岸，同时海军的火炮和直接的空中支援彻底消灭海滩后方的对方阵地。麦克阿瑟将其战斗轰炸机的航程确定为新几内亚北部2000英里海岸上的跳跃作战距离。尼米兹也发动了舰载空军力量支援和保护登陆行动。被占领的机场修复之后，陆基飞机迅速取代战斗轰炸机，并把

[1] 西太平洋上俾斯麦群岛中新不列颠岛的港市，是巴布亚新几内亚的一个城市，在"二战"期间是美军和日军反复争夺的要地，位于岛东北部加泽尔半岛顶端的布兰什湾。

联合参谋部设想的进攻行动直到1943年9月才开始实行,主要是受到所罗门群岛行动的影响。麦克阿瑟和尼米兹都没打算进攻日本位于拉包尔的强大的海军航空基地,但只要来自拉包尔的海上和空中打击不被切断,盟军就无法发动大规模航母特遣部队释放出来参加其他行动。

行动。在地面部队快速推进穿过所罗门群岛的同时,海军中将威廉·F.哈尔西(Vice Admiral William F. Halsey)的舰载飞机从海上对拉包尔发起猛烈攻击。1943年6月30日,沃尔特·克鲁格将军(General Walter Krueger)的第6集团军在麦克阿瑟的指导下,负责守卫所罗

下图:一辆M4中型坦克迂回穿过丛林,搜索日军伪装在茂密丛林中的防御工事和碉堡。

妇女军团

1942年5月14日，美国国会建立了女性辅助军团。当5月27日招募开始时，13000名女性涌入登记中心。该部队最初的任务是训练女性担任原来男性的职位，以便于更多的男性进入作战部队服役。妇女们表现得如此优异，以至于国会在1943年9月1日决定将她们的辅助军事地位提升至美国陆军正规部队的一部分，并将其更名为妇女军团。陆军给妇女军团分配的任务主要在行政、通讯、医疗护理、补给、情报等领域，工作种类共计达到235种。很多登记中心的申请表格都被用完了。"如果男性可以做到，"一名身穿草绿色制服的志愿者在谈到她的新生活时说道，"我也可以做到。"埃莉诺·罗斯福（Eleanor Roosevelt）对这个项目尤为感兴趣。她与妇女军团负责人卡尔普·霍比（Culp Hobby）跑遍全国，努力招募女子大学的学生，特别是接受过护理训练的人，她们后来加入了陆军护士队。护士队自1901年成立以来就成为陆军医疗机构的永久性单位。

前线对护士需求最大的地方莫过于南太平洋了，那里的疟疾、痢疾和丛林昆虫造成的人员伤亡比子弹和炮弹带来的伤亡更多。在瓜达尔卡纳

右图：妇女军团与男性士兵一样挤在运兵船狭窄的船舱中。

尔岛、巴布亚岛和布干维尔岛的丛林中经历过数周的战斗后离开这片区域时，士兵们都变得瘦骨嶙峋，他们遭受热病的折磨，身体上布满了疮疡。医疗人员在战场上只能进行包扎，或使用一定剂量的磺胺和奎宁。只有到了澳大利亚的医院，在陆军医生和护士的帮助下，才能真正让士兵恢复健康。

陆军还发现，女性也可以驾驶飞机，并且她们对仪器的适应速度比男性还快。妇女辅助渡运中队应运而生，但女性飞行员没有机会到战场上证明她们的才能。

最终，超过143000名女性参加了妇女军团，这也是"二战"期间最大规模的女性部队。麦克阿瑟和艾森豪威尔高度赞扬了她们的工作。1946年，他们提议国会将妇女军团纳入正规军序列，从而使其成为女性的一个永久性职业选择。国会就此提议讨论了两年，最终于1948年6月同意女性进入在编后备部队以及正规军服役。霍比上校从头开始建立了妇女军团，并凭此成就获得了优异服务勋章，后来成为艾森豪威尔总统内阁的成员。

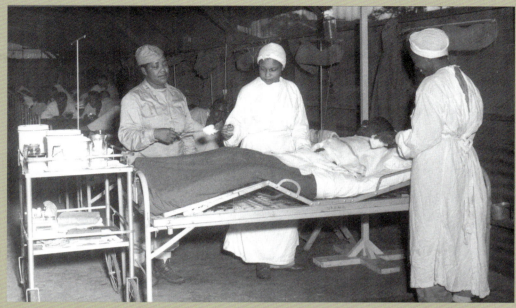

上图：1944年6月，非裔美籍的护士在新几内亚米尔恩湾第268驻地医院的外科病房看护伤员。

下图：妇女辅助渡运中队的4名女性飞行员驾驶一架轰炸机到一个机场。

约瑟夫·W.史迪威（1883—1946年）

在太平洋战争期间，缅甸的战略性战役几乎没有受到关注。如果不把日军赶出缅甸，盟军无法得到安全保障，从而会导致超过10万名日军士兵进入太平洋战场。

救援缅甸主要是英国人的任务，但来自美国佛罗里达州的约瑟夫·W.史迪威将军自1935年来就担任驻华武官。1942年1月，参谋长联席会议决定介入缅甸，并派史迪威返回中国，帮助蒋介石溃散的国民党军队继续作战。被任命为驻中国—缅甸—印度三国的美国陆军部队总指挥官后，史迪威带着几个参谋飞到重庆，从蒋介石手中接管了在缅甸的中国部队，并将1个中国师扩建到8个。

由于经常公开表露不耐烦和愤怒，他与蒋介石相处并不融洽。因为补给不足以及来自蒋介石互相冲突的指令，史迪威被迫将其军队撤退至印度。"日本人将我们赶出了缅甸，"史迪威承认，"我们遭受了惨痛的打击！我认为我们应该找出原因，发起反攻，夺回缅甸。"与麦克阿瑟一样，史迪威也坚称"还会再回来的"。

史迪威在印度按照美国陆军的标准训练了3个中国师，并且开始动用陆军航空兵空投物资，飞过驼峰送到仍在昆明之外作战的中国军队手中。他还竭力说服CBI部队指挥官——海军上将路易斯·蒙巴顿勋爵（Admiral Lord Louis Mountbatten）加入萨尔温江[1]—密支那[2]—孟拱[3]进攻行动，以期解放缅甸北部。蒋介石希望与中国共产党作战，史迪威则要求重点放在与日本人的战争上。史迪威最终将其

---

[1] 中国称怒江。发源于西藏自治区安多县境内，经中国云南（保山、临沧）流入缅甸，注入马达班海湾。

[2] 缅甸北部克钦邦首府，战略据点，是缅甸北部重要河港以及史迪威公路上的贸易中心。

[3] 缅甸北部克钦邦城镇。位于密支那西南50千米，孟拱河（伊洛瓦底江支流）右岸，密支那—曼德勒铁路由此经过。

CBI部队指挥权交给了阿尔伯特·C.魏德迈将军（General Albert C. Wedemeyer），而魏德迈执行了"醋酸乔"战略的后续部分，打通了缅甸通往中国的公路。

史迪威没有坚持到缅甸战役的最后。西蒙·玻利瓦尔·巴克纳将军（General Simon Bolivar Buchner）在冲绳牺牲后，史迪威从美国海军陆战队的罗伊·盖革将军（General Roy Geiger）手中接管了第10集团军，后者只是该部队的临时指挥官。史迪威见证了对日作战全程，并于1945年9月2日在东京湾参加了日本投降仪式。

右图：在中缅印战场上，印度的内河驳船装载着美国陆军的补给，驶往阿萨姆邦[1]，然后在那里再把补给装上飞机，最后飞过驼峰送到中国。

对页图：1945年，约瑟夫·史迪威中将（右）与美国第10集团军指挥官西蒙·玻利瓦尔·巴克纳中将交换意见，此后不久巴克纳将军就在冲绳牺牲了。

---

[1] 位于印度东北部平原地带，气候温和，雨量充沛，盛产红茶。

对页图：一名无线电人员在一个安全地点与指挥部通话，可能是在报告火炮直接支援或近距离空中支援的位置坐标。

右图：C–47的一名飞行人员准备投放物资。

最右图：C–47的货舱中装满了即将投放的物资。

下图：保罗·L.威廉少将的运兵部队的一架C–46"突击队"正在向地面部队投放物资。

空运补给

东南亚丛林密布，用车辆运送补给几乎不可能。然而，盟军利用了他们的制空权，使用低空飞行的运输机投放物资，如道格拉斯C–47（也有很多其他名字，如"空中列车"或"达科塔"）和寇蒂斯C–46"突击队员"。

门海超布连岛（Trobriand）和伍德拉克岛（Woodlark）上的新机场。所罗门群岛制空权的争夺贯穿了整个1943年。截至当年秋季，日本已经在所罗门群岛损失了3000架飞机及其飞行员，为麦克阿瑟的新几内亚战役奠定了基础。

麦克阿瑟还守护了美国的第7舰队。第7舰队由海军中将托马斯·C.金凯德（Vice Admiral Thomas C. Kinkaid）指挥，他主要负责控制新几内亚沿岸的行动，而海军少将丹尼尔·E.巴尔贝（Rear Admiral Daniel E. Barbey）则发起一系列两栖行动。出于战争的平衡，第7舰队一直由麦克阿瑟控制，因此也被戏称为"麦克阿瑟的海军"。

新几内亚战役

1943年9月，日本仍然占领着新几内亚的大部分领土。麦克阿瑟希望完全占领此岛，以此作为通往菲律宾群岛的跳板。9月中旬，澳大利亚的托马斯·布莱米将军指挥澳大利亚和美国的步兵以及伞兵，在莱城（Lae）[1]和萨拉毛亚（Salamaua）[2]打败了日本人，推进到芬什港（Finschhafen）（位于休恩半岛[3]最顶端），为乔治·C.肯尼中将的第5航空队的进入铺平道路。克鲁格将军的第6集团军承担了下一个任务，使第1骑兵师在

新不列颠[4]登陆，并在距离拉包尔100英里的地方建立了空军基地。

麦克阿瑟现在可以在新几内亚的任何地方部署第18集团军了。麦克阿瑟的部队连续不断地快速跨过了新几内亚北部2000英里的海岸。1944年1月2日，来自第32师的一个团级战斗队俘虏了塞多尔（Saidor）[5]的日军卫戍部队。2月29日，麦克阿瑟亲自带领美国第1骑兵师进攻了

[1] 巴布亚新几内亚的第二大城市，位于新几内亚岛东部胡翁湾北岸近马卡姆河口处，是巴布亚新几内亚的主要货物港口和工业城市。

[2] 巴布亚新几内亚的城镇，位于莱城东南36千米。

[3] 巴布亚新几内亚东北部半岛，东临所罗门海，南濒休恩湾，北为俾斯麦海。

[4] 巴布亚新几内亚俾斯麦群岛的最大岛屿。

[5] 位于巴布亚新几内亚北部海岸马当省的一个村庄。

左图:1944年3月15日,美国第1骑兵师的士兵在阿德默勒尔蒂群岛[1]的马努斯岛[2]登陆。他们携带着武器和弹药,在齐腰的水中前进了3天,目的地是日本人占据的洛伦高机场[3]。

---

[1] 位于西南太平洋俾斯麦海,为俾斯麦群岛的一部分,属巴布亚新几内亚。在新几内亚岛东北面海域,离巴布亚新几内亚北岸约300千米。

[2] 阿德默勒尔蒂群岛的主岛,面积1610平方千米。1942年,日本在此建立军事基地。1944年被美军占领,并在此建立基地。

[3] 马努斯岛最东端的一个机场,机场跑道距离大海不足一百米。最初为日军建立的野战机场,后由美军扩建为可以起降大型远程轰炸机的机场。

右图：1944年6月3日，第6师第20步兵团H连在新几内亚的威克岛上架起一门81毫米迫击炮。

[1] 太平洋西南的岛群，属于俾斯麦群岛的一部分。位于新几内亚东北海洋中。包括主岛马努斯岛和其他23个火山岛、珊瑚岛。

[2] 巴布亚新几内亚的城镇，位于该国北岸瓦尼莫东南126千米。

[3] 印度尼西亚巴布亚省的省会，坐落在新几内亚岛印尼领土东北部上，东临巴布亚新几内亚。现名查亚普拉。

[4] 印度尼西亚东北部的岛间海，东界为伊里安岛西部极乐鸟半岛的西海岸，西界为哈马黑拉岛。北临太平洋，西南与马鲁古海相通，南隔米苏尔岛与塞兰海相邻。

[5] 即马鲁古群岛，是印度尼西亚东北部岛屿的一组群岛。

[6] 印度尼西亚马鲁古省北马鲁古县岛屿，位于哈马黑拉岛东北，面积1800平方千米。

[7] 位于菲律宾群岛南部，面积94630平方千米，是菲律宾境内仅次于吕宋岛的第二大岛。

阿德默勒尔蒂群岛（Admiralty Islands）[1]。4月22日，美国的第24和第41步兵师，在第7舰队和第7两栖部队的支持下，成功登陆艾塔佩（Aitape）[2]和霍兰迪亚（Hollandia）[3]。到这个时候，麦克阿瑟借助卓越的参谋策划和熟练的陆海空协调，为两栖作战行动谱写了标准范式。在霍兰迪亚－艾塔佩登陆行动中，美军以100人死亡和1000人受伤的代价换来日军超过10000人的死亡或失踪的损失。截至1944年7月30日，盟军部队已经完全摧毁新几内亚的日本部队。6周之后，麦克阿瑟的部队跨过哈马黑拉海（Halmahera Sea）[4]进入摩鹿加群岛（Moluccas）[5]，并准备将飞机降落到莫罗泰岛（Morotai）[6]。在那里，麦克阿瑟几乎可以看到菲律宾群岛中棉兰老岛[7]的最南端，虽然实际距离仍有350英里。

太平洋上的越岛作战

1943年年初，海军上将尼米兹拥有了大量士兵，可以增援太平洋上的海军陆战队。他指派海军中将雷蒙德·A.斯普鲁恩

上图：1943年9月，新几内亚东北部的行动缓慢地开启了，但到了1944年初，在跳跃战术的推动下，作战行动急剧加速了。

斯的第5舰队，包括7艘战列舰、7艘重型巡洋舰、3艘轻型巡洋舰、8艘航空母舰和34艘驱逐舰，主导越岛作战。与麦克阿瑟一样，尼米兹的部队也积累了很多关于两栖登陆行动的教训，虽然海军少将里奇蒙德·凯利·特纳已经策划过太平洋舰队在所罗门群岛的大部分两栖登陆行动。

迦伐尼行动的目标——吉尔伯特群岛[1]的马金岛和塔拉瓦环礁位于夏威夷以南1500英里处。这次行动也是夺回太平洋战场主动权的第一个关键步骤。虽然只有250人的日军作战部队防守马金岛，第27步兵师第165步兵团还是花了4天时间才将对方从防御工事中赶出来。海军陆战队的海军少将霍兰德·M.史密斯（Major General Holland M. Smith）——新组建的第5两栖军的指挥官，对陆军在马金岛上近乎懒惰的表现如此不满，以至于他拒绝在塔拉瓦环礁上登陆。日军位于比休岛[2]的主要基地由4836名海军士兵守卫，事实证明这里将爆发比史密斯预期的更血腥的战斗。经过76个小时的战斗，第2海

[1] 太平洋中西部环礁群，位于马绍尔群岛东南、所罗门群岛东北，横跨赤道，由塔拉瓦等16个珊瑚岛礁组成，陆地总面积约430平方千米。这个群岛处在美国和澳大利亚的海上交通线中间。

[2] 位于塔拉瓦环礁南端。

上图：1944年9月15日，美国部队在距离菲律宾群岛东南300英里处摩鹿加群岛中的莫罗泰岛登陆。

[1] 位于中太平洋，在夏威夷西南约3200千米和关岛东南约2100千米处，由1200多个大小岛礁组成。分布在200多万平方千米的海域上，形成西北—东南走向的两列链状岛群。

[2] 西太平洋马绍尔群岛西北端的珊瑚岛。

[3] 由西太平洋一系列火山和上升珊瑚构成，包括塞班岛、提尼安岛和罗塔岛等16个火山岛和附近一些珊瑚礁，位于台湾岛以东2600千米处。"二战"时期曾在此爆发马里亚纳海战。

军陆战师990人死亡，2391人受伤。日本人坚持战斗到底，所以经常进入白刃战状态。惨重的人员伤亡表明需要在登陆前实施更密集的轰炸，需要更重型的火炮，需要改进通信和空中支援，以及需要使用更多装甲化两栖牵引车辆（履带式登陆车）以保护登陆的士兵。

塔拉瓦登陆行动的人员伤亡导致"燧发枪"行动——入侵马绍尔群岛[1]被推迟，日军占领了那里的夸贾林环礁、埃尼威托克岛，以及罗伊和那慕尔群岛。这一次史密斯将军派去了第7步兵师，并在夸贾林环礁的环礁湖东南翼登陆。日本人一如既往地实施自杀式抵抗，从1944年1月29日到2月7日，7870名日本士兵抵抗到了最后。吸取了塔拉瓦行动的教训之后，陆军和海军陆战队突破了对方防线，仅牺牲了372人，大约1000人受伤。

2月17日，海军上将特纳命令海军陆战队和第106步兵师在埃尼威托克岛[2]登陆，采用近距离作战和火焰喷射器将对方赶出来，彻底消灭日本的第1两栖旅———支由2200名强壮的老兵组成的战斗部队。

"燧发枪"行动标志着入侵马里亚纳群岛[3]行动的开始，下一步将在那里建立空军基地，为远程轰炸日本做好准备。

马里亚纳群岛

进攻马里亚纳群岛需要跨过一片700多英里的开放水域,但1944年夏季这样一次行动带来了战争中的另一个重要转折点。大量日本部队占领了三个主要岛屿——塞班岛、关岛和天宁岛。三个岛屿上都有战略上极其重要的机场。塞班岛距离东京东南方向1250海里,新型的B-29轰炸机航程为3000英里。针对马里亚纳群岛的行动还需要穿过日本至关重要的防御边界。当尼米兹的参谋们策划这场行动时,所有人都认为日军将派来大量部队守卫这里,而日本陆军总司令部确实这样做了。

6月15日,也就是诺曼底登陆刚过去一周多,海军上将斯普鲁恩斯的530多艘舰船带着127000人的部队抵达塞班岛。舰队发起进攻之前,海军中将马克·米切尔(Vice Admiral Marc Mitscher)的航空母舰和战列舰猛烈轰炸了岸上的基础设施,并且获得了制空权。在两个海军陆战师进攻塞班岛的海滩时,拉尔夫·C.史密斯少将(Major General Ralph C. Smith)的第27步兵师紧随其后,充当后备力量。6月15日早上,海军陆战队从8个

右图:1943年11月,加罗林群岛[1]上的一次进攻行动期间,美国海岸警卫队运送来的士兵等待登上一艘登陆艇。

---

[1] 西太平洋岛群,由雅浦岛、特鲁克群岛、波纳佩岛、帕劳群岛等900多个岛屿组成。

右图：塔拉瓦战役见证了美国海军陆战队的进攻行动，而在1943年11月20日，第27师第165步兵团开始进攻日本人占领的马金岛。

对页图：1944年7月初，夏威夷部队的士兵身着迷彩服，在农福尔岛（新几内亚，海尔芬克湾）上一处日军占领的机场附近的指挥所中，使用一台SCR300无线电设备联系海军支援力量。

位置登上海滩。在随后的两个夜晚，由于遭遇强烈的抵抗，史密斯命令第27师登陆。海军陆战队的霍兰德·史密斯中将立即对第27师的行为感到愤怒，并挑起了一场漫长而尖刻的军种间争论，并且他要求立刻解除陆军史密斯将军的职务。这一举动引起了一场悬而未决的陆军-海军陆战队之间的论战，而这背后更多的是不同军事思想的冲突，并非个人恩怨。6月18日，尽管将领之间仍有冲突，美国人还是占领了塞班岛上最大的飞机场。7月7日，第27师遭遇了一场由3000名狂热的日本士兵发起的自杀式袭击。这些日本人极度兴奋，誓死战斗。

7月13日，除了丢掉塞班岛，日本还损失了27000名士兵，而美军的伤亡情况为3126人死亡，13160人受伤。海军上将米切尔的舰载飞机摧毁了346架日军飞机，还击沉了一艘日本的航空母舰，因此海军的飞行员称其为"马里亚纳群岛射火鸡大赛（一方占有绝对优势的情况）"。

11月，美国陆军航空兵的第20航空队开始实施针对日本的战略轰炸任务，这间接地导致了太平洋战场上的另一场最血腥、代价最惨重的战斗——5英里长的火山岛即硫黄岛[1]之战。

---

[1] 位于西太平洋的日本火山岛，距东京以南1080千米，南距关岛1130千米。全岛南北长约8千米，东西最宽4千米，最窄的地方只有800米。因为岛上覆盖着一层由于火山喷发产生的硫黄而得名。

重返菲律宾群岛

1944年7月,在海军陆战队和陆军第77师进攻关岛和天宁岛的时候,罗斯福在珍珠港与麦克阿瑟和尼米兹一起讨论了战略。尼米兹倾向于战略重心向中国转移,麦克阿瑟则坚持应首先解放菲律宾群岛。罗斯福采纳了麦克阿瑟的提议,同时批准尼米兹制定进攻硫黄岛和冲绳岛的计划。

10月7日,海军上将哈尔西的第3舰队的舰载飞机开始轰炸菲律宾群岛和台湾岛上的日本空军部队和飞机场。一系列进攻使得麦克阿瑟将入侵莱特岛[1]的时间从预计的12月20日提前到10月20日。当时,山下奉文将军(General Tomoyuki Yamashita)在菲律宾群岛上大约有35万人的部队。麦克阿瑟的两栖部队包括大约700艘舰船,其中运载着来自克鲁格将军的第6集团军的20

---

[1] 菲律宾中部米沙鄢群岛东部岛屿。

上图：1944年2月1日，第7步兵师的坦克从马绍尔群岛中夸贾林环礁东南角登陆，然后向岛内的飞机场推进。

[1] 位于菲律宾棉兰老岛与莱特岛之间，是连接莱特湾和保和海的通道，长30海里，宽10海里。

[2] 位于菲律宾群岛中部的岛间海，介于吕宋、民都洛、班乃和马斯巴特岛之间，有锡布延、塔布拉斯和朗布隆等岛。西北通南海，西经塔布拉斯海峡连苏禄海，东由蒂朗海峡达萨马海连太平洋，南经金托托洛海峡达米沙鄢海，是南中国海和太平洋间的重要通路。

[3] 菲律宾吕宋岛西南部岛屿，介于塔布拉斯和民都洛海峡之间。

万名士兵。"麦克阿瑟的海军"——海军上将金凯德的第7舰队也紧跟着进攻部队。金凯德的大规模舰队包括6艘战列舰（已修复的珍珠港幸存舰船），以及一个16艘护航航空母舰中队。海军上将米切尔的航母群——现在属于哈尔西的第3舰队，又为进攻行动增加了另外1000架飞机。

10月20日，来自富兰克林·C.希尔伯特少将（Major General Franklin C. Silbert）的第10军和约翰·R.霍奇中将的第24军的先头部队登陆莱特岛，期间仅遭到轻微抵抗。建立滩头堡之后，极具魅力的老将军——麦克阿瑟来到了这里。他涉水走上海滩，手拿一个扩音器爬上一辆卡车，在一阵强风中说道："这是自由的声音，菲律宾人民，我，麦克阿瑟又回来了。"当天午夜，克鲁格将军将13.2万名士兵和20万吨物资送上了岸。

山下奉文试图向莱特岛派遣增援部队，与此同时，日本海军发起了一场迟到的全力以赴的三管齐下式进攻，希望击退美国人。金凯德将军在苏里高海峡[1]打败了日军南线部队，而哈尔西的舰载机在锡布延海[2]摧毁了日军中线部队。在日军的一次佯攻之后，哈尔西从莱特湾离开，转而向北，最终在恩加努海角摧毁了日军北线的航母舰队。这场海战让日本的舰队再也无法组织成有效的战斗力量，从而保证了麦克阿瑟在菲律宾群岛作战的成功。

麦克阿瑟开始在菲律宾群岛上推进。12月15日，陆军的一个旅占领了民都洛岛[3]，消灭了抵抗美军的135000名日本士兵。1月9日，克鲁格将军在马尼拉以北的仁牙因登陆64000人的部队。奥斯卡·W.格里斯沃尔德少将（Major General Oscar W. Griswold）的第14军进入右侧，而英尼斯·P.斯威夫特少将（Major General Innis P. Swift）的第1军则进入左侧。格里斯沃尔德的部队开始突破日军的防线，并营救了集中在617英亩（1英亩≈0.4公顷）的奥唐纳军营里的5万名俘虏，而另一个独立的师则向前突进，占领了克拉克机场。

1945年1月30日，艾克尔伯格将军的第8集团军在马尼拉以南和以北进行了两

5 "二战"中的太平洋战场（1941—1945年） | 185

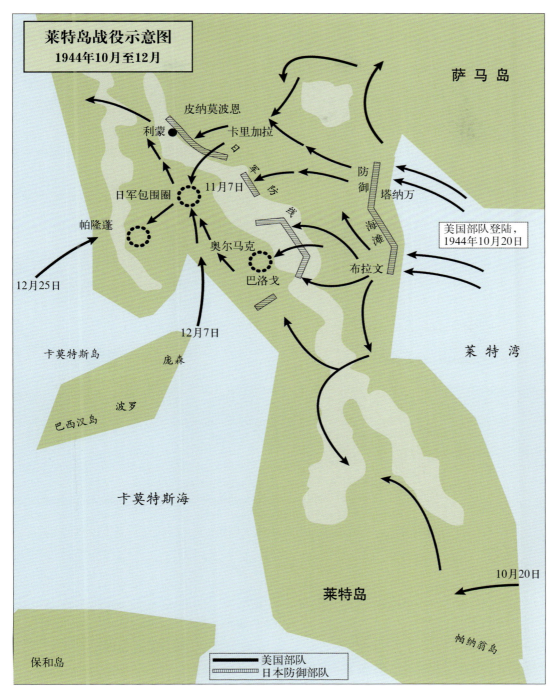

莱特岛战役示意图
1944年10月至12月

美国部队登陆，
1944年10月20日

■ 美国部队
▨ 日本防御部队

左图：1944年10月20日，解放菲律宾群岛行动以美军登陆莱特岛开启，这场行动一直持续到当年年底。

上图：马绍尔群岛战役期间，拉尔夫·C.史密斯少将（左）和美国海岸警卫队的默林·奥尼尔上校（右）在海上与海军上将切斯特交谈。

栖登陆行动。2月末，第37步兵师与第1骑兵师和第11空降师会合，随后在菲律宾首都展开了数天的巷战。3月4日，日军停止抵抗。马尼拉部分地区成为一片废墟，街道上布满了烧毁的汽车。此次行动共有16665名日本士兵死亡。

最后的跳板

梨形的硫黄岛（8平方英里，1平方英里≈2.59平方千米）位于战略上的航线中点，成为B-29从塞班岛飞往东京期间无法绕过的位置。占领硫黄岛成为3个海军

下图：1944年10月20日，第77步兵师的士兵从莱特岛防御薄弱的位置上岸。

左图：莱特岛的滩头堡被攻下之后，摄影师记录了麦克阿瑟将军重返菲律宾群岛的情景。

陆战师的任务，因为陆军正在组织冲绳岛进攻行动。1945年3月16日，经过4个星期的战斗，海军陆战队消灭了21000名日本士兵，最终占领硫黄岛。第二天，美国陆军航空兵部队的16架B-29从日本返回后在该岛上紧急着陆。截至战争结束，2251架受损的B-29在硫黄岛上紧急降落，拯救了24761名飞行员的生命。

3月14日，随着硫黄岛上的行动逐渐平静下来，海军上将米切尔的舰载飞机开始准备进攻九州岛和琉球群岛上的日军机场。冲绳岛——琉球群岛中最大的岛屿——成为"冰山"行动中至关重要的目标。在尼米兹的指挥下（麦克阿瑟还在菲律宾群岛作战），海军上将斯普鲁恩斯的第5舰队计划借助1300艘海军舰船在冲绳哈古什的海滩上登陆183000人的部队。西蒙·玻利瓦尔·巴克纳中将指挥第10集团军，其中包括约翰·R.霍奇少将指挥的第24军以及罗伊·S.盖革少将指挥的第3海军陆战两栖军团。海军中将里奇蒙德·凯利·特纳负责冲绳岛上的两栖行动，这也是太平洋战场上规模最大、难度最高的行动。"冰山"行动完全依靠海军上将米切尔的舰载机夺取制空权。

1945年4月1日，巴克纳将军的第10

左图:1945年2月16日8时30分,在一阵摧枯拉朽的空中和海上轰炸之后,第503伞降步兵团第一批空降兵艰难地从C-47运输机上,向克雷吉多尔岛[1]两块细长而平坦的区域跳下。

---

[1] 菲律宾马尼拉湾入口的一个岛屿,"二战"时为美菲联军的防守要塞。

集团军分8个梯队开始在哈古什8英里长的海滩上登陆。牛岛满中将（Lieutenant General Mitsuru Ushijima）指挥的日军第32集团军（13万人）几乎没有抵抗，因为他的部队正在精心设计的地下防御工事以及岛内连锁的防御系统中静静地等待。

日本人还部署了大约3000架神风特攻队自杀式飞机，以摧毁美国入侵的舰队。他们认为击沉或赶走美军战舰将提高牛岛满将军在岛上隔绝并消灭美国部队的机会。神风特攻队对美国的舰队和海军士兵造成了极其恶劣的影响，但米切尔的舰载机对日

下图：第77步兵师的士兵向岛内前进的每一步都小心翼翼。他们肩上背着机关枪和三脚架。

军飞机发起了更猛烈的反攻。根据大部分报道,日本人在冲绳岛战役期间损失了8000架飞机。

冲绳岛战役称得上"二战"期间最激烈的战役之一,同时预示着美国在入侵日本时将遭遇的抵抗强度。

6月18日,日军的一枚炮弹杀死了巴克纳将军。6月22日,也就是战役的最后一天,牛岛满将军切腹自尽。83天的战役彻底消灭了日军第22军,但美军也有12374人死亡,36656人受伤,其中神风特攻队对海军造成了史无前例的伤亡比例。

下图:1945年3月26日,第77师第306步兵团第1营的士兵跨过位于冲绳县以西25英里的庆良间岛。

上图：西蒙·玻利瓦尔·巴克纳中将（左）、海军中将里奇蒙德·凯利·特纳（中），以及海军陆战队准将奥列弗·P.史密斯（右）在特纳的旗舰上讨论冲绳岛战役的作战计划。

下图：哈利·S.杜鲁门总统抵达日本，祝贺道格拉斯·麦克阿瑟将军结束太平洋战争。

落日

参谋长联席会议预计，日本人对本土的防守会比冲绳岛更严，多达400万人的狂热部队将战死。盟军的伤亡人数预期为150万人。入侵九州岛的计划提前到1945年11月份，随后于1946年春季开始进攻本州岛。

1945年7月16日，在参谋长联席会议为过多的人员伤亡而烦恼时，美国陆军在新墨西哥州阿拉莫戈多（Alamogordo）的首次原子弹爆炸试验成功。关于是否使用原子弹，在华盛顿引起了激烈的讨论。抛开道德问题，国务卿亨利·L.斯廷森建议使用原子弹，杜鲁门总统在7月末同意了该建议。8月6日，美国陆军航空兵在广岛投下了第一颗原子弹，78150个平民死亡，70000多人受伤。3天后，第二颗原子弹在长崎落下，造成40000多个平民死亡，25000人受伤。8月10日，新组建的日本政府接受盟军提出的无条件投降，并在4天后签署停战协议。8月15日，麦克阿瑟将军飞往东京。9月2日，麦克阿瑟作为盟军最高统帅与其他盟军军官一起接受了日本的正式投降。

"屠夫"的账单

"二战"期间，美国共计动员了1490

1945年8月29日，欢呼的盟军战俘庆祝他们获得自由。他们从日本横滨附近的青森县兵营中获释。

万名士兵,其中大部分(1040万人)在陆军服役。美国共计有292100人死亡,571822人受伤,其中大部分来自陆军。日本共计动员了740万人,其中超过150万人在自杀式进攻中死亡,而受伤人数仅为50万人。美国的轰炸行动造成30万日本平民死亡。

"二战"期间共计死亡5000万人,但终结所有战争的另一场战争从西方政治家的手指间滑过。

左图:1945年9月2日,东京湾,麦克阿瑟将军和其他盟军代表在美国战列舰"密苏里"号上,目视日本外务大臣重光葵在正式投降书上签字。

6 冷战：朝鲜战争
（1945—1952年）

下图：1945年，道格拉斯·麦克阿瑟将军（右）首次在寒冷的冬季查看半岛地形。

战结束后，美国作为一个世界大国，对全世界做出承诺：保护盟国在占领区的利益，帮助战败国进行经济重建。美国公众要求国会"带领士兵回家"的压力越来越大，海外的士兵也强烈要求返回国内。毕竟，美国是原子武器的唯一使用者，这意味着拥有大规模自我毁灭的力量。由于空军的拥护者称原子弹使得陆军和海军过时了，削减其他兵种的力量在国会听来似乎是合理的。

1946年早期，英国首相温斯顿·丘吉尔来到美国并警告称："一道铁幕已经在欧洲大陆落下，东欧已经被警察政府统治。"实际上，苏联做了一个转变，从盟友变成了对手。杜鲁门总统可能是对丘吉尔的建议做出了回应，他要求战后的美国陆军维持150万人的兵力，海军维持60万人的兵力，空军维持40万人的兵力。国会和美国人民都不想供养如此大规模的军事力量。过时思想仍然在国会中流行。两年之后，美国陆军的规模从1000万人减少到100万人以内，在全世界陆军规模中仅排名第六。

1947年，薄弱的美国陆军开始准备对苏联装甲部队介入西欧做出反应，陆军航空兵也开始了核战争的演习。国会决定将陆军航空兵从陆军中剥离出来，组建美国空军——一支新的独立军种。空军本应该在20世纪30年代建立,但一直等到航空兵的将领说服立法者,其他兵种在核战争时代都没有存在的意义了,才最终建立空军。国会的这种无知无法解释,因为当时已经存在短程火箭和喷气式发动机,并且德国的V-2远程火箭已经可以携带核弹头了。国会还建立了国防部,给予了参谋长联席会议正式机构的地位,此外还建立了中央情报局。而杜鲁门总统在1948年参与竞选时改变了立场,到处倡议削减军费支出。

国会的军事战略也可以说完全没有战略,在1949年遭到严峻的考验。当时苏联的核爆炸试验成功,美国不再是世界上唯一掌握核武器的国家。苏联人威胁称,如果世界上最强大的两个国家爆发战争,他们可以同归于尽。这种对抗带来的摩擦逐渐发展成为军国主义者所谓的"冷战"。蘑菇云还没有在苏联上空升起,因为当时苏联在远东快速发展自己的势力,成为舞台中央的焦点。

朝鲜半岛战争的序幕

在1945年7月17日至8月2日的波茨坦会议期间,约瑟夫·斯大林明确表示,他希望控制朝鲜半岛的一半领土。当时丘吉尔拒绝讨论这一议题,斯大林转而求助杜鲁门,但杜鲁门也避谈这一话题。8月8日,由于对会议结果不满,苏联宣布对日开战,目的就是提高苏联在远东地区的地缘政治利益。7天之后,日本投降。斯大林立即要求回应他对朝鲜半岛的诉求,同一天,杜鲁门同意了斯大林的要求。斯大林勉强同意控制朝鲜半岛北纬38°以北的区域,因此,朝鲜半岛被分成两个政治区域。苏联将接受北部的日本投降者,而美国则接受南部的日本投降者。日本投降后,斯大林宣布北纬38°成为一条政治分界线,一道铁幕就此落下。

1947年,美国将苏联的行为诉至联

上图:1946年4月,英国首相温斯顿·丘吉尔(左)来到美国,并与哈利·S.杜鲁门总统(右)会晤。丘吉尔在密苏里州的富尔顿发表了著名的演讲,他警告称:"从波罗的海的什切青[1]到亚得里亚海的里雅斯特[2],一道铁幕已经在欧洲大陆落下。"

[1] 波兰西波美拉尼亚省的首府,是波兰第七大城市以及波兰在波罗的海的最大海港。
[2] 意大利东北部边境港口城市,位于亚得里亚海东北岸、伊斯特拉半岛的西北侧、的里雅斯特湾的顶端,西距威尼斯113千米,历史上是日耳曼、拉丁和斯拉夫文化的交会点。

上图：半岛战争期间仍然有征兵海报，但与"二战"期间相比已经少很多了。

右图：1950年7月5日，也就是北方军队跨过三八线10天之后，《太平洋星条旗报》首次公布了关于朝鲜半岛战争的照片。

合国。联合国未能说服苏联帮助建立一个独立的朝鲜，并且实行自由的全国选举制度。

美国陆军一直在南方扮演警察的角色，最终于1949年6月撤离南方，只留下一小支顾问团帮助组建南方陆军。

到1950年早期，训练有素的配备俄式装备的朝鲜人民军扩张到了10个师（13万人），外加10万人的后备部队，一个苏联T-34中型坦克旅，以及由180架雅科夫列夫-9（Yak）螺旋桨驱动的战斗机组成的空军部队。

南方陆军——更像一支警察部队，而不是作战部队——由10万人组成，分成8个师，但没有火炮、坦克和战斗机。

战争爆发

1950年6月25日早上，朝鲜人民军元帅崔庸健带领9万名士兵和上千辆苏式坦克跨过三八线，进入南方。南方的4个师零散地分布在边境线上。美国方面没有任何人预料到这次进攻。美国中央情报局也无法理解北方最高领导人金日成如此行为背后的目的是什么。6月28日，北方军队占领了南方首都汉城（今首尔），而此时世界上大多数国家还不知道朝鲜半岛上到底发生了什么。

6月27日，杜鲁门总统命令70岁的道格拉斯·麦克阿瑟将军带领远东地区的美国部队前去支援南方，并告知他可以带走所有征集到的资源。麦克阿瑟调集了一小支空中支援力量，利用所剩无几的美国第7舰队力量封锁了北方海岸。6月28日，他亲自前往汉城南部勘查南方首都沦陷当天的战场。麦克阿瑟在雅克战斗机的扫射进攻中抵达水原市[1]机场。他向杜鲁门汇报说，南方根本无法抵抗北方的突然袭击。麦克阿瑟的报告在华盛顿引起了激烈的讨论，内容涉及他们到底应该给予麦克阿瑟将军多少自主权，以及他们应该做出怎样的军事回应。麦克阿瑟忽略了禁止在南方

---

[1] 韩国京畿道的首府，位于朝鲜半岛西岸的中部，距首尔44千米，是首尔的卫星城市。

上空采取空中行动的决定,反而片面决定跨过三八线打击北方的空军基地。B-26和B-29飞行员做好了在半岛上空作战的准备,但由于通信设备出了问题,他们不知道在什么地方投放炸弹。

苏联试图让三八线合法化的举动引起了国际社会的联合抵制,联合国授权麦克阿瑟掌管来自16个国家的军队,并任命他为联合军队总司令。6月29日至30日,杜鲁门总统批准了麦克阿瑟在整个半岛动用空军力量的决定,同时允许他使用地面部队。

虽然美国空军、海军以及海军陆战队都在半岛战争中做出了贡献,不过美国陆军在击退入侵方面贡献最大。由于国会在杜鲁门总统的推动下刚削减了陆军规模,麦克阿瑟在日本的地面部队仅由4个力量不足的师组成。这4个师被分成两个机构不全的集团军群,虽然有一些老旧的反坦克武器,但没有中型坦克、重型火炮和装甲车辆。尽管准备严重不足,麦克阿瑟还是匆忙地将3个师投入战争,以在釜山[1]获得一个立足点。

7月4日,C-54"空中霸王"运输机将查尔斯·B.史密斯中校(Lieutenant Colonel Charles B. Smith)440人的步兵营投放到乌山市[2]。北方的一个师在坦

---

[1] 位于韩国东南端,是韩国第一大港口和第二大城市,也是世界上最繁忙的港口之一,历史上一直是东亚大陆和海洋文化交流的纽带和桥梁。
[2] 韩国京畿道西南部的一个市,属于平原地带,在首尔以南30千米。

上图:1950年8月24日,守卫釜山防御圈期间,一辆46吨的M26坦克绕过一座破损的桥梁。

下图:朝鲜半岛战争中首次使用直升机运送伤员,一般将伤员疏散到陆军流动外科医院进行治疗。朝鲜半岛战争的死亡率下降到每1000名伤员中死亡25人,而"二战"期间这一数字是45人。

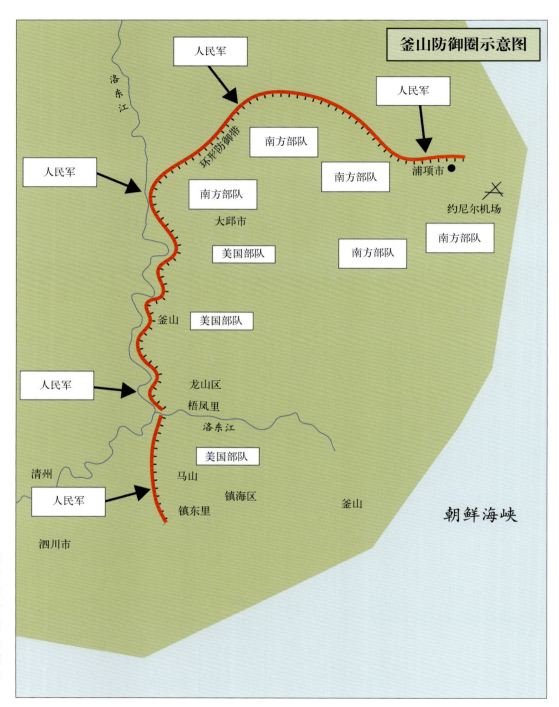

右图:长达140英里的釜山防御圈紧密地包围着南方的东南角,没有这条防御线,美国将无法给支离破碎的南方军队带来增援部队和装备。该区域还成为沃尔顿·H.沃克将军在仁川进攻期间发起反攻的起点。

沃尔顿·H.沃克（1889—1950年）

1950年7月13日，来自得克萨斯州贝尔顿的60岁的沃尔顿·H.沃克中将在釜山接管了美国第8集团军。沃克的部队主要集中在大邱市[1]附近，负责防御洛东江沿线一段35英里长的阵地。4天之后，沃克吸收了成千上万名士气低落的南方散兵，但南方部队自始至终没有成为第8集团军的正式组成部分。

沃克于1912年从西点军校毕业，并在"一战"期间凭借英勇奋战获得一枚银星勋章。"二战"期间，他在巴顿将军的第3集团军中指挥第20军。第20军凭借其快速的推进而在欧洲获得了"魔鬼军团"的称号。1945年5月，该部队到达奥地利林兹，这也是巴顿的部队向东到达的最远地方。战后，沃克前往日本指挥第8集团军——一支"空心部队"，几乎称不上是一支陆军部队。沃克的4个师被削减为标准兵力和装备的2/3，仅有10%的士兵拥有战斗经验。陆军糟糕的状况让沃克非常生气，这可能与他和麦克阿瑟私人关系不佳有关。

由于背靠大海，并且身处角落，沃克发现了他的一个优势：沿着内线调遣部队的能力。7月29日，他发表了著名的指示——"抵抗或等死"，并坦率地宣告："不会再有敦刻尔克，不会再有巴丹半岛。"由于曾得到巴顿的指导，沃克的言辞没有让任何人吃惊。

1950年8月5日至9月15日期间，沃克指挥了美国历史上机动性最强的一次防御战，而这得益于他的情报部门破译了人民军的密码。沃克及时收拢部队，从而避开了北方军队的每一次突破。

沃克的首要目标是保证人民军不越过釜山防御圈，而麦克阿瑟则组织第10军登陆仁川[2]。这个战略的奏效是对两个指挥官共同的肯定，虽然他们经常在战术上存在分歧。沃克对麦克阿瑟的不满在整个战役期间一直存在。沃克——巴顿称其"在任何意义上讲都是一名战士"——声称如果麦克阿瑟不分散指挥权，这次失败是可以避免的。第10军在爱德华·M.阿尔蒙德少将的指挥下脱离第8集团军独立行动，这也使其无法与半岛上的行动保持同步。

1950年12月23日，一辆韩国的民用卡车撞上了沃克的吉普车，沃克将军在这次车祸中死亡。

左图：沃尔顿·H.沃克中将在朝鲜半岛指挥美国第8集团军作战，他凭借防守釜山防御圈中的英勇表现而登上《时代》杂志封面。

[1] 首尔、釜山、仁川之外的韩国第四大城市，位于韩国东南部。

[2] 韩国西北部滨海城市，第二大港口、第三大城市。

上图:1950年9月,士兵架起一挺机关枪,俯视着釜山防御圈中的洛东江。

[1] 韩国第五大城市,位于韩国中西部。
[2] 韩国第一长河流,也是韩国流域面积第二大的河流(第一是汉江),长523千米,注入朝鲜海峡。战争期间是南方和"联合国军"的最后一条防线——釜山防御圈的西面界限。

克的支援下进攻了史密斯突击队。史密斯的2.36英寸巴祖卡火箭筒在苏联坦克的装甲板面前毫无作用。双炮管的75毫米无后坐力炮也无法阻止坦克。南方部队逃走了,导致史密斯的突击营被包围。经过7个小时绝望的战斗之后,史密斯再也无法守住阵地了。随着弹药的耗尽,幸存者们选择了投降。

在乌山市以南30英里的地方,威廉·F.迪恩少将(Major General William F. Dean)的第24师借助地形的优势拖延了北方军,从而使得第25步兵师和第1骑兵师带着增援部队抵达南方。三个方向被包围后,迪恩的第24师在大田(Taejon)[1]展开了5天的拖延性战斗。7月22日,第1骑兵师在第25师的帮助下成功给迪恩解围。随着越来越多的美国部队到达战场,南方部队重新组织起来,延缓了北方军的推进,并建立了釜山环形防御圈(Pusan Perimeter)。

釜山环形防御圈

南方的生存严重依赖釜山环形防御圈——这条线东部和南部是大海,西部是洛东江[2]。这条防御线构成了一个直角的两边,一条长90英里,另一条大约长60英里。守护这个环形防御圈的任务主要落到了美国部队身上,而美国部队使用的还是二战时期老旧的武器以及固定翼的螺旋桨驱动的飞机。一些"贝尔"H-13直升机首次在战场上出现,主要用于医疗救助撤离,但新型的"西科斯基"H-5还没有在此投入使用。通信状况也非常糟糕。麦克阿瑟的参谋长爱德华·M.阿尔蒙德少将(Major General Edward M. Almond)乘坐一架海军老旧的探鱼飞机在战场上空飞来飞去。第8集团军指挥官沃尔顿·H.沃克中将(Lieutenant General Walton H. Walker)驾驶一辆吉普车到处侦察情况和发布指令。

在接下来的6周时间里,沃克的第8集团军和南方的5个师将人民军的14个师和几个坦克团挡在了120英里的釜山防御圈之外。沃克部队装备不足的问题日益严重,以至于美国将国内正在展览的装甲车改装后匆匆投放到朝鲜半岛。与此同时,第7舰队也在两侧的海域提供支援。远东空军部队,外加舰载飞机,密集轰炸了北方军队的通信设施,同时提供近距离空中支援。截至9月中旬,沃克进一步重组和巩固了釜山防线,并为进攻仁川行动做好了补给准备。

仁川——"烙铁"行动

1950年8月12日,第8集团军还希望维持他们在半岛上的据点,而麦克阿瑟此时决定进攻仁川。他没有等待参谋长联席会议的批准,而是要求他的部队立即行

下图:1950年9月,突破釜山防御圈后,一辆2.5吨的卡车拖着一门105毫米M2A1榴弹炮向北开去。

上图:1950年9月15日,在一次对仁川海港登陆地区的视察中,麦克阿瑟(图中)坐在一艘海军汽艇上,他的右边是海军中将阿瑟·D.斯特鲁布尔(Arthur D. Struble),左边是准将考特尼·惠特尼(Courtney Whitney)。

[1] 进出仁川港口的航道。该航道狭窄弯曲,假如缺乏航道灯标辅助,而又在敌炮射击之下,则进出港将极其危险。

[2] 建于1939年的一座机场,位于京畿道金浦郡,1958年成为国际机场。

动,在一个月之内完成这场正常情况下需要数月的行动。他以第7步兵师(他在日本的最后一支占领部队)为基础组建了第10军,将5000名南方士兵带到日本进行训练,同时加入了第1海军陆战师,其中部分士兵已经在釜山参加过战斗。他任命阿尔蒙德将军——他的参谋长,也是亲密的朋友——为第10军的指挥官,虽然除了麦克阿瑟小圈子内的人,几乎没有人对阿尔蒙德表示过好感。

仁川港位于汉城以西几英里处,地处一片深不可测的泥滩之中,四周水流湍急,环绕的一道防波堤可抵挡20英尺的浪潮。人民军认为此处不适合两栖登陆行动,因此仅在仁川部署了2200人防守,相反却在附近的汉城-金浦区域部署了一支21500人的部队。这次行动共计投入230艘舰船,其中大部分来自美国。进攻仁川要求特遣部队在涨潮时准确跨过飞鱼航道[1],从而让士兵在他们的登陆艇中通过梯子登上防波堤。美国消灭仁川的小股北方军队后,下一个目标就是金浦机场[2]和汉城

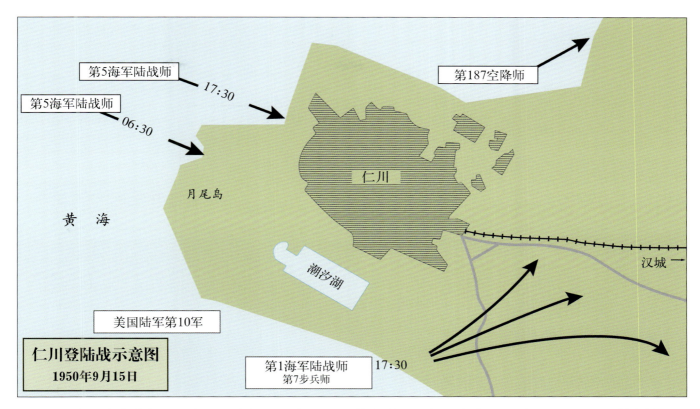

了,最终解放南方首都,让李承晚总统重新掌权。

9月15日早上,登陆艇冲破月尾岛[1]沿岸波涛汹涌的海面,这里是第一个进攻点。装备火箭的舰船(中型火箭登陆艇:LSMR)和F4U-4"海盗"战斗机发射5英寸高速火箭,彻底摧毁了沿岸设施。

早上6时33分,第一批部队涉水上岸,在空中力量的支援下,用了30分钟占领了月尾岛。麦克阿瑟现在有了一个滩头堡。

下午5时30分涨潮时,坦克登陆艇登上了仁川的防波堤。梯子架起后,奥利弗·P.史密斯少将的第1海军陆战师进入仁川城。整个进攻过程顺利无阻。第二天凌晨,史密斯已经将15000人的部队和1500辆战车送上岸了,而第7步兵师紧随其后。9月17日,海军陆战队员占领了金浦机场,而第7步兵师则向东和向南推进,在釜山防御圈上切断了人民军的补给铁路和高速公路。此次进攻行动让人民军大为吃惊和不解。与麦克阿瑟登陆的同一时间,沃克的第8集团军突破釜山防御圈,开始将人民军向北驱赶,而第7师正在那里等着他们。

上图:仁川被认为是世界上最危险的港口之一。早期的进攻是由受过专业训练的海军陆战队员发起的,随后是陆军的第7步兵师和来自第10军的一些部队。

[1] 曾是距离仁川前海1千米左右的岛屿,后在筑路过程中逐渐与陆地连接了起来。月尾岛的名字来源于半月尾状的岛屿形状。

大约30000人的北方部队成功跨过三八线撤退，但另外135000人要么被杀，要么落入麦克阿瑟精心设计的陷阱而被俘。

新情况

现在的问题是下一步干什么。杜鲁门总统希望将战争限制在半岛南部，因为他担心向北推进会导致中国和苏联加入战争。然而，北方的军队仍然威胁着南方政府。联合国更希望朝鲜半岛统一，这也是最初的愿望和计划。

10月1日，南方部队跨过三八线，沃克的第8集团军和阿尔蒙德的第10军分别在左右方远远地跟着。联合国要求朝鲜半岛恢复和平、安全和统一，但没有得到北方领导人金日成的回应，因此南方部队继续推进。

下图：1950年9月20日，沃克将军突破釜山防御圈后，第24步兵师第19步兵团的侦察兵跨过洛东江奔向前线。

10月15日，麦克阿瑟飞到威克岛向杜鲁门总统汇报战争情况。早在两个月前，中国总理周恩来就明确发出警告，如果盟军跨过三八线，中国将向朝鲜半岛派兵。美国和南方部队在持续深入的过程中，发现已经有大量中国军队与人民军一起作战了。麦克阿瑟有他自己的战争安排，并没有关心这些报告。

10月20日，联合部队已经深入北方，

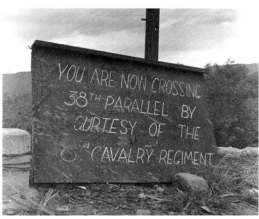

左图：1950年10月1日，麦克阿瑟将军得到联合国和杜鲁门总统的批准，跨过三八线，向中国边境的鸭绿江推进。

下图：1950年9月25日，一座桥梁被炸毁，导致第2步兵师困在河岸。

占领了平壤。南方部队到达距离中国东北边境仅50英里的地方。在盟军准备靠近鸭绿江时,抵抗开始变得越来越强烈。到11月初时,进入北方的成千上万人的中国部队已经与人民军并肩作战了,但数量仍不足以抵抗"联合国军"。

与此同时,11月24日,麦克阿瑟命令沃克的第8集团军(9个师)在半岛西侧进行一次武力侦察,而阿尔蒙德将军的第10军(5个师)直接向东侧推进。当20万人的"联合国军"作战部队在严寒的天气中向鸭绿江迈进时,大约30万人的中国部队(30个师)带着苏联顾问和苏式武器在夜间进入北方。

在接下来的24个小时里,第8集团军在向鸭绿江压进时仅遇到轻微抵抗,但在11月25日,中国部队攻击了第8集团军的右翼,冲破了南方的第2军,重创美国第9军第2师,并且要包围整个沃克部队。

两天之后,12万人的中国部队沿着长

下图:1950年12月13日,第10军从兴南撤退期间,第2步兵师的一名士兵在吉普车旁边取暖。

上图：1951年2月10日，第2步兵师第2侦察连的一辆M39装甲多功能车开进战场。

津湖[1]两侧推进，在水库西侧包围了第1海军陆战师。在水库东侧，他们击退了第10军的第3和第7师。

麦克阿瑟突然发现，他的两翼都处于危险状态，随即下令撤退。一阵混乱之后，第8集团军成功摆脱中国军队，撤退到三八线。奥利弗·史密斯将军的第1海军陆战师在长津湖突破了包围，并为第10军开辟了撤退路线，边退边战，最终退到日本海边的兴南（Hungnam）[2]并建立起防御阵地。12月5日，在空军力量的掩护下，海军开始将105000名士兵、98000名难民和350000吨的货物和装备从兴南疏散至釜山。

经历过开始时的辉煌胜利之后，麦克阿瑟发现沃克的第8集团军已经退至三八线以南了，阿尔蒙德第10军则在釜山修整。麦克阿瑟最终同意沃克将军将第10军纳入第8集团军，但要在釜山充当后备部队。12月23日，沃克因一场车祸去世，随后55岁的马修·B.李奇微中将（Lieutenant General Matthew B.

---

[1] 朝鲜北部长津江上游的人工湖，是朝鲜第二大人工湖。建有高55米、顶长700多米的重力坝，将长津江截断，筑成面积54.2平方千米、库容106万立方米的水库。

[2] 在朝鲜东朝鲜湾西北岸，城川江河口。

右图：1951年4月13日，杜鲁门总统因为麦克阿瑟反对自己而将这位备受尊敬的将军召回，并命令马修·B.李奇微中将取代麦克阿瑟，当时全世界都为这一消息感到震惊。

Ridgway）取代了沃克。李奇微将军是二战期间著名的伞兵指挥官。

在朝鲜战争中，关于麦克阿瑟是否应该在1950年10月1日跨过三八线就一直存在争议。当联合国和参谋长联席会议禁止对鸭绿江以北实施航空侦察时，麦克阿瑟对此充耳不闻。当时他请求炸毁鸭绿江大桥的提议被否决了。而他轰炸符拉迪沃斯托克附近北方关键的进口港的请求又再一次被拒绝，这导致他无法阻止苏联武器源源不断地进入北方。俄罗斯飞行员驾驶的苏联喷气式飞机从那里可以自由进出北方，丝毫不用担心受到妨碍。

三八线：再一次胶着

麦克阿瑟退至三八线后，李奇微将军必须守住三八线。李奇微一直在欧洲，而不是在太平洋上作战，他到达朝鲜半岛时更明白政治对军队的影响。他当时几乎完全陷于停滞，1951年1月1日，40万人的中国部队，外加10万人的朝鲜部队袭击了第8集团军20万人的部队，并将他们赶出了汉城。李奇微从釜山调来了后备部队，将其阵地稳定在这条政治分界线以南50英里的地方。他告诉自己的参谋："不要再讨论撤退了。我们正在后退。"李奇微组织并发动了"撕裂者"行动（Operation Ripper），然后在3月14日重新占领汉城。到3月31日时，李奇微已经指挥其一部分兵力跨过了这条战略分界线。在接下来的12个月里，双方都发起了进攻，躲避对方的反击，最终都没有越过双方各自阵地10到20英里的范围。虽然李奇微通过卓越的战术取得了一定的成果，但他心里清楚，总统和参谋长联席会议已经决定接受一场胶着的战争，而不愿与中国或苏联陷入一场大规模冲突。

"老兵不死"

麦克阿瑟看到士兵死亡，感到非常痛苦，而政治家们却在设立障碍。作为一

使命的召唤

在血腥的朝鲜半岛战争中有超过200万人死亡，77名美国人获得了荣誉勋章，其中大部分是死后追授的。

来自缅因州卡斯柯的乔治·D.利比中士（Sergeant George D. Libby）是第3工程营的一名士兵，于1950年7月20日牺牲，成为朝鲜半岛战争期间第一位获得荣誉勋章的美国士兵。利比所在的营队是第一批到达釜山的部队，当时麦克阿瑟命令第24步兵师前往半岛。该师在大邱市被北方部队包围，利比将大量伤员送进一辆M5火炮牵引车后，自己坐在车前担任护卫。在冲出包围圈时，牵引车遇到路障。北方军队对卡车发起猛烈射击，利比驾驶卡车跨过了路障，成功将伤员送到了救助站。

来自加利福尼亚州伯克利的威廉·F.迪恩少将在大邱市负责第24师的后卫任务。迪恩知道其他部队正在赶来的路上，但他希望拖延北方军队的推进而赢得时间。据最后一个看见迪恩将军的人回忆道："当时他手持一个新型的3.5英寸火箭发射器说，'我自己就是一辆坦克！'"另一名初级军官回忆称，迪恩将军带着少量士兵去追踪对方一辆T-34坦克。在接下来的几个月里，迪恩完全与他的部队失去联系，独自坚持作战33天之后才被俘虏。在交换俘虏的"大开关"行动（Operation Big Switch）中被释放后，迪恩最终从战争的迷雾中出现。

在朝鲜半岛战争中获得荣誉勋章的77人中，60人是在役军人。这份列表包括了从列兵到少将所有级别的军人。梅尔文·L.布朗（Melvin L. Brown），是获得荣誉勋章的19名列兵中的一个，来自宾夕法尼亚州的马哈菲。被派到半岛后，他成为第1骑兵师第8工程营的一员。1950年9月4日，布朗在釜山防御圈上的一处50英尺高的墙上蹲下，利用他的.30口径M1步枪以及挂在胸前的一袋手榴弹击退了一群北方士兵，最终因为伤势过重而死亡。

右图：1951年，詹姆斯·阿尔瓦德·范弗里特（1892—1992年）成为《时代》杂志封面人物，当时他接替李奇微掌管了朝鲜半岛的第8集团军。

国民党军队。麦克阿瑟表达了很多越过总统特权的意见。1951年4月11日，麦克阿瑟的观点公开之后，杜鲁门召回了这位最高指挥官，命令李奇微将军取代他的位置，而57岁的詹姆斯·A.范弗里特中将（Lieutenant General James A. Van Fleet）取代李奇微掌管朝鲜半岛的作战部队。麦克阿瑟明白自己被免职的原因，但许多美国民众不知道。与将军一样，许多民众也不赞同总统的政策。

名推行"无条件投降"的守旧的老兵，他不相信局部战争。他也没有隐藏自己对作战计划被限制的不满情绪。杜鲁门总统称之为"警察"行动的事件在麦克阿瑟看来就是战争，与所有战争一样血腥和肮脏。"在战争中，除了胜利别无选择。"麦克阿瑟公开说道。而他没有意识到他向马萨诸塞州议员约瑟夫·W.马丁（Joseph W. Martin）表达的感触很快就被公之于众了。他不相信苏联会援助中国，相反，他认为现在是对抗苏联、统一朝鲜的最佳时机。他还希望在朝鲜半岛和中国利用中国

前线稳定在政治分界线附近。范弗里特将军对"边战边谈"越来越失望，他抱怨这严重影响作战士气，这不是"打败入侵"的方式。杜鲁门否决了范弗里特很多次进攻的努力。当范弗里特在1953年离开朝鲜时，他从陆军退役了，并不满地说："如果杜鲁门总统下定决心，美国本可以轻松赢得战争的。"

当麦克阿瑟在国会发表著名的告别演讲时，他向议员们说到"老兵不死"，这是对范弗里特将军的声援。

令人不安的处理

范弗里特推动第8集团军跨过三八线，并在极好的防御地形中建立了"堪萨

上图:1951年5月6日,在三八线附近摇摆不定的战斗期间,第7步兵师第17野战炮营C连的一门8英寸M115榴弹炮向华川郡[1]的中国人民志愿军阵地射击。

斯-俄怀明防线"。1951年6月,战斗停止,和平谈判开始。在谈判代表为利益奋力争夺时,断断续续的冲突仍在发生,而陆军则要求争取更大范围的战场。

1952年5月,马克·W.克拉克将军在东京替代李奇微成为最高司令官。截至当时,北方已经建立了一支80万人的陆军部队。克拉克在1943年至1945年的意大利战役中指挥盟军部队时,没有获得他渴望的声誉,朝鲜半岛看起来是另一个机会。德怀特·D.艾森豪威尔赢得1952年总统选举后,克拉克向总统做出结束朝鲜半岛战争的承诺。克拉克错误地认为艾森豪威尔不赞同杜鲁门的政策,并且会重新开启进攻。不过,艾森豪威尔没有动用军事力量,只是施加威胁,警告北方及其盟友称"美国将果断推进,毫无限制地使用我们的武器",并且也不会限制战斗。这一威

---

[1] 韩国江原道背部的一个郡,北边和朝韩非军事区接壤。

上图:1952年12月5日,新当选的德怀特·D.艾森豪威尔总统(左中)参观了第2步兵师司令部,陪同的是詹姆斯·C.弗里少将(右)和马克·W.克拉克将军。

对页图:1953年7月29日,第3步兵师第7步兵团的坦克准备开往新的阵地。此前的7月27日,交战双方刚在板门店签署停战协议。

胁起到了作用。1953年7月27日,战斗停止,双方签署停战协议,沿着三八边界线建立一个非武装区域,将朝鲜半岛一分为二。第1骑兵师和第7步兵师又在韩国驻留了几十年,以防敌对行动再次爆发。

三八线的划定表明美国希望在国际事务中扮演重要角色,并且将继续阻止苏联势力在西方世界的扩张。朝鲜半岛战争还标志着美国从以传统的无条件投降作为完全胜利标志,转向了政治谈判和军事约束,以此获得政治成果。10年之后的越南,另一个政权似乎忘记了朝鲜半岛战场和政治的陷阱。

朝鲜半岛战争证明了源于20世纪40年代晚期的参谋长联席会议战略的谬误。当时他们认为应该大幅削减陆军和海军力量,并且认为未来所有的战争都将由空军力量投放核武器来终结。朝鲜半岛战争证明事实不是这样。陆军部队再一次证明了自己。

6 冷战：朝鲜战争（1945—1952年） | 217

7

冷战：越南战争
（1952—1975年）

尽管美国在朝鲜半岛战争中受到挫败,这场冲突还是唤醒了美国人对陆军意义的认识。这场战争不算辉煌,但它确实建立了苏联势力扩张的防线——几乎所有美国的以及西方政客都认为是合理的,有效避免了世界大决战。

艾森豪威尔意识到朝鲜半岛战争不得民心主要是因为实施方式的问题后,他采用了一套新的美国军事政策,将有限战争战略替换为大规模报复战略。这项政策——虽然有所夸大——要求陆军保留朝

右图:1963年9月24日,国防部长罗伯特·麦克纳马拉(中)和美国陆军参谋长麦克斯韦·泰勒将军(左)在访问南越之前与约翰·F.肯尼迪总统见面。

鲜半岛战争中的大部分地面力量，同时美国开始建立核武器库。然而，国会依然削减了陆军，这激怒了一些著名将领，如马修·李奇微和麦斯威尔·D.泰勒。两人都在愤恨中退役。直至1960年大选，尽管艾森豪威尔做出努力建立了一支战略后备力量，主要的海外陆军部队仍然是在德国的第7集团军和在朝鲜半岛的第8集团军。

1960年总统选举期间，满怀希望的总统候选人——来自马萨诸塞州的约翰·F.肯尼迪声称，忽略了军事力量的常规形态，过于依赖核武器的政策已经使国家陷入了危险之中。李奇微和泰勒也表达过同样的观点。这一宣言引起了公众的共鸣。肯尼迪于1963年1月成为美国总统，并任命罗伯特·S.麦克纳马拉（Robert S. McNamara）——前福特汽车公司董事长为国防部长，泰勒将军成为肯尼迪的军事顾问。麦克纳马拉清除了国防部中的无用之人，并注入了新鲜血液，不久之后就成为其拥护者眼中的"国防知识分子"，同时也被反对者称为"优等生"。麦克纳马拉的目标非常明确：重新激活陆海空三军，特别是陆军部队。肯尼迪宣称新型陆军将有能力在任何地方应对遇到的军事挑衅，如果有必要的话，也可以动用核力量。陆军在朝鲜半岛上曾发挥了至关重要的作用，而肯尼迪承诺它会继续保持强大。越南成为他最关心的问题之

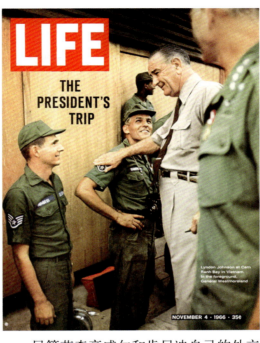

左图：1966年11月4日，《生活》杂志封面刊登了林登·B.约翰逊总统访问南越的一个场景，当时他驻足与两位飞行员交谈。

一，尽管艾森豪威尔和肯尼迪自己的外交团队都警告称不要卷入越南事务。

麦克纳马拉掌管国防部时，陆军的兵力已经从朝鲜半岛战争巅峰时期的280万人缩减为兵力不足的11个作战师。麦克纳马拉重建了陆军，将其兵力恢复至16个满员的作战师。新陆军可以将整师从一个大洲空运到另一个洲。如果有特种部队作先头部队，陆军有信心打赢所有战争，不仅像朝鲜半岛战争这种局部战争，还包括所有非常规战争。麦克纳马拉对美国军事力量热情洋溢的自信延续到了林登·B.约翰逊总统。肯尼迪被刺杀后，这位来自得克萨斯州的强权政治家接管了美国政府。麦克纳马拉的政策，通常令人充满疑惑，有

时也被误解，在役部队中也造成巨大的混乱，但这些问题都归结到了约翰逊的统治管理。

政治、战争和陆军

越南的冲突实际上在"二战"结束那一天就开始了。1945年9月2日，也就是日本签署投降协议的那一天，胡志明的越南人民军在武元甲将军的指挥下缴获了大量日军抛弃的武器储备。他仿照美国发布了一份"独立宣言"，但美国驻越代表表示，新政府完全被"100%的共产党"控制了。

1945年法国重组政府之后，形势进一步恶化了。法国当时决定重新占领越南，将其作为一个殖民地。1953年危机急剧升级，当时成千上万的法国伞兵降落到奠边府（Dienbienphu）[1]，然后他们发现自己被装备苏式武器的北方武装部队包围了。胡志明的部队将法国人赶出了越南，但在1954年的日内瓦协议[2]中，他们仅得到了预想的一半领土。另一块非军事区——位于北纬17°——将越南分为越南民主共和国（北方）和越南共和国（南方）的滨海河[3]，而越南民众不得不选择住在哪一边。超过80万北方人移居到了南方，其中包括很多渗透分子。仅仅10万南方人向北迁移，因为胡志明鼓励激进人士留在南方，支援南方游击队行动。

1954年，虽然强烈反对军事涉入越南，艾森豪威尔总统仍派出了一些陆军顾问。由于暴动越来越多，艾森豪威尔后来将美国的兵力增加至400名特种兵，表面上是帮助南方吴庭艳建立20万人的南方陆军。艾森豪威尔希望南方在北方的侵扰下保持独立。

随着南方政府慢慢被削弱，艾森豪威尔派去了更多军事顾问。尽管他们建议只在后方活动，但实际参战的陆军人员发现自己陷入了小规模战斗之中。1959年7月8日，游击队杀死了戴尔·比伊斯少校（Major Dale Buis）和军士长切斯特·奥纳德（Master Sergeant Chester Ovnard）。陆军第21任参谋长莱曼·H.兰尼兹尔将军（General Lyman H. Lemnitzer）（1959—1960年）告诉艾森豪威尔，美国可以在越南获胜，也能赢得冷战。但总统不希望美国部队陷入军事冲突，尤其不愿在越南试验兰尼兹尔的意见。不过，兰尼兹尔在肯尼迪总统当选前夕成为参谋长联席会议主席。

肯尼迪秉持强硬的军事观点。与艾森豪威尔相比，他更赞同兰尼兹尔的建议。他还认为局部冲突更适合用常规方法遏制，而不需要大规模的核报复。肯尼迪称其战略为"灵活反应"，这意味着他打算建立一个比苏联更大的核武器库，同时保持一支随时可调动的多用途常规部队。

---

[1] 越南奠边省省会，位于越南西北部。

[2] 1954年4月26日，为谋求和平解决朝鲜半岛问题和中南半岛问题的日内瓦会议开幕。参加会议的有中、苏、美、英、法和朝鲜、越南、老挝、柬埔寨等23个国家。7月21日，与会国达成协议，签署了《越南停止敌对行动的协定》《老挝停止敌对行动的协定》《柬埔寨停止敌对行动的协定》。会议最后发表了《日内瓦会议最后宣言》。

[3] 越南中部顺化的一条河流，在越南战争时期作为划分南、北越南的分界线。

很显然，他听取了兰尼兹尔关于越南的建议，因为他在1962年派出了11000人的美国部队（大部分来自陆军）前往越南作战。这些部队是"绿色贝雷帽"特种部队，在美国驻南越军援司令部服役，指挥官是保罗·D.哈金斯将军（General Paul D. Harkins）。

在越南作战的特种部队

朝鲜半岛战争期间，罗伯特·A.麦克卢尔准将（Brigadier General Robert A. McClure）建议组建特种部队，专门在对方战线后方开展非常规军事行动。1952年6月，美国陆军的第一支特种部队志愿队在北卡罗来纳州的布拉格堡宣布成立。特

下图：特种部队通常活跃在偏远山村，因为游击队通常混在村民中间。图中，1964年的侦察游击队行动期间，特种部队的弗农·吉莱斯皮（Vernon Gillespie）正在审讯两名俘获的游击队。

种部队是一支独立于常规陆军指挥系统的特殊部队。

最初的训练有渗透和陆地导航技术，包括通过跳伞或乘小船绕到对方战线后方。特种训练包括武器使用、情报收集、通信、破坏和语言。陆军的志愿兵需要完成各种各样的课程才能成为特种部队的成员。

1957年，第一支特种部队小组进入南方，并利用特种作战技术训练了58名南方士兵。完成这些课程之后，新组建的南方特种部队开始训练南方特种兵。1961年，美国－南越混合特种小组开始在美国中央情报局的指挥下开展行动，主要原因是肯尼迪总统希望扩展军队实施非常规作战行动的能力。1962年，美国中央情报局首次向北方派遣特种作战小组。

下图：1964年的一次扫荡期间，弗农·吉莱斯皮押着身着黑色衣服的游击队穿过一个村庄。

罗杰·H.C.唐隆上校

1964年6月，来自第7特种小组的30岁的罗杰·H.C.唐隆上校以顾问的身份抵达越南。陆军将其分配至南东兵营的A-726特种分遣队，那里位于老挝边境附近的越南群山之中。该部队包括他的12人小组（A队），外加一支311人的南方部队，以及60名侬族（山地土著民族）人的守卫。

1964年7月6日黎明前，一个北方的增强营利用迫击炮、手榴弹和自动武器袭击了兵营，而此时美国在越南的兵力还不充足。唐隆在一阵小口径武器的密集射击中，从一座着火的仓库中抢出了所需要的弹药。随后，他躲开飞来的手榴弹，坚守兵营的大门。

唐隆受伤后进入一个60毫米迫击炮炮位，向下掩护射击，帮助其他人撤退。他将迫击炮转移到了一个更好的防御位置，但后来，在拖拽一名受伤士兵时，炮弹碎片击穿了他的左肩。

看到一门57毫米无后坐力炮被抛弃在旁边的深坑里，唐隆跑到火炮旁边，带上弹药，开始向临时的防线后退。对方的一枚手榴弹在他的身边爆炸，碎片刺穿了他的大腿。唐隆不顾自己的伤势，从一个防御阵地转移到另一个阵地，激励伤员继续投入战斗。他一直停留在战斗最激烈的区域，一颗迫击炮炮弹在其附近爆炸，炽热的碎片飞进他的面部和胸膛。白天，一架CV-2"驯鹿"来到这一区域上空，并投下了补给物资。5个小时的战斗之后，北方部队放弃了，消失在丛林之中，留下62名士兵的尸体。南东之战成为这场尚未明确的战争中第一个显著的胜利。

1964年12月5日，在白宫的一场庆典上，约翰逊总统向唐隆少校颁发了越南战争中的第一枚荣誉勋章。此后，唐隆又返回越南开始另一轮服役。在陆军中服役27年后，唐隆最终以上校军衔退役。

上图：1964年12月5日，在白宫东厢举行的庆典上，总统林登·B.约翰逊向罗杰·H.C.唐隆上校颁发了越南战争中的第一枚荣誉勋章。

上图：1967年11月20日，达喀图战役，第173空降旅4营的3个连试图增援2营。由于受到875高地迫击炮的压制，4营直到11月22日才到达高地山顶。

特种部队成为南方军事行动的主要力量。他们部分目标是打击游击行动，主要目标是通过赋予人民自卫能力而赢得人民的忠心。1962年，麦克纳马拉决定将特种部队用于准军事作战行动，而不仅仅用于平乱，同时使该部队回归陆军控制。这种转变开始时，特种部队已经营救了879个村庄，训练了52636个村民，10904名作战部队的士兵，515名医疗人员，3800名侦察兵，以及946名追踪观察员。由于南方军官能力低下，可靠性低，平定区域的人民对特种部队的忠诚度超过了对来自西贡政府的官员。

柬埔寨和老挝边境沿线的军营肩负监视职责，他们也成为四处游荡的游击队和北方人民军的目标。1964年7月，北方的一个增强营袭击了南东县[1]军营，而营地指挥官罗杰·H.C.唐隆上校（Captain Roger H.C. Donlon）成为朝鲜半岛战争后第一个获得荣誉勋章的军人。

特种队员的服役时间都达到6至12个月。1968年9月，特种部队的兵力达到巅峰，在越南的特种队员达到3542人。国防部长麦克纳马拉和约翰逊总统有时都亲自过问老挝、柬埔寨和北方的美国特种部队作战任务。1969年8月，克雷顿·艾布拉姆斯将军（General Creighton Abrams）开始逐步减少越南的特种作战行动。1973年2月22日，所有特种作战行动停止。

北部湾事件

1964年8月2日，美国驱逐舰"马克多斯"号报告称，在国际水域遭到至少三艘北方的苏式鱼雷艇袭击。两天之后，"马克多斯"号再次报告遭到袭击，虽然侦察机并没有看到鱼雷艇。

如果说约翰逊在寻找一个借口以更深地介入越南问题，这一事件提供了良好时机。国会通过了北部湾决议，批准总统扩大美国在越南的军事介入。截至1964年底，美国在越南的兵力上升至2400人。

"哎哟"战略

1965年2月7日，北方军事人员袭击

---

[1] 越南的一个县，属于越南北中部承天顺化省管辖。

左图：1967年11月中旬，第503步兵团D连与第173空降旅一起在奉歌西北30英里处执行搜索和侦察任务。由于受到狙击射击的压制，D连要求武装直升机的支援。

了波来古[1]空军基地附近的美军设施。约翰逊总统称其为有意挑起的敌对行动，随后下令针对北方选定的目标开展报复性袭击。洞海[2]是美国选定的目标之一，那是一个位于非军事区以北不远距离处的港口城市。北方的反应是加剧了针对美国基地和士兵的恐怖主义和暗中破坏活动。

1965年，约翰逊总统主要面临两个问题——越南战争和伟大社会计划（Great Society）。两者都需要约翰逊做出决定。他没有意识到的是，如果战争失败了，他的伟大社会计划也将失败。

约翰逊不希望美国在越南战争中失败，因为他和国防部长麦克纳马拉以及"优等生"们一起设计了这个"哎哟"战略。基于该战略计划，总统在1965年3月2日批准了"滚雷"行动，即一场持续轰炸战役，其战略理论认为持续而渐进地轰炸北方将最终迫使胡志明发出"哎哟"的声音，进而终结北方政府对游击队的支持，从而保全南方政府。然而，该战略的成功与否取决于约翰逊总统轰炸北方的意愿程度。

总统强调了他的决心，并发表演讲称："我们不会被打败。我们也不会陷入疲倦。我们不会撤退，也不会公开或秘密达成无意义的协议……我们将随时做好无条件谈判的准备……"随着时间的流逝，"无意义"一词最恰当地描述了美国这场最漫长的战争。

---

[1] 越南中部城镇，是嘉莱-昆嵩省首府。

[2] 越南中北沿海地区广平省省会。

上图：德浪河谷战役（1965年10月19日）开始前四天，刚抵达越南的第1骑兵师（空运）的第5骑兵团1营A连快速穿过一片稻田，搜索越共人员。

麦克纳马拉试图加速"哎哟"战略，他向越南派去了更多的地面部队。1965年3月8日，第9海军陆战师远征旅（越南的第一支美国作战部队）在广南省[1]北部的达朗登陆。那里在3个月里没有发生重大战役，但每周都有更多的地面部队到来，每天落入对方阵地的炮弹也越来越多。

1965年6月28日，第173空降旅加入第503步兵旅，两支部队首次联合发起大规模进攻行动。战斗在西贡市东北方向20英里的地方打响。5万人的部队参与了这次战役，证明了美国军事介入程度的快速升级。

哈利·W.O.金纳德少将（Major General Harry W.O. Kinnard）的第1骑兵师在夏季登陆，并在西贡和非军事区中点处的安溪建立了指挥部。由于那里是一片平坦的高地基地，士兵们戏称安溪为"高尔夫球场"。金纳德已经训练该部队乘坐直升机前往战场，与更早期的骑兵部队骑马奔赴战场相似。10月和11月期间，金纳德将该师调到了波来古西部，阻止人民军将南方一分为二。在德浪河谷战役[2]中，第1骑兵师击退了北方部队，证明了空运机动性的效率。金纳德损失了305名士兵，而人民军则死亡3561人。美国军事援助越南司令部长官威廉·C. 威斯特摩兰将军（General William C. Westmoreland）高度赞赏了12比1的伤亡

---

[1] 越南中南沿海地区的一个省，北与承天顺化省相邻，南接广义省、昆嵩省，西临老挝，东临北部湾。

[2] 越南战争中第一次大战役。美军2个空骑营和1个炮兵营及空军，与人民军2个团交战，双方都宣称己方是胜利者。

比，确定了他作战的方式是一种成功的"消耗战"。德浪河谷战役也成为威斯特摩兰将军在越南作战的"最后彩排"。

将领们知道德浪河谷战役胜利的原因：第1骑兵师是一个由正规军构成的精英师。约翰逊和麦克纳马拉自欺欺人地相信任何一个美国师都有同样的表现。金纳德花了两年时间训练他的部队，他们彼此非常了解，他们都知道如何战斗。而其他部队的士兵在征召入伍后不久就开始进入越南。他们彼此之间并不了解，甚至对进入越南作战心存怨恨，有些人都没有在战斗中开过一枪。他们不愿遵守纪律，经常酗酒和吸毒，有少量士兵憎恨指挥官，甚至想在战斗中杀害他们。记者和宣传人员不断批评这场战争，虽然士兵数量还在源源不断增加，但送往越南的美国士兵质量每况愈下。

约翰逊的一个军事独特性就是他不愿调动后备军或国民警卫队。两个组织都可以提供拥有武器使用经验的士兵。在战争的大部分时间里，约翰逊一直没有对陆军开放这些丰富的老兵资源，反而是依靠应征入伍的对越南作战毫无准备的新兵。

扩大的战争

如果约翰逊总统懂得平衡理论，他一定会知道，一支实力相当或略大规模的部队会对抗他们遇到的任何部队。因此，"哎呦"因素对交战双方都起作用。

1966年的行动有一个良好的开端。1月，第173空降旅在掠夺者行动中消灭了北方的一个营，并端掉了另一个营的指挥部。2月，第101空降师，外加南越第2海军陆战旅和南越第4团，针对富安省[1]的

上图：第1骑兵师的另一个连沿着一条山涧成扇形散开，寻找北方部队在该区域留下的痕迹。

[1] 越南中南沿海地区的一个省，北与平定省相邻，南接得乐省、庆和省，西临嘉莱省，东临中国南海。

战争中的直升机

越南战争中直升机使用的形式超过了以往任何战争。虽然早在1950年直升机就在朝鲜半岛战争中出现了，但它们无法与越南战争中引入的高度专业化的型号相比。越战中，没有直升机，作战行动几乎无法展开。

1961年，也就是美国直接参与越战的4年前，两个中队的皮亚塞茨基CH-21"肖尼"直升机搭乘航空母舰抵达越南，12天之后，这些直升机空运的1000名伞兵发起了越南战争中的第一次直升机进攻行动。更大的直升机投入使用后，陆军将"肖尼"直升机用于疏散伤员，为偏远的军营投放补给，以及快速运输和部署部队。到1964年底时，美国在越南的直升机超过了250架。

波音公司的CH-47"奇努克"直升机和贝尔UH-1H"休伊"直升机成为陆军的多用途工具，它们带来了空中机动部队，从而避免了公路和铁路运输中遭到伏击。金纳德将军在安溪共动用了434架直升机。他将这些直升机分成一个进攻直升机营、一个进攻支援直升机营、一个航空火箭炮营以及一个空中侦察队。陆军将装备装甲板的"奇努克"直升机用于运输士兵、医疗救助、火炮部署、空中救援以及补给投放。"休伊"可能

下图：1967年5月27日，第229突击直升机营B连的一架UH-1D在给第7骑兵师1营A连投放完物资后起飞离开。

是所有直升机中功能最多的型号了,它能运载部队,提供武装直升机护航,可发射2.75英寸折叠翼航空火箭和7.62毫米前向射击机关枪子弹。"休伊"还可完成指挥和控制、医疗救助、侦察、无线电转播、基地安保,以及部队指挥官需要的其他所有任务。一些"休伊"直升机专门用于运输部队,它们的机体外不安装武器,仅在机舱门上安装两挺M60机关枪。

贝尔AH-1"眼镜蛇"安装7.62毫米速射机枪、40毫米榴弹发射器、20毫米加农炮、反坦克导弹,以及后来出现的各种火箭。该直升机逐渐取代了速度慢、火力不足的武装直升机,如UH-1B和ACH-47A。第1空运骑兵师最喜爱的武装直升机通常会造成巨大的噪声。

直升机出动架次(一个架次一架飞机)	
总计	36125000次
进攻架次	3932000次
突击运兵架次	7547000次
运货架次	3548000次
侦察、搜索和营救	21098000次

美国在北方损失了10架直升机,在南方损失了2066架。陆军共计564名飞行员阵亡,机组人员死亡人数大约是其两倍。没有任何一支部队的伤亡比超过陆军直升机飞行员的伤亡比,但飞行员驾驶的紧急医疗救助直升机空运了90万名伤员。

---

[1] 越南中部工商业城镇。

上图:1968年10月13日,广治[1]附近,第5骑兵师2营A连的士兵准备从第227突击直升机营B连一架悬停的UH-1D上跳下。

下图:1967年5月28日,第9骑兵师1营B连的UH-1D"休伊"直升机接到士兵后起飞离开。

上图：1966年2月27日，"哈里森"行动期间，第101空降师第1旅第502步兵团（空降）2营的伞兵在降落区域集合，当时他们搭乘UH-1D直升机实施了一次空袭行动。

[1] 越南北部的沿海城市，第三大城市，北靠广宁省，西靠海洋省，南靠太平省，东靠北部湾及海南岛，拥有越南北方最大的港口。

北方部队开展了一次彻底的搜索－消灭行动。这些任务的早期成功引发了更多部队参与进来，有时到达2万人的规模。

游击队在南方遭到持续的攻击，胡志明派去了人民军增援部队，利用渗透路线穿过老挝和柬埔寨，因此让两国都卷入了战争。6月和7月，约翰逊总统批准了战略空中轰炸，主要目标是河内和海防市[1]港口周围的基础设施，但不包括机场、油田、舰船和城内的目标，因为害怕误杀其中的中国或苏联工人，从而进一步扩大战争。到了秋季，美国已经成为越南战争的主角。在一次为期10周的行动（"阿特尔伯勒"）中——从1966年9月14日开始，22000人的美国部队在西贡西北的柬埔寨边境线上与游击队和人民军交战，他们打破了对方计划好的一次进攻行动。截至1966年12月31日，美国的兵力已经增加至38.9万人，比麦克纳马拉在这一年开始时预期的多了大约10万人。随着越来越多的士兵死去，更多的部队也源源不断送来。

搜索－消灭行动贯穿了整个1967年。海军陆战队主要在非军事区沿线以及南方北部省份活动，而陆军部队则负责剩余地方。游击队和人民军试图扩大在南方的战争范围，没有成功，但他们继续推进。威斯特摩兰将军将更多的部队投入战斗，美国人的伤亡也急剧增加。他对兵力的需求达到了未曾预料的程度。12月，第101空降师空运了10024名士兵和超过5300吨装备。这是历史上最大规模的空运行动，369架C-141星座式战斗机和22架C-133"运输霸王"从肯塔基州坎贝尔堡直接飞到南方。

春节攻势

1967年7月6日，北方政治局委员在河内开会讨论战争形势。战争对北方不是那么有利，因为他们的火力和机动性无法与美国人匹敌。会议期间，武元甲将军建议发起一场大规模的主线进攻行动，就像在奠边府打败法国人的那场战役那样。

武元甲的作战计划借鉴的是中国的理论,认为一次普通进攻行动会引起一次起义,期间南方人民将反对西贡政府,并联合起来。武元甲还预测美国继续战争的决心会因为政治和军事问题而瓦解。武元甲的计划非常契合胡志明的战略。

武元甲将进攻时间定在1968年1月30日,也就是农历新年的第一天。为了隐藏作战计划,北方沿着非军事区展开了大量没有目标的迷惑性进攻行动,如围攻溪生[1]以转移西贡和顺化[2]的注意力。包围溪生成功地影响了美国总统。总统在白宫战况室里设立了一套大型的重火力点模型,并要求每天返回战况报告。

虽然在11月,第101空降师的士兵得到了武元甲常规进攻行动的文件资料,但中央情报局认为这些仅仅是宣传信息。弗雷德里克·C.韦安德中将(Lieutenant General Frederick

右图:1966年11月19日,杰罗尼莫行动期间,第101空降师第1旅第327步兵团(空降)1营C连的士兵小心翼翼地穿过一条溪流,当时他们正在搜索越共部队。

---

[1] 越南广治省向化县政府,位于东河市以西63千米。
[2] 越南承天顺化省省会,位于越南中部,北距河内直线距离540千米,南距胡志明市直线距离640千米。

C. Weyand）在西贡附近指挥第2军和南方第3军。他认为自己作战区内军事冲突突然减小与对方无线电信号的增加之间存在某种联系，随后做好了迎接挑战的准备。他还警告威斯特摩兰将军，要求在其14个作战营的基础上再增加13个营。韦安德的调整来得正是时候。

1968年1月30日，超过6万人的游击队和人民军部队打破了春节期间的停战状态，对联合军基地和南越城镇发起了进攻。一些进攻行动在24小时之后才发起，这为陆军指挥官创造了召回南方部队的时间。美国部队立刻进入警戒状态，武元甲在西贡和顺化的先头部队全部损失。进攻行动打击了6个主要城市，44个省会城市中的36个，245个区首府中的64个。除了西贡、顺化和溪生，其他地方的战斗很快停止了。2月25日，海军陆战队重新占领顺化。3月7日，虽然越方部队到达了美国驻西贡的使馆区域，战斗最终还是停息了。3月20日，进攻溪生的人民军在遭受了为期10周的压倒性火力打击后彻底消失了。

尽管新闻报道中完全相反，但"春节"攻势对于北方部队而言是一个军事上的灾难。越共/北越部队超过58000人在此次行动中死亡。虽然武元甲赢得了先机，但他没能进一步扩大优势。大规模的起义没有发生，南方人也没有聚集起来。游击队势力基本上被清除干净了，"春节"攻势之后，后续的战争主要在北方领土上。

武元甲的第三个假设——美国政府将丧失作战的意愿——表现出了积极迹象。春节攻势期间，约翰逊总统不能决定怎么办。2月24日，他下令轰炸河内。6个星期之后，他停止了轰炸，并宣布美国将寻求谈判解决。威斯特摩兰和韦安德等人感到震惊。对北方部队取得了决定性的战术胜利后，约翰逊似乎想给北方部队一个不应得的战略胜利。

下图：第1步兵团1营的一名"黑色围巾"士兵手持一把斧子和弯刀向丛林走去，第1步兵师正在那里作战。

威廉·C.威斯特摩兰（1914—2005年）

威廉·C.威斯特摩兰于1914年3月26日出生在南卡罗来纳州斯巴达斯堡。1931年，他进入要塞军校（The Citadel），第二年，进入西点军校学习。毕业后，威斯特摩兰进入炮兵部队服役，参加了"二战"期间的大型战役，其中在凯塞林隘口首露锋芒，后来以上校的身份跟随第9步兵师在法国和德国作战。

1964年1月，威斯特摩兰到达南越，接替保罗·D.哈金斯将军成为美国对越军事援助部队司令官。他很快就发现南越人缺乏"危机感"。他希望自己在越南的角色是行动者，而不是旁观者。1964年8月，约翰逊将威斯特摩兰提升为四星上将。现在越南完全是威斯特摩兰的战场了，但仍有一定的限制。

威斯特摩兰延续了搜索—消灭战略。最初，这似乎是正确的战术，因为这样可以较好地基于总统的"哎呦"战略开展政治上有限的战争。随着该战略逐渐缩小游击队的活动范围，武元甲将军从人民军调来了部队填补空白区域。

约翰逊、麦克纳马拉的"哎呦"战略——涉及政治、经济、军事和其他战略限制——与威斯特摩兰赢得战争的希望相矛盾。威斯特摩兰的美国驻越南军援司令部要求增强火力和应用其他技术（如致癌的除草剂——橙剂），但另一个和平战略逐渐显现出来，威斯特摩兰的努力遭到牵制。当威斯特摩兰陷入消耗战时，胡志明在北方耐心地制定了计划，目的是磨灭和摧毁美国人继续战争的意愿，同时派遣更多部队进入南方。令威斯特摩兰震惊的是，对方尽管遭受巨大损失也不遗余力地扩大战争，这也让约翰逊总统非常失望。

威斯特摩兰的问题并不都是他自身造成的，而是由于他不幸地负责实施一个有缺陷的战略，而战略的设计者完全不清楚对方的本性。

1968年7月，成功击退北方部队的"春节"攻势后，约翰逊总统召回了威斯特摩兰，并任命他为陆军参谋长。克雷顿·艾布拉姆斯将军——威斯特摩兰以前的副官——执行了总统的一个新命令：光荣地将战争移交给南方人民。

1972年7月，威斯特摩兰在服役36年之后从陆军退役。

下图：威廉·C.威斯特摩兰将军在担任美国驻越南军援司令部长官期间，一直寻求从战略上解决越来越多的问题。在约翰逊总统希望开启和谈以结束战争时，他希望增强作战力量。

上图：虽然越南通常被认为是步兵的战场，但坦克也扮演了重要角色。图中，1968年2月12日，来自第1坦克营A连3排的一辆海军陆战队M48A3巴顿坦克在巷战中支援第5海军陆战团1营作战。

威斯特摩兰将军不愿等着约翰逊把一场本该胜利的战争搞砸。他的第一个目标是仍在南方活动的游击队和人民军部队。这一计划遇到一个障碍：当时一名白宫的职员发现威斯特摩兰和参谋长联席会议主席厄尔·韦弗将军正准备要求增加206000人的部队，他将这一消息透露给了媒体。

《纽约时报》的评论丝毫没提陆军取得的伟大胜利，反而误导民众说，需要更多部队是为了在"春节"攻势的严重军事失败后补充兵力。

北方官员和宣传机构研究了新闻媒体对美国民众意见的影响，进而将其转化为他们的优势。谈及"春节"攻势，军事历史学家S.L.A.马歇尔准将——曾多次前往越南研究战争进程——称新闻媒体"通过错误的估计、不足的勇气以及失败主义的浪潮,将潜在的重大胜利转变成了灾难性的挫败"。

后"春节"攻势

在面对华盛顿优柔寡断的政治考量时,威斯特摩兰将军没有浪费时间,果断发起一场竭尽全力的行动,以给南方的战斗一个最终的定论。1968年4月8日,来自美国的42个营和南方的37个营,总人数超过10万人,对西贡周围11个省的游击队展开进攻,大决胜行动就此拉开。11天之后,第1骑兵师、第101空降师、南方第1师以及其他部队发起另一场进攻——"特拉华"行动,目标是北部省份的基地。

这些进攻行动影响到了河内。5月5日,北方部队针对122座军事设施、机场以及主要城市发起反攻,其中包括西贡。北方的进攻全部失败了,威斯特摩兰预期南方将取得全面胜利。

国防部长麦克纳马拉曾经是扩大战争的提倡者,1967年底,他改变了想法,转向了和平解决派。麦克纳马拉甚至已经开始误导总统和陆军了。他一方面迫切要求增兵以扩大战争,另一方面又在逐步撤兵。后来,麦克纳马拉承认他"误解了战争的本质"。

1968年1月,约翰逊在"春节"攻势前夕任命他信任的一个朋友——克拉克·M.克利福德(Clark M. Clifford)为新任国防部长。1960年,克利福德没有反对军事介入越南。到了1967年11月,他强烈要求约翰逊在越南问题上站稳立场。同月,麦克纳马拉发表一份备忘录,倡议和平谈判,克利福德表示反对。随后,"春节"攻势爆发,威斯特摩兰将军要求增兵206000人后,新闻媒体没有按照事实将此请求公开了。克利福德遇到了一批所谓的"智慧的人",他们反对消息灵通的政府强硬派的建议,并告知约翰逊总统,美国无法实现越战的目标,应该开始和平

下图:一辆48.5吨的"巴顿"M48A3坦克以超过30英里/小时的速度轰隆隆地前进。巨大的坦克装备一门90毫米主火炮,两挺.30口径机关枪,一挺.50口径机关枪,车组人员为5人。每名乘员都有自己专用的进出舱盖。

7 冷战:越南战争(1952—1975年) | 237

下图：M113装甲运兵车的很多变体型号都在越南服役，如充当野外救护站的M577A1装甲救护车，以及第11装甲骑兵团所用的"天使轨道"。天使轨道是美国陆军在越南使用最广泛的装甲车辆。

谈判。约翰逊召回威斯特摩兰，而他在4月份的行动已经消灭南方游击队了。约翰逊命令艾布拉姆斯将军代替威斯特摩兰的位置。

1968年5月10日，约翰逊总统宣布美国和北方开展第一次巴黎和谈，同时宣布，他作为总统不会再寻求其他方式。和谈在夏季突然终止，因为北方发起了第三次进攻。约翰逊重新派遣B-52轰炸机针对非军事区以北和柬埔寨渗透路线展开轰炸行动。北方表示愿意继续和谈时，约翰逊下令停止海陆空轰炸。不久之后，总统

美莱村[1]大屠杀

春节攻势结束之后，紧接着就发生了恶名昭彰的美莱村大屠杀。1968年3月16日，超过200名手无寸铁的越南村民被美军第23师第11步兵旅第20步兵团1营C连的士兵屠杀。第23师是在美国扩增兵力期间由不同的部队临时拼凑起来的，该部队一直因为指挥官塞缪尔·H.科斯特尔少将（Major General Samuel H. Koster）的领导薄弱而饱受诟病。奥兰·K.亨德森上校（Colonel Oran K. Henderson）的第11旅被其他部队称为"屠夫旅"，他们的士兵也被称为"一伙暴徒"。

查理连的欧内斯特·麦地那上尉（Captain Ernest Medina）和他的一个老搭档——排长威廉·L.卡勒里中尉（First Lieutenant William L. Calley）一起指挥了这支暴徒部队。该部队非常擅长空中机动的搜索–消灭任务。3月16日，麦地那计划在当地百姓出发前往集市后到达美莱村。他们希望找到当地的游击队。然而，他们只找到了正在做早饭的妇女、儿童和老人。

不知出于什么原因，卡勒里的部队失去了控制，他们疯狂地向村民开火。从第一轮射击中逃出的人也在被围捕后带到一处壕沟处决。该部队继续在村庄里搜索，朝躲在棚屋里的人开火，杀死了所有看见的人。陆军准尉休·汤普森（Warrant Officer Hugh Thompson）曾驾驶直升机将麦地那的部队送到美莱村，于是看到了地面上正在发生的一切。他将自己的直升机停在卡勒里的部队和逃离的村民之间，才阻止了大屠杀。

一年后，威廉·皮尔斯中将（Lieutenant General William Peers）领导的一个陆军委员会调查了此次事件。委员会无法找到C连行为的具体原因。皮尔斯将军提到，士兵看到自己的战友被狙击手、地雷和诱杀装置杀死后心存愤恨之情，但他对30个人提出了最尖锐的批判，其中大部分是军官和师级指挥官，后者知道这次暴行后却没有阻止。美莱村的一个小型博物馆宣称那一天共有504个村民被杀。新闻媒体和好莱坞对此次事件给予了大量关注，这种不当行为在整个战争中还是非常少见的。

军事法庭最终对14个人撤诉或宣告无罪释放，但卡勒里中尉除外，最终被判处终身监禁。1974年，理查德·M.尼克松释放了卡勒里。

上图：1966年1月23日，冯布伦行动期间，第101伞降师第1旅第327步兵团2营B连的丹尼尔·希尔中尉放火烧毁了一处棚屋。这种行为导致美国军队彻底脱离了农村人民。

---

[1] 位于越南广义省的一个村子。

明白这些中断只不过是北方人民军拖延时间为下一次进攻做准备罢了。

艾布拉姆斯将军非常清楚北方的战略,以及他的前任的错误。他停止了威斯特摩兰的搜索－消灭战术,不再依据死亡人数统计来判断对方的消耗。他更加注重人民的安全和和平,统一部署战斗行动,为南方部队升级武器,提供更全面的训练。他还发现对方在没有储备好第一批弹药和物资的情况下不会发起进攻,因为他们不具备持续后勤保障的运输能力。艾布拉姆斯派遣小股巡逻部队深入对方阵地,预先发起攻击,摧毁对方的后勤物流线。对方的补给运输通常由游击队员负责,隐

下图:冬季季风期间,第1骑兵团1营A连的一辆新型的M48A3"巴顿"坦克(这样命名是由于G305炮塔的圆顶视野窗)陷入泥潭之中。

藏在分散的小村庄之中。

艾布拉姆斯针对北方渗透路线的行动，最终在非军事区附近的广治省[1]引发了"汉堡包高地"战役。1969年5月11日，盘踞在平坦的937高地上的人民军阻击了美军第187步兵团3营的进攻。为期3天的进攻没有取得成功，美军部队要求增援。第101空降师派来两个旅，外加来自南越第3师的一个营。5月18日，两个营进攻占领了山顶，但又因为暴雨而撤退了。最终在5月20日，经过10次尝试之后，4个营发起的进攻将人民军从高地上赶下来，对方逃到了老挝，留下的尸体堆叠起来像一个个汉堡包。人民军从高地上逃走后，美国部队也离开了这里。几天之后，北方部队又畅通无阻地回到了高地。虽然这次战役中仅有56名美国士兵和5个南方士兵死亡，而对方死亡了630人，新闻媒体依然称这似乎是毫无意义的战斗，士兵们奋战至死仅赢得了战术胜利，而没有取得战略上的胜利。

国会看到了241位美国士兵在"汉堡包高地"战役中死亡的照片。虽然大部分是其他地方的伤亡，新闻媒体却向公众宣称全部是在"汉堡包高地"中死亡的。1987年，公众看到了一场被修饰的战争，当时派拉蒙电影公司发布了一部大片《血肉战场》。

左图：在沼泽地和丛林中巡逻，成为步兵最警惕也是最考验忍耐力的任务，因为对方总是隐藏得很深，并且善于抓住士兵警惕性放松的任何机会。

下图：越南战争早期，陆军的标准装备M16 5.56毫米突击步枪由于回合停顿而故障频发。20世纪60年代末期，陆军引进了M16A1，这种改进型号克服了早期的问题，事实证明，它也是一款适合丛林作战的优秀武器。

---

[1] 越南中北沿海地区省份，北与广平省相邻，南接承天顺化省，西临老挝，东临北部湾。

上图：一门105毫米榴弹炮在支援基地中发射。

下图：机关枪小队在一次战斗中清除了障碍。

1969年4月30日，美国在越南的部队数量达到巅峰：543482人。反战记者再次发出喧嚣声。6月8日，24岁的莎伦·A.莱恩中尉（First Lieutenant Sharon A. Lane）——陆军护士后备队的一员——成为越南战争中唯一一位被射杀的美国女性。负面宣传、和平主义者以及"汉堡包高地"战役最终导致南方的战争开始受限，美军开始撤离，战争越南化开始。

结束即开始

1969年1月20日，理查德·M.尼克松成为美国第37任总统。他与越南的联系可以追溯到1953年，当时他作为艾森豪威尔政府的副总统访问了法属中南半岛[1]，亲眼看到了共产主义的扩散。1954年4月，他提议向奠边府的越南独立同盟会（Viet Minh）阵地投放三颗战术原子弹。艾森豪威尔没有批准这一提议。尼克松随后敦促总统派送更多技术人员和物资补给。艾森豪威尔再次拒绝了该要求。1968年，尼克松这次作为共和党的总统候选人再次出现。由于在越南问题上没有任何收获，他将竞选重点集中在谴责约翰逊的国内政策上，当时美国国内处于一片混乱之中。新闻媒体紧抓越南问题不放，于是尼克松宣

[1] 18—19世纪法国在东南亚中南半岛东部的一块殖民地，范围大致包括今越南、老挝、柬埔寨三国。

称他有一套终结战争的"秘密计划",虽然后来他承认什么计划都没有。

就任总统之后,尼克松宣布,结束越南战争将是他首要处理的事务。他认为如果按照约翰逊总统那样继续侵略战争,胡志明最终将实现统一整个越南的目标。在和平谈判期间,他暂停了对北方的轰炸。1969年5月14日,尼克松宣布从南方撤军的计划。这则公告演化成了所谓的"尼克松主义",即除了"涉及核武器的大国威胁",把亚洲问题交还给亚洲国家。大多数观察者认为该声明意味着尼克松打算放弃南方了。

北方没有同意和平谈判,相反,他们发起了夏季攻势。尼克松的回应是重新开始轰炸北方以及老挝境内的胡志明小道。截至1969年底,尼克松退回到约翰逊式的局部战争,但他将驻越美军减少了5万人,并将守卫西贡的职责交给了南方部队。尼克松否认任何放弃南方的说法,但实际已经开始放弃了。

1970年,约翰逊总统的战争变成了尼克松总统的战争。在美国撤军的背景下,北方似乎不愿进行和平谈判,尼克松再次加强了对北方的轰炸,并将战争扩大至老挝和柬埔寨。然而,随着战争越南化进程的深入,15万名美国士兵返回了美国。

1973年1月15日,作为对国务卿亨利·A.基辛格在1972年10月26日宣布"和平在即"的回应,尼克松总统宣布停止所

美国在越战中的兵力和战斗死亡数

年份(年底)	参战人数	战斗死亡人数
1965	154000	1636
1966	389000	4771
1967	480000	9699
1968	536040	14437
1969	484326	6727
1970	335794	7171
1971	158119	942
1972	24200	531

最大部署兵力:陆军

部署	440691
死亡/受伤致死	30644
受伤	76811
战俘/失踪	2904
战斗伤亡总计	130359
非战斗死亡	7173

有进攻性军事行动,包括空中袭击、轰炸和地面行动。8天之后签订的停战协议要求释放所有美国战俘,美国撤走剩下的所有部队,并建立一支国际部队以监督停战的执行。

艾布拉姆斯的遗产

在陆军所有的将领中,克莱顿·"亚伯"·艾布拉姆斯将军(General Creighton "Abe" Abrams)在越南度

上图：安装在卡车上的M55炮塔。该炮塔安装在M35和M54系列卡车上，由于没有空中威胁，它们在地面上打击目标非常有效。

对页图：理查德·M.尼克松（左）和国务卿亨利·A.基辛格成为越南撤军的总规划师。尼克松在1973年1月20日就职典礼上正式宣布从越南撤军。

过的时间最长，他在1967年到达越南，1968年7月3日取代威斯特摩兰将军成为美国驻南方军援司令部长官。他的战略和战术理论基于持续的昼夜小型清除－控制行动，取消了威斯特摩兰将军的临时性大规模搜索－消灭战术。艾布拉姆斯的战略更注重对方基地力量和对人民的控制，他坚信"只有双方达到同一种战争状态"，战争的结局才能确定。而越南战争完全不是这样，前后矛盾的政治议程严重影响战略和结局。与威斯特摩兰一样，艾布拉姆斯

也反对军事和政治限制，但他找到了未来战争继续的关键。一名外交家观察到艾布拉姆斯真正的天才之处后指出，这位将军"值得一场更好的战争"。

1972年1月，艾布拉姆斯离开越南，出任陆军参谋长。他再也不想看到另一场越南战争了：武装部队的腐败人员相互串通，掠夺军资供应处、弹药库和军中福利商店；毒品买卖泛滥，红灯区、贫民窟到处都是，性病死亡率达到70%。艾布拉姆斯目睹了这一切，当他成为参谋长后，下定决心改革陆军所有部门，重点是美国士兵的福利和安全。

艾布拉姆斯在1974年去世，但他在越南战争中留下了一大笔财富。1982—1985年间的参谋长联席会议主席约翰·W.维西将军（General John W. Vessey）称赞他："当美国人看到我们的陆军部队在'沙漠风暴'行动中取得令人振奋的成功时，他们应该看到艾布拉姆斯的影子。现代化装备，有效的空中支援，以及后备部队的调遣，最重要的是，先进的训练教会我们的士兵如何在战场上生存，这一切都是艾布拉姆斯留下的遗产。"

如果艾布拉姆斯活到1975年的话，我们可能会听到他关于1975年4月30日，西贡落入北方部队手中有趣的评论。"常风"行动期间——直升机疏散少量仍在西贡的美国人——最后两名美国士兵死亡，

战俘

1973年2月和3月,565个美国士兵和26个平民从北方监狱中释放。当时,共有40000名共产党俘虏关押在南方。大约70名美国俘虏在战俘营中死亡:2人被谋杀,3人死于虐待,3人死于不合规的医疗护理。此时,共有2500人在战斗中失踪。

1964年3月26日,陆军特战部队的弗洛伊德·詹姆斯·汤普森(Floyd James Thompson)驾驶的轻型侦察机被击落,他成为战争中存活最久的战俘。

美国战俘被关押在11个北方监狱中,4个在河内,6个在河内城外,1个在中国边境附近。战俘们团结在一起,齐心协力做好被俘记录,而这些记录对他们自己产生了良好影响,也对美国军事和整个国家带来了良好影响。战俘集中营当局想尽一切办法榨取情报,包括酷刑、隔离和精神虐待。战俘们被锁在枷锁之中,食物供应不足,并在不同的集中营之间来回折腾。1969年,胡志明去世后,尼克松开始从越南撤军。酷刑拷问停止了,集中营条件也有所改善。在所有战俘中仅有一人叛变——海军陆战队的列兵罗伯特·R.加伍德(Private Robert R. Garwood)。他在1979年

下图:约翰逊总统从来没有轰炸过河内,因此希尔顿酒店在战争中毫发无损。

返回美国后接受了军事法庭的审判。

1973年3月29日,尼克松总统宣布:"所有美国俘虏都在回家的路上了。"当时有人质疑为何回家的俘虏如此之少。相反,失踪人数与战俘的比例达到2500:70,而大多数美国人对这一比例没有任何概念。列兵加伍德返回美国后,质疑声进一步扩大,因为他承认至少还有70个美国士兵仍然被俘。1987年,退役的约翰·维西将军前往越南解决战斗人员失踪问题,但越南人不愿提供他们先前否认拥有的任何信息。战俘和失踪问题仍然没有解决,超过2000名美国士兵仍然被列为战斗中失踪人员。

上图:国务卿麦尔文·R.莱尔德参观了北卡罗来纳州布拉格堡的第82空降师,并为参与1970年11月20日至21日轰炸山西县[1]战俘集中营(左图)的士兵和飞行员授勋。

[1] 越南广义省的一个县。

8

旧敌人和新敌人
(1975—2005年)

1945年10月24日,《联合国宪章》经过29个国家批准后,联合国诞生,正式取代国际联盟,后者于1946年4月18日宣布解散。联合国随后建立了12个理事国构成的安全理事会,其中,中国、法国、英国、苏联和美国成为常任理事国。联合国的主要职责包括国际维和和裁军,主要依靠谈判协商、外交手段,以及成员国集体的军事力量。联合国在裁军方面的有效性随着时间而变化,先后包括禁止核试验条约;限制战略武器协议,如核武器、反弹道导弹、生物武器和化学武器;美国和苏联之间的限制战略武器谈判。联合国为期40年的缺乏创见的谈判没能阻止冷战、朝鲜战争、越南战争,甚至一百多次局部战争。相关国家和人民都认为他们拥有政治、地缘、宗教或种族的理由发动叛乱或战争。联合国没有一支可靠的维和部队,主要依靠五个常任理事国的兵力和武器。随着时间的流逝,中国、法国、英国、美国和苏联之间设法避免战争,他们各自建立了核技术库。同一时期,联合国成为一个臃肿的官僚机构,行政效率日益低下,随着更多的国家加入,贪污腐败也逐渐增多。由于联合国维和力量越来越弱,美国和英国越来越多地介入侵略行动和打击国际恐怖主义行动。国防和维和的手段严重依赖国家领导人的决策。

吉米·卡特和国防建设

在佐治亚州州长上任接手国际维和任务的吉米·卡特——也是安纳波利斯海军学院毕业生,曾一度担任海军的核工程师——于1977年1月20日成为美国第39任总统。卡特坚信世界和平和联合国公约。由于远离越南战争和尼克松政府的诡计,卡特入住白宫时带来了一股清新之气。他试图改善国际关系,控制核武器的扩散。1979年6月18日,卡特签署了SALT II协议(第二阶段限制战略武器谈判),但他错误地开始削减国防开支。他终止了B-1轰炸机项目,因为他相信巡航导弹成本更低。他还限制了海军的造船计划,推迟新技术的应用。他削减了中子弹的数量,只允许生产某些部件。他推迟了战术飞机和MX导弹的采购,削减了现役部队的开支,包括武器和维护支出。公众非常赞成减少军费。国内急剧的通货膨胀,再加上越南战争失败的影响,美国国防的主动性后退到大约5年前的水平。

主政6周之后,卡特遇到与陆军的第一次争论。1977年3月9日,他宣布将撤离驻朝鲜半岛南部的所有美国地面部队(大约32000人)和战术导弹。这一命令引起约翰·K.辛洛布少将(Major General John K. Singlaub)的反对,他批判了这个计划,因为苏联的军事活动越来越活跃。卡特将辛洛布调离半岛,并开始了撤军。1979年12月,苏联入侵阿富汗,卡特随即取消了该计划。

卡特对未来和平持乐观态度,但被中东地区的动乱以及自身错误的计算打消。撤

下图:1945年6月26日在旧金山成立的联合国,在当时看来是一个结束战争的明智的想法。5年之后,朝鲜战争爆发,随后又爆发了其他战争。美国依然是联合国军事力量的核心。图中,朝鲜半岛战争期间,一些美国士兵看着炮弹在阵地上爆炸。

右图：M113装甲运兵车在20世纪60年代逐渐发展完善，从最初的汽油驱动演变成柴油动力。20世纪70年代，M113A2采用了改进的悬挂装置和冷却系统。20世纪80年代，再次升级的M113系列在"冷战"期间继续扮演关键角色。

右图：一对RH-53D直升机停在"尼米兹"号航空母舰的甲板上，等待参与"沙漠一号"人质救援行动，但此次任务最终失败了。

销对伊朗国王的支持后，他开启了霍梅尼（Ayatollah Ruhollah Khomeini）——充满怨恨的流亡的伊朗什叶派元老人物——的回归之门。1979年1月16日，伊朗国王离开伊朗，霍梅尼返回伊朗并建立了伊斯兰共和国。随后伊朗国内各省爆发了叛乱和内乱，动荡逐渐蔓延到阿塞拜疆（Azerbaijan）和库尔德斯坦（Kurdistan）[1]。1979年11月3日，伊朗激进分子闯入德黑兰的美国使馆区，劫持了90名人质，其中66个是美国人。12月2日，另一伙暴徒冲进利比亚的黎波里的使馆区，但没有劫持人质。联合国谈判代表没能从伊朗救出人质。卡特的努力也失败了。没有人意识到1979年的人质劫持事件是伊斯兰恐怖主义扩大的标志。26年之后，穆罕默德·艾哈迈迪-内贾德（Mahmoud Ahmadinejad）成为伊朗总统，以前的一些大使馆人员意识到他就是人质劫持事件的领导者。

卡特认识到世界危险的实质后，1980年3月1日，为了总统竞选，他同意组建快速反应部队，兵力为10万人（后来增加到20万人），主要来自被削减的陆军和海军陆战队士兵。他们的任务是在全球范围内发生危机时，在海军和空军支援下快速响应和部署。由于新闻媒体每天报道伊朗的人质危机，各种杂志刊登相关照片，卡特认为他有了快速部署的最佳试验场地，因此他批准了蓝光行动，即著名的"沙漠一号"（Desert One）行动。

"沙漠一号"行动

1980年4月24日，陆军上校查尔斯·贝克维斯（Colonel Charles Beckwith）组织了一次危险的任务，即营救仍被劫持在德黑兰的53名人质。这次复杂的行动要求美国空军提供6架C-130运输机。它们从埃及起飞，与从"尼米兹"号航空母舰上起飞的8架RH-53D直升机在距离德黑兰200英里的沙漠中会合。卡

[1] 库尔德人聚居或以其为主要居民的地区。库尔德斯坦在西亚北部，包括土耳其东南部、伊拉克北部和伊朗西部若干地区，以及叙利亚和亚美尼亚的一小部分。面积约40万平方千米，库尔德人数共3000余万，分布在土耳其、伊朗、伊拉克和叙利亚等国。库尔德人一直希望在库尔德斯坦地区建国，但受到四国政府的镇压。

特总统没有很好地评估他的军事设备。由于机械故障,两架直升机被迫返航,第三架直升机着陆后发生故障。

贝克维斯实施这次营救最少需要6架直升机,但他现在只有5架,因此取消了这次行动。从沙漠撤离时,一架直升机在地面上与满载燃料的C-130相撞,5名机组人员和3名海军陆战队员死亡。官方调查组严厉批评了此次任务的计划和指挥部署人员。一些人称这是吉米·卡特运气不佳。人质危机已经严重损害了美国的国际地位,卡特政府领导下的美国似乎疲软无力,优柔寡断。"沙漠一号"行动的溃败仅仅加剧了国际舆论的批评。

罗纳德·里根掌权

1981年1月20日,前加利福尼亚州州长、好莱坞演员罗纳德·里根成为美国第40任总统。他承诺撤销吉米·卡特一切错误的决定,这一点就足以保证他当选美国总统了。虽然卡特在其任期的最后时间采取了提高美国军事能力的措施,但仅有良好的意愿不足以让公众相信他有能力解决美国的问题。里根承诺重新武装美国,并且勇于挑战"邪恶帝国"——他在谈及苏联时最喜欢使用的一个词语。

里根面临多年来被疏忽的大量工作。他明白建立一个有能力的军事顾问组织的重要性,因此,他以国防部长卡斯帕·温伯格(Caspar Weinberger),陆军部长约翰·O.马什(John O. Marsh,一位步兵老兵),参谋长联席会议主席小约翰·W.维西将军(General John W. Vessey, Jr.,越战期间的步兵师指挥官),以及陆军参谋长爱德华·C.梅耶将军(General Edward C. Meyer,重建特种部队的倡导者)为核心建立了一个军

上图:图中展示的M60主战坦克,是从M26"潘兴"中型坦克发展而来的。M26"潘兴"中型坦克在"二战"末期首次在欧洲战场投入战斗。M26进一步演变成了M46"巴顿"坦克,随后还出现了M47和M48,在"冷战"后期还出现了M60。M60在"沙漠风暴"行动期间仍在服役。截至1997年,M60的建造数量超过15000辆。

上图与右图：吉米·卡特总统营救德黑兰被劫持人质的行动，标志着20世纪美国军事力量处于低谷。此次行动代号为"沙漠一号"，最终以失败告终。C-130运输机（上）的残骸在伊朗的沙漠里被拆解，沙漠上还有一架RH-53D直升机被烧毁的残骸（右）。

机计划，并且允许向媒体泄露一些敏感信息以为下一次总统选举赚取政治筹码。里根在20世纪80年代正式实施该计划。里根宣布将装备部署在加固发射井中的MX型洲际弹道导弹（ICBM），加快装备"三叉戟"导弹的潜艇的建造，并加速研制和生产性能更佳的"潘兴"战术弹道导弹和"战斧"巡航导弹。

在1983年3月23日的一次演讲中，里根宣布美国将开展在外太空部署反弹道导弹防御系统的可行性，这让整个国会大为震惊。批评者讽刺该"星球大战演讲"是痴心妄想，但支持者大为称赞这个概念。该项目以一套天基反洲际弹道导弹激光或能量束防御系统为核心，被称为"战略防御计划"，但它遭到了国会的强烈反对。该计划给苏联制造了巨大的恐慌，因为它践踏了现存的反弹道导弹协议，而这正是里根想做的。

事顾问小组。

里根在第一个任期开始时就强调了武器采购。他撤销了卡特推迟生产中子弹的决定。1981年8月10日，他批准全力生产增强辐射武器。他希望在兰斯导弹上安装核装置，或者将其当作8英寸火炮炮弹使用。当年10月2日，他又取消了卡特停止生产B-1轰炸机的决定，并下令重新开始生产以替换老化的B-52。卡特在其任期的最后几个月中批准了一项"秘密"轰炸

里根还强调增加被通货膨胀严重削减的常备军的薪水和福利。太多各个级别的优秀但心存不满的专业人员要么早早地退役了，要么辞职进入社会从事赚钱的工作。1980年试图解救德黑兰人质的行动证明了陆军计划和成功执行多元行动的能力不足。1983年，苏联和古巴试图在狭小的加勒比海小岛格林纳达建立基地，小约翰·A.威科姆将军（General John A. Wickham, Jr.）——第31任陆军参谋长

利用了这次机会军事介入,以研究陆军真正的作战水平。

专业化重建

"紧急狂暴"行动的重要性在于推动军事注意力重新聚焦于指挥和通信问题。里根建立了"思想家"和"改革者"人才库,专门研究如何备战和改进防御对策。所谓的"军事改革运动"在西点军校举行,最终的结论是陆军基于"消耗战"的理论必须彻底更换为"机动战"。陆军参谋长威科姆将军对此建议书做出了回应,随后开始修订陆军条例,重点强调机动性、纵深防御、进攻战概念,以及利用更大射程进行的远程打击。由于每个新的项目都需要一个名字,陆军称之为"空降作战"。国会对此项目表示支持,因为其中反映了他们的理念。

里根接受了威科姆将军的建议,20世纪80年代中期,他下令将4个正规师重建为轻型师。这些部队分别是第6、第7和第25轻步兵师,以及第10山地(轻步兵)师。此外还有一些仅10500人的小型师。与传统的步兵师相比,他们装备更轻,因而机动性有显著提高,同时他们的出动部署也比两个常备空降师(第82和第101空降师)少得多。

在里根的第二个任期中,国会通过了全面的国防法案,即《戈德华特—尼科尔斯国防部改组法》(*Goldwater-Nichols Defense Reorganization Act*)。该法案支持里根总统的大部分理念。参谋长联席会议主席成为总统和国防部长两人的资深军事顾问,新设立的参谋长联席会议副主席成为军队系统内排名第二的官员。除了主席

上图:1985年9月,罗纳德·里根总统在安德鲁斯空军基地出席了约翰·W.维西将军的退役仪式。

"紧急狂暴"行动——格林纳达

1979年3月13日，莫里斯·毕晓普（Maurice Bishop）夺取了前英国殖民地格林纳达的政权，建立起一个社会主义国家。他寻求与古巴和苏联建立关系，不久之后，苏联的建筑工人和设计师便开始设计一个适合军用飞机着陆的新机场。1983年10月，毕晓普对古巴的傲慢态度产生不满情绪，并开始考虑转向美国。副总理伯纳德·科尔德（Bernard Coard）发动政变夺取政权，在10月19日，指派刺客谋杀了毕晓普。

加勒比海国家请求援助后，里根总统下令美国部队入侵格林纳达，旨在消灭将该岛变成军事基地的一个古巴部队，并疏散600名圣乔治大学医学院[1]的学生，稳定岛内形势。

海军中将约瑟夫·梅特卡夫（Vice Admiral Joseph Metcalf）接到任务后迅速召集了一支6000人的部队，其中包括海军陆战队员、陆军特种兵，以及来自第82空降师的士兵。梅特卡夫从美国军舰"关岛"号上发起了"紧急狂暴"行动，该船是几艘携带直升机突击部队舰船中的一艘。10月25日早上5点，海军陆战队员在岛屿北侧的皮尔斯机场登陆，迅速摧毁古巴的火炮阵地后占领了该机场。与此同时，陆军特种兵从海拔500英尺高空的C-130"大力神"运输机上跳下，但他们在萨利纳斯机场遭到了更为激烈的抵抗。第三支3000人的部队随后乘坐两栖舰船上岸。

这次行动的最终结果没有任何悬念（格林纳达部队仅1000人，外加大约600名古巴士兵），但美军的指挥协调性证明，自越战以来军种间通信协调能力已经严重退化。军事行动没有基于"联合"政策的基础，不同部队之间的协作问题

上图：1983年10月25日，美国陆军特种兵聚集起来，从萨利纳斯机场出发向外巡逻。

下图：1983年10月25日，第82空降师的士兵向古巴士兵开火。

---

[1] 圣乔治大学坐落在加勒比海东南部的格林纳达首府圣乔治，成立于1976年，如今已发展成为一个顶级的国际医学教育中心。

左图：1983年10月28日，从格林纳达返回后，陆军参谋长约翰·A.威科姆将军为中尉雷蒙德·A.托马斯（Lieutenant Raymond A. Thomas）、中士迈克尔·H.卡梅伦（Sergeant Michael H. Cameron）和列兵艾伦·S.毕晓普（Private Allan S. Bishop）（从左至右）颁发了战斗步兵勋章。

下图：特种兵在看守一大群古巴俘虏。

全部在格林纳达岛上凸显出来。行动中发生了一些本可避免的误伤友军事故。此外，没有一名指挥官在战斗中做出战术决定。一名士兵讽刺道，他们的小队不得不使用投币式公用电话向美国打电话来寻求海军火力支援。虽然混乱的通信和糟糕的后勤贯穿整个行动，陆军和海军陆战队还是在6个小时内攻下了该岛。

美军在格林纳达损失了18名士兵，外加83人受伤，而对方共计36人死亡，66人受伤，655人被俘。大多数格林纳达士兵直接混入了平民之中。除了苏联人和古巴人，美国部队还在俘房中发现了朝鲜人、东德人、保加利亚人和利比亚人。

和副主席,参谋长联席会议还包括陆军参谋长、海军作战部长、空军参谋长以及海军陆战队司令官。所有成员都有自己的支持人员。主席对国防部长负责,具体包括战略方向和计划、应急计划、军事装备预算、联合作战思想研究,以及各军种联合部队部署的教育和培训。主席还负责国防部长、总统和统一指挥部之间的联络。该法案将参谋长联席会议从军官的学术团体——存在于约翰逊、尼克松、卡特时代——转变成真正的联合服务的总参谋部,同时设立唯一的参谋长。这一转变的智慧在1990年伊拉克入侵科威特之后凸显出来,时至今日仍然有效。

两个任期结束后,里根总统于1989年1月离开白宫,将政权移交给了乔治·H.W.布什。里根总统在任期内重建了军队,并与苏联谈判达成了第一个重要的核武器裁减协议。这是自1972年战略武器限制谈判以来的首次重大武器裁减谈判。将苏联带入军备竞赛后,里根的政策最终导致苏联政府破产,终结了长达40年的"冷战"。

"正义事业"行动——巴拿马

越南战争加剧了国际毒品交易，这给乔治·H.W.布什总统带来了潜在的战争。中央情报局告密者马努埃尔·A.诺列加（Manuel A. Noriega）——前巴拿马国防军情报负责人，在奥马尔·托里霍斯将军（General Omar Torrijos）死后控制了军队。1988年2月，联邦大陪审团在佛罗里达州的迈阿密和坦帕市起诉诺列加走私毒品。巴拿马总统埃里克·A.德尔瓦尔（Eric A. Delvalle）试图逮捕托里霍斯将军时，诺列加取代了他。1989年5月10日投票后，由于反对诺列加的候补者，将军宣布选举无效。布什总统对此非常关注，并向巴拿马运河区增派了兵力。

1989年12月16日，装备AK-47的巴拿马士兵向4名开车前往餐厅的手无寸铁的美国军官开火，一名军官死亡，另一名受伤。12月17日，布什总统批准了"正义事业"行动，国防部长理查德·B.切尼提醒在运河区服役的12000名美国士兵提高警戒。

布什将任务交给了陆军的麦斯威尔·瑟曼将军（General Maxwell Thurman），后者立即动员了22500人的海军陆战队和陆军混合部队。12月20日凌晨1点，第5机械化步兵师的装甲车和武装直升机从运河区的基地出发。与此同时，C-130和C-140从北卡罗来纳州的布拉格堡空运来了第82空降师的第2旅，还从加利福尼亚州的奥德堡运来了第7步兵师。目标是：逮捕诺列加将军，消灭6000人的巴拿马国防军。

瑟曼将巴拿马城及城郊分成了4个战术区域，一小队海军陆战队员负责其中一个区域，陆军负责剩余3个区域，其中包括巴拿马城和整个运河区。

美国部队迅速击退了首都和郊区士兵的抵抗，但在商业区遇到大范围的抢劫。随着美国部队挨门挨户搜索诺列加，对方的狙击手开始活跃起来。12月22日，布什总统悬赏100万美元搜索诺列加，同时派出25人小组帮助搜索。12月24日，巴拿马城的梵蒂冈大使馆承认为诺列加提供了庇护，但拒绝将其交出。1990年1月3日，憔悴的巴拿马独裁者向美军投降，随即被送到佛罗里达州接受审讯。截至当时，美国部队共有23人死亡，220人受伤，其中一些来自友军误伤。

后来，美国、法国和英国否决了联合国安理会对此次入侵的谴责。然而，巴拿马的毒品走私一直没有停止。

对页图：随着导弹技术的进步，防空/反导弹技术也取得重大进步。"沙漠风暴"行动期间，美国陆军防空炮兵部队在中东地区部署了29个"爱国者"导弹发射台，击落了伊拉克的俄制"飞毛腿"导弹。陆军官方的数据称，发射的51发导弹命中了49发。

下图：1989年12月20日，"正义事业"行动期间，第82空降师的士兵空降到巴拿马的机场，很快他们就遭到了攻击。

上图:M110A2型8英寸口径榴弹炮是陆军武器库中精确度最高的野战炮,它能将200磅的炮弹发射到大约17千米远的地方。

布什在1989年进入白宫后,他面临的问题比当年的里根总统更多。他成长的背景与里根有很大不同,他曾在"二战"期间担任过海军飞行员,担任过驻联合国代表,担任过中央情报局局长,担任过众议院议员,还担任了8年里根总统的副总统。他理解军事,这也成为美国军事复兴的重要因素。他也懂得国际政治,帮助苏联总统米哈伊尔·戈尔巴乔夫正式结束了冷战。但布什没有意识到的是,他的第一个军事问题发生在中美洲。

新型陆军

20世纪60年代和70年代以来,形势发生了巨大变化。里根总统已经建立了一支781000人的志愿常备军,包括装甲兵、骑兵、空中侦察兵、机械化步兵、轻步兵、空降兵、特种部队、航空兵,以及炮兵。志愿常备军还有261000人的后备军,主要训练战斗、战斗支援以及常规支援。他们支援所有兵种,除了空中侦察兵、空降步兵、机械化步兵和特种兵。此外,还有285000人在"个人准备预备役"[1]部队服役,他们均有自己的军事专业特长,根据需要应征入伍。

国民警卫队人数超过452000人,所受训练和装备都比以前有了大幅提升。警卫队要求在召集令发出后30至60天之内部署下去。他们充当了陆军战斗部队43%的战

[1] "个人准备预备役"是指那些已经完成现役任务,但仍然要在预备役中服务几年的人员。与经常服现役的国民警卫队和预备役部队不同的是,这种预备役部队很少被要求服现役。

上图：M107型175毫米口径自力推进式火炮使用与M110一样的底盘，它能将174磅的炮弹发射到大约33千米的地方，射程几乎是M110炮弹的两倍。

斗力量和20%的支援力量。与后备部队一样，他们配备最新的武器和装备，并且研究成为直升机飞行员必需的技能。

随着陆军规模和兵力的增长，他们再次获得了公众的支持。教育水平有所改进，预备役军官训练团也重新启动。预备役军官训练团即起草1916年国防法案的发起者。虽然后备军官在二战和朝鲜战争期间充当了陆军作战领导力量的骨干，但20世纪60年代和70年代公众态度的变化破坏了这一项目。里根政府让预备役军官训练团重回了正轨。1986年至1990年，32000名男女士兵进入美国陆军、国民警卫队或陆军后备役部队服役。

到1987年，特种部队已经分散于不同指挥体系之下了。当年4月9日，陆军参谋长马什批准建立一支特种部队。马什将精通技术和战术，擅长执行渗透任务，有能力在国外行动的士兵整合到特种部队。特种作战学校将游骑兵和其他特种小组合成了一个符合新型空地一体化作战概念和原则的综合性战斗概念，从而保证了未来任何紧急情况下战斗和目的的一致性。

空地一体化作战概念和原则

空地一体化作战概念早在1976年就作为基本作战学说提出了。虽然该概念在1982年重新出现，但它直到1986年才真正确定下来，当时陆军领导人意识到陆军需

上图："布莱德雷"步兵战车替代了M113装甲运兵车，除了一门25毫米加农炮，还增加了发射"针刺"防空导弹的能力。"布莱德雷"战车共有3名车组人员，可运输6名全副武装的步兵。

要一套更灵活的理论，不同军种间需要加强整体性。这个概念是由通往战场的路径改变而引起的，现在不再需要从地基视角观察，而是需要空中力量与地面行动协同作战。

空地一体化作战重点强调强大而流畅的军种间协调性："深入"（友军部队前方）、"紧密"（主战场区域）、"后方"（作战部队后方）。"深入"意味着组合空中力量和远程火炮袭击对方部队，从而在敌人进入主战场区域之前损耗他们。"深入"还意味着在对方战线后方部署特种部队，主要任务包括扰乱通信、收集情报、目标定位，以及特殊任务作业。陆军的战术家相信，一支小型部队遵循空地一体化作战理论可以打败一支大部队。

新型武器

里根把钱投入火力和机动性提高方面。新型装甲车辆中最重要的是M1A1"艾布拉姆斯"主战坦克，其名字来自大力提倡机动性的艾布拉姆斯将军。里根总统任期内建造了35个"巨兽"营，此外还计划在20世纪90年代早期再增加一些。M1A1主战坦克采用了1500马力的柴油涡轮发动机、乔巴姆装甲、弹道计算机，以及热成像激光测距仪。坦克安装两挺机关枪和一门高精度120毫米加农炮，后者可以摧毁两英里之外的目标。

M1A1坦克的支援车辆是M2和M3"布莱德雷"作战车辆，它们主要用于在保证速度和安全的前提下将士兵和武器送到战场。"布莱德雷"战车取代了更早期的M113装甲运兵车辆。它安装了一挺机关枪、一门25毫米加农炮，以及双发管式发射器，后者用于发射有线制导导弹。M2和M3都采用双层装甲板，具备两栖作战能力，越野速度可达到41英里/小时。

陆军还研制了更先进的火炮和火箭。装甲化的155毫米M109和203毫米M110自力推进式榴弹炮补充了没有装甲板的拖曳式155毫米M114榴弹炮、155毫米M198榴弹炮，以及105毫米的M101和M192榴弹炮。M270多管火箭发射系统可以命中25

英里之外的目标。每个火箭发射器包含两个弹筒,每个弹筒装载6枚火箭。每个火箭包含644个小炸弹,它们可在半空中释放出来。一次12枚火箭的齐射可以让大约4500平方码(1平方码≈0.836平方米)的区域处于"钢铁之雨"中。陆军还研制了一种战术导弹系统,可以打击100英里之外的目标,如防空炮位、后勤站点、战术桥梁,以及火箭和榴弹炮炮台,其发射的导弹包括950颗棒球大小的小炸弹。

至于空中力量,陆军使用了两种大幅改进的飞机:AH-64B"阿帕奇"武装直升机和UH-60"黑鹰"战斗突袭运输直升机。"阿帕奇"的巡航速度为182节/时(最高可达227节/时)(1节≈1.85米),航程为300英里,负载重量达到9吨。"阿帕奇"安装有一挺M239 30毫米自动链炮,每分钟可发射625发子弹,弹药是16枚"地狱火"反坦克导弹,或者是76枚2.75折叠式尾翼航空火箭,或者是两者的组合。西科斯基UH-60"黑鹰"直升机取代了贝尔UH-1休伊直升机。"黑鹰"的机组人员为3人,可以运输11人的战斗部队以及4吨货物,飞行速度为150节/时。8个座位拆除后,飞机内可装载4个担架。正常情况下,UH-60安装两挺7.62

下图:2004年8月1日,第39旅战斗队的一辆"布莱德雷"M2A3战车和一辆悍马车在伊拉克的塔吉附近巡逻。"布莱德雷"战车车体前部和翼侧装有主动和被动装甲板,炮塔中装有一套复杂的观察系统。

上图：陆军战术导弹系统由地面发射的导弹系统构成，其发射的地对地制导导弹可将人员杀伤性/反装备弹头投掷到对方阵地深处。

右图：一枚"爱国者"导弹呼啸着从发射器中飞出。虽然主要用作防空武器，"爱国者"也曾用于对付伊拉克的"飞毛腿"地对地导弹。

毫米机关枪，它也可以在机体外部安装"小翼"，可携带多达16枚"地狱火"导弹，或者其他武器和设备。

"爱国者"战术防空系统——中型高海拔地对空导弹系统兼具机动性和全天候作战能力。一套"爱国者"系统包括雷达设备、天线杆车辆、动力平台、控制站以及8个远程发射站。火箭长17英尺，携带一枚高爆弹头，导弹速度可达到3马赫。虽然设计定位不是反导弹武器，但"爱国者"仍可以很好地扮演这个角色。陆军继续使用多种导弹，包括中程地对空导弹"霍克"（Hawk）、追热防空导弹"小榭树"（Chaparral），和重量为35磅的单人便携式制导导弹"毒刺"（Stinger）。

陆军主要的肩射武器——M16A2射程可达500米。它可用作轻型高射速的5.56毫米口径全自动步枪，装配20或30发的可拆卸弹匣，射速可达到800发/分。M16A2也可安装三连发爆炸装备。9毫米贝瑞塔手枪取代老旧的柯尔特.45手枪成为陆军标准的手枪。

8 旧敌人和新敌人（1975—2005年） | 265

借助里根时代建立起的统一指挥架构，以及装备现代化武器的新型陆军，乔治·H.W.布什在其担任总统时拥有了世界上最强大的军事力量。

波斯湾的混乱

1980年9月9日，伊拉克入侵伊朗，希望解决长期存在的边界争端问题。1979年上台的萨达姆·侯赛因建立了独裁政体之后做出了这个决定。伊拉克人口超过

右图：车载地对空防空导弹通常采用12管的发射器，它在一个位置发射完后迅速转移到另一个位置，以避免被检测到。

下图："阿帕奇"AH-64直升机在"正义事业"行动中首次登上战斗舞台，它可以发射AGM-114"地狱火"导弹、2.75英寸火箭弹，以及30毫米加农炮炮弹。科索沃战争期间，韦斯利·克拉克将军在阿尔巴尼亚首都地拉那（Tirana）部署了24架"阿帕奇"直升机。

激光制导"地狱火"导弹可从多用途运载车上发射,同时它也是"阿帕奇"直升机的关键武器。"地狱火"导弹在海湾战争中首次投入使用,它可以打击3英里之外的目标。

1800万，从民族上划分，一半是什叶派[1]教徒，四分之一是逊尼派[2]教徒，四分之一是库尔德人[3]，他们各有自己的语言、文化和独立的部落社会。反对西方和以色列的萨达姆发动战争时没有一个盟友。当进攻陷入困境时，萨达姆向西方求助。由于伊朗的阿亚图拉·霍梅尼（Ayatollah Khomeini）在中东地区威胁到美国人的利益，美国在1982年将伊拉克从支持恐怖主义国家名单中剔除，两年后，与伊拉克建立外交关系。美国与伊拉克共享情报信息一直持续到1988年，当时联合国发起的停火调停结束了"两伊"战争。

战争结束后，萨达姆具备了强大的军事力量。他认为自己是命中注定让阿拉伯国家重焕生机的人，并且如果有必要的话可以借助武力。他计划控制阿拉伯地区的石油储备，并将以色列人赶出中东地区。他在战争结束时没有解散上百万人的军队，反而掀起了一场宏大的扩张热潮。他购买的武器包括苏联的"飞毛腿"导弹、T-72坦克和MiG-29战斗机。他还将科学家带到伊拉克研究化学武器、生物武器和核武器。

1990年7月17日，萨达姆开始对阿联酋和科威特发起口头上的进攻，尖锐地指责科威特侵占伊拉克领土，并从跨越两国边境的鲁迈拉油田偷走数十亿吨石油。他还希望控制科威特的两个岛屿——两伊战争期间的租借地，同时提高OPEC石油价格以支付战后重建的巨大支出。除了布什总统，几乎没有国家认真考虑萨达姆的威胁。7月25日，布什派美国驻伊拉克大使阿普里尔·格拉斯皮（April Glaspie）与萨达姆会谈。虽然伊拉克总统承诺不入侵科威特，同时与埃及的会谈也在进行，他还是继续在科威特边境部署入侵部队。8月2日，萨达姆打破了他对格拉斯皮大使的承诺，派遣军队跨过边境，占领了科威特。6天之后，萨达姆宣布科威特成为伊拉克的第19个省。

"沙漠盾牌"行动

萨达姆丝毫没有关注联合国安理会对伊拉克的制裁决议，当时联合国要求伊拉克

上图：海湾战争期间，第1装甲师的M1A1"艾布拉姆斯"坦克跨过沙漠。"艾布拉姆斯"坦克120毫米火炮发射的穿甲弹可以轻松地击穿苏联制造的T-72坦克。

[1] 伊斯兰教的第二大教派。"什叶"，阿拉伯语音译，意为"党人""派别"。什叶派与逊尼派、哈瓦利吉派、穆尔吉埃派并称为早期伊斯兰教的四大政治派别，是伊斯兰教中除逊尼派外人数最多的一个教派。

[2] 伊斯兰教主要教派之一，人数约占全世界穆斯林的85%以上，与什叶派并称为伊斯兰教两大政治、宗教派别。"逊尼"系阿拉伯语音译，原意为"遵奉逊奈者"，亦即"遵循传统者"。

[3] 生活于中东地区的游牧民族，总人口约3000万，主要分布区位于土耳其、叙利亚、伊拉克、伊朗的交界地带库尔德斯坦，有少数分布在阿塞拜疆和亚美尼亚山区。

上图：海湾战争期间，一列M113装甲运兵车停在路上。

从科威特撤军。令萨达姆震惊的是，几乎所有联合国成员国都对伊拉克展开了贸易和金融制裁。由12个国家组成的阿拉伯国家联盟在埃及总统胡斯尼·穆巴拉克（Hosni Mubarak）的领导下要求伊拉克撤出科威特，并且派出部队保护沙特阿拉伯。

布什总统没有等待萨达姆回应联合国的要求。8月9日，他开始逐步派遣第82空降师和FB-111战斗轰炸机进入沙特阿拉伯，以防伊拉克跨过科威特领土。萨达姆认为美国不会对他采取强硬的军事措施，因此威胁称："你们无法承受在一场战斗中损失1万人的代价。"巴格达的强势人物已经落伍了。在越南战争中经历了惨痛的教训后，美国不会再打一场高伤亡率的消耗战了。

1990年8月22日，布什召集5万名后备军，3天后，获得联合国授权封锁伊拉克。到11月8日，美国已经在沙特阿拉伯及其周边布置了22.5万人的部队，并做好战斗准备。其中包括第82空降师、第24机械化步兵师，以及第101空降师（空中机动部队），外加来自海军、海军陆战队和空军部队的士兵。布什宣称，如果萨达姆拒绝从科威特撤离，美国还将增派20万人的部队。

力量对比

"沙漠盾牌"行动期间，萨达姆持续增加科威特和伊拉克西南部的兵力。他向该区域派出了大约55万人的部队——其所有部队一半的兵力。伊拉克部队包括42个师，4200辆坦克（其中包括100辆装备126毫米火炮的T-72坦克、150架直升机、6000辆运兵车、5000门火炮以及大约550架处于战备状态的飞机，其中包括大量MiG-25和MiG-29高性能战斗机、Su-24和Su-25攻击机）。他的武器清单中还包括苏联和法国的地对空导弹，以及苏联的"飞毛腿"地对地导弹，后者可以携带1000磅的常规爆炸物，射程达到300英里。这将以色列纳入了"飞毛腿"导弹打击范围之内。萨达姆还有毒气武器（芥

H.诺曼·施瓦茨科夫将军

H.诺曼·施瓦茨科夫（H. Norman Schwarzkopf）于1934年8月22日出生于新泽西州的特伦顿。他成长于一个军人家庭，父亲是一位德裔美国军官，名字与其相同。"二战"期间，12岁的施瓦茨科夫跟随父亲去了伊朗。当时他的父亲被派到德黑兰训练和重建伊朗国家警察部队，目的是从外交上稳定伊朗国王沙阿政权。施瓦茨科夫在伊朗待了一年时间，期间他对穆斯林文化有了深入的了解。在接下来的几年里，他跟随父亲在欧洲参与了一系列工作，先后在德国和瑞士读书，最后进入了美国宾夕法尼亚州的瓦莱弗格军事学院。多年后，施瓦茨科夫承认他从父亲的军事生活中学到了很多东西。

1952年，施瓦茨科夫进入美国陆军军官学校，4年后，他以第42名的成绩毕业，同一届毕业生共有485人。1957年，施瓦茨科夫获得了伞兵资格，并加入第101空降师第187步兵团，成为一名排长。1965年，在南加州大学获得机械和航空工程的硕士学位后，施瓦茨科夫上尉志愿加入南越共和国军空降部队，成为一名军事顾问，期间他获得了两枚银星勋章和一枚紫心勋章。后来，他还志愿第二次进入越南作战，并成为第23步兵师6团1营营长，期间获得第三枚银星勋章，以及三枚铜星勋章和一枚紫心勋章。在入侵格林纳达行动中，施瓦茨科夫担任了联合特遣部队的副指挥官。

1983年，施瓦茨科夫被提升为少将后，他负责指挥第24机械化步兵师。到1986年，施瓦茨科夫中将已经担任过陆军军官的所有基层职位，其中包括陆军司令部中负责计划和作战的副参谋长，他在这个职位上与来自所有兵种的参谋一起工作。

1988年，施瓦茨科夫获得了他肩章上的第四颗星，同时出任美军中央司令部总司令。伊拉克部队入侵科威特后，施瓦茨科夫计划了"沙漠盾牌"行动和"沙漠风暴"行动，并在海湾战争期间担任美国和联合国部队总司令官。海湾战争是美国最新采纳的空地一体化作战理论的第一次战场检验。意料之中的是，第24步兵师是施瓦茨科夫的联合部队中极其重要的一部分。

上图：H.诺曼·施瓦茨科夫将军（1934–2012年）对"飞毛腿猎人"——搜寻"飞毛腿"导弹的三角洲部队队员——表示感谢，他们在海湾战争期间完成了极其危险的任务。

上图：美国特种部队在伊拉克西部沙漠中侦察一处被摧毁的"飞毛腿"导弹基地。

子气、塔崩和沙林）和二元化学武器，他已经将这些武器用于杀害生活在哈拉布贾（Halabja）[1]的库尔德人了。还有情报表明，萨达姆在努力研制核武器，但没有找到有力证据。

在萨达姆逐渐向伊拉克西南部增加兵力时，布什总统开始建立一个国际联盟以将伊拉克部队赶出科威特。他将军事问题交给了参谋长联席会议主席科林·L.鲍威尔将军（General Collin L. Powell）和率直的美军中央司令部总司令施瓦茨科夫将军。到1990年12月，施瓦茨科夫已经在波斯湾部署了46万名男性士兵和4万名女性士兵的地面部队，外加6个航空母舰战斗群。美国部队包括两个海军陆战师（第1和第2海军陆战师）、7个陆军师（第1骑兵师、第1和第3装甲师、第1和第24机械化步兵师、第82和第101空降师）、第2和第3装甲骑兵团。地面部队大约有38万人，外加2200辆坦克、500架战斗直升机以及1500架攻击机。联合国又增加了11万人的作战部队，共计8个师，以及大约1200辆坦克、150架直升机和350架攻击机。

如果萨达姆遵从联合国的指示，在1991年1月15日之前从科威特撤离，他就可以避免一场代价高昂的战争。1月12日，萨达姆拒绝让步，国会授权布什总统动用军事力量实施联合国678号决议，解放科威特。萨达姆对此毫无顾忌，并叫嚣道："战争已经打响了。"

"沙漠风暴"行动

1991年1月17日（当地时间）清晨，美国特种部队乘坐AH-64A直升机进入伊拉克，摧毁了伊拉克的两套防空系统。片刻之后，第一场信息化战争打响，当时十几枚"战斧"II型陆地攻击巡航导弹从波斯湾里的"密苏里"号、"威斯康星"号战列舰和其他美国舰船上射出，随后迅速摧毁伊拉克战略性军事和政治设施。1700架美军和多国部队飞机从航空母舰和沙特阿拉伯的陆地基地上展开了外科手术式打击，损毁了伊拉克境内的160多处基地。

---

[1] 伊拉克城镇，位于该国东北部巴格达东北240千米，由库尔德斯坦负责管辖，毗邻与伊朗接壤的边境，居民大多数是库尔德人。

激光制导炸弹和预编程导弹，在精确的卫星定位和其他电子设备的帮助下，准确打击了伊拉克的空军基地、指挥和通讯中心、核生化设施、军需品工厂、桥梁、石油精炼厂，以及"飞毛腿"-B弹道导弹发射基地。当时情报认为伊拉克共有32到36个固定和移动的"飞毛腿"导弹发射平台，库存的"飞毛腿"导弹数量在300到3000枚，而拥有这些武器的萨达姆威胁称要摧毁以色列。

24小时之后，第一波"飞毛腿"导弹降落在特拉维夫市郊区，但都没有携带化学弹头。为了不让以色列人卷入战争，并尽可能减小"飞毛腿"导弹造成的破坏，美国陆军在特拉维夫市周围部署了"爱国者"地对空导弹，以拦截和引爆空中的"飞毛腿"导弹。伊拉克向以色列发射了39枚"飞毛腿"导弹，大部分降落到地面的导弹造成的破坏都很小。最糟糕的意外发生在达兰（Dharhan）[1]附近的一处兵营，当时一枚"飞毛腿"导弹造成24名美国士兵死亡。

美国持续对战略目标展开空中打击，平均每天出动3000架次飞机。战争开始一周后，伊拉克空军基本被摧毁，还有一些被扣留在伊朗。夜间的空中打击清除了科威特边境线上的坦克、火炮和卡车。伊拉克军队的增援，和水、食物、药物等物资的运输，都因为夜以继日的联合空中打击而中断。五周之后，伊拉克的基础设施和军事资产基本被粉碎，伊拉克试图从哈夫吉（Khafji）[2]和沃夫拉（Wafrah）[3]入侵沙特阿拉伯的行动也被击退。布什总统给萨达姆发出最后通牒：2月23日中午之前撤离科威特，否则将面临进一步的多国部队行动。萨达姆称该通告是"羞辱性的"，随即下令让部队准备炸毁科威特的油井。

随着伊拉克空中战争的推进，其中大部分已经通过成千上万的电视设备传播到了全世界，施瓦茨科夫将军的参谋们改进了地面进攻行动的细节。与此同时，35000名英国人，35000名埃及人，10000名沙特阿拉伯人，20000名叙利亚人，10000名法国人，7000名科威特人，以及

上图：海湾战争期间，一架AH-64"阿帕奇"直升机穿过伊拉克西部沙漠，搜索伪装的"飞毛腿"导弹发射平台，它们通常埋藏在沙子之中。

[1] 沙特阿拉伯城市，石油工业中心。
[2] 沙特阿拉伯和科威特边境的一个小镇。
[3] 沙特阿拉伯与科威特交界的一个油田。

右图:"沙漠风暴"行动期间(1991年2月至3月),美国陆军的8个步兵师、2个装甲骑兵团以及第1骑兵师跨过沙特阿拉伯边境线,进入伊拉克,打击伊拉克共和国卫队。

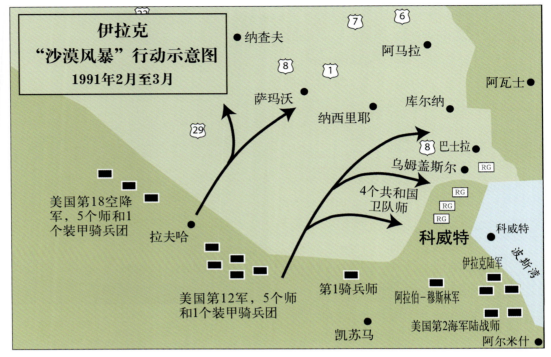

来自其他国家的17000人组建成了新的多国部队,美军中央司令部(CENTCOM)将他们全部投入到了地面战役中。

2月23日,施瓦茨科夫发起地面进攻。第18军和第7军主导的侧翼包围行动跨过科威特东部150英里长的前线阵地,进入伊拉克南部。第二波突击由美国海军陆战队负责,目标直指科威特城。第三支部队主要由沙特人、埃及人和叙利亚人组成,主要在科威特城侧翼向东推进。到了2月25日至26日凌晨,自信满满的伊拉克共和国卫队被美国和英国装甲部队碾压,随后陆续投降。这场战役完美地展现了"空地一体化"作战概念和原则,伊拉克的抵抗迅速崩溃。多国部队在100小时的地面行动中仅有95人死亡,368人受伤,20人失踪。伊拉克的损失则大得多,超过3万人死亡,6万人被俘,还有5万多人在空袭中死亡或受伤。

施瓦茨科夫将军将伊拉克的不堪一击归结为三个因素:联合制空权;协同的地面战役;伊拉克军队士气、凝聚力和战斗力的崩溃,其中部分原因来自密集的空袭。后来,关于联合国救援科威特的决议没有包括解除萨达姆及其追随者对伊拉克政府的控制,很多陆军军官和在役士兵私下表达了遗憾。

国际维和——索马里

联合国没有彻底解决伊拉克问题，但自我感觉非常满意：动乱的中东地区已经恢复了和平。国际维和是联合国的首创，他们相信，只要美国和英国等成员国维持必要的维和部队，和平就可以实现。

找到动荡地区没有任何困难，因为非洲到处充斥着内战、政治不稳定、种

美国陆军——布什/克林顿时期		
	1989年	1997年
现役军人	770000	495000
预备役部队	319000	215000
国民警卫队	457000	367000
总计	1546000	1077000

下图：伊拉克沙漠的黄昏下，一支小队轮流站岗。一半在车前监视周围情况，另一半在沙子上享受难得的休息。

族屠杀和饥荒。位于非洲最东角的索马里自1960年取得独立以来，政治动乱就没有停止过。经过多年的流血杀戮和超过4万人的伤亡，索马里大军阀穆罕默德·法拉赫·艾迪德（Mohammed Farah Aidid）控制了索马里首都摩加迪沙（Mogadishu），而该国其余地方因为干旱而饥荒不断。

1992年7月，联合国宣布索马里"没有政府"，并同意布什总统提出的人道主义救援，向其派遣维和部队并发放粮食。陆军从第10山地师调去了10000人的部队，但没有想到那里的形势还需要再增加15000人。1993年，艾迪德将军逃匿之后，联合国承担起了人道主义职责，并在有意实现和平的军阀之间发起谈判。

1993年1月20日，来自阿肯色州的威廉·杰弗逊·克林顿成为美国第42任总统。克林顿上任后，开始从索马里撤兵，但他留下的部队太少了：3000人从事人道主义救援，5000人提供军事保护，同时继续搜索艾迪德。随着美国军事力量的撤离，艾迪德的游击队很快又在摩加迪沙活跃起来。1993年10月3日至4日，他们在首都的街道上伏击了美国士兵，导致18名士兵死亡，78名士兵受伤。

下图：1993年，在索马里首都摩加迪沙郊区的一场小规模战斗之后，第10山地师的士兵紧盯着一条已经被炮火清空的街道。

国际维和——波斯尼亚和科索沃

1995年至1996年美国陆军问题最多、争议最大的就是克林顿总统从陆军派出18500人的部队前往波黑充当联合国维和部队，而这支部队总人数才有21000人。问题起源于1991年，当时克罗地亚和斯洛文尼亚脱离南斯拉夫，宣告独立。随后克罗地亚和塞尔维亚之间爆发种族战争，最终蔓延到波斯尼亚和黑塞哥维那。截至1995年，已有20万人在战争中死亡或受伤。南斯拉夫总统斯洛博丹·米洛舍维奇（Slobodan Milosevic）的塞尔维亚部队针对波斯尼亚的穆斯林和其他民族发起一场战役。为了援助陆军的维和人员，亚得里亚海上的海军航空母舰以及意大利的美国空军基地的飞机起飞，跨过联合国占领区域为地面部队提供保护。到1996年8月，北大西洋公约组织在南斯拉夫存在争议的地区已经有了6万人的维和部队，其中包括2万名美国陆军士兵。

1999年3月，波斯尼亚的杀戮蔓延至科索沃的塞尔维亚省，当地的阿尔巴尼亚人发动了叛乱。塞尔维亚陆军进入科索沃发起另一场行动，这一次是针对阿尔巴尼亚人的。50年来隶属于北大西洋公约组织的美国军队首次同时卷入敌对行动和维和行动中。

指挥北大西洋公约组织部队的韦斯利·克拉克将军组建了"鹰"特遣队，并向阿尔巴尼亚派出一支远征队，但没能终结动乱。克拉克还试图向阿尔巴尼亚派遣300架飞机，其中包括来自德国第11航空团的24架AH-64A"阿帕奇"直升机，但这些飞机的转移和使用还需要3000人。五角大楼不同意使用直升机，因为它们容易受到地面火力的攻击，但克拉克坚持了他的做法。克拉克的行动最初仅包括几百名士兵和24架直升机，但最终增加为一支5000人的特遣部队。这次行动不仅没有获得任何战术或战略成果，还损失了2架直升机。美国在科索沃行动中的伤亡仅为2人死亡和2人受伤（2005年）。

上图：2002年1月8日，波斯尼亚布尔奇科附近的麦戈文军营，陆军副部长雷斯·布朗利（Les Brownlee）与第10山地师的士兵一起驾驶巡逻车在夜间巡逻。

右图：2001年9月11日，由基地组织恐怖主义分子驾驶的大型喷气式客机猛烈撞击了五角大楼。而在此前几分钟，两架客机刚撞向了纽约世贸中心的双子塔。这一悲剧直接导致乔治·W.布什总统向基地组织和恐怖主义宣战。

右图：2001年10月，特种部队进入阿富汗，支援打击塔利班的行动，同时开始搜索奥萨马·本·拉登。行动中牺牲的第一名士兵——南森·R.查普曼上士（Sergeant First Class Nathan R. Chapman）的遗体于2003年1月8日被送回美国。图中他的棺材覆盖着美国国旗，并由仪仗队护送。60多名"绿帽"兵与查普曼的家属一起在塔科马港市国际机场迎接查普曼回国，以此表达他们的敬意。

上图:2004年5月28日,一名特种部队军士长在海拔1500英尺的山脊上训练一名阿富汗安全部队士兵发射75毫米无后坐力火炮。

2001年9月11日

2001年1月20日,得克萨斯州州长乔治·W.布什经过激烈的竞选后成为美国第43任总统。9个月后,来自奥萨马·本·拉登的基地组织的恐怖分子劫持两架喷气式客机,仿效神风特攻队撞击了纽约世贸中心双子塔。另一架喷气式飞机猛烈撞击了华盛顿的五角大楼。第4架飞机的目标可能是白宫,但乘客制服恐怖分子之后,飞机在宾夕法尼亚州坠落。超过3000位平民在这次袭击中死亡。

布什立刻把目标锁定为在塔利班控制下的阿富汗活动的本·拉登国际恐怖主义组织。他要求塔利班将本·拉登交给美国,并摧毁所有基地组织的训练营。10月,塔利班拒绝该要求后,布什总统宣布启动"持久自由"行动。

2001年10月,美国开始对基地组织和塔利班政权发起空中打击。塔利班是一个

上图：2003年8月28日，"伊拉克自由"行动期间，第8步兵团2营B连的士兵在迪亚拉省[1]的一个村庄发起突袭。他们身后是一辆"布莱德雷"M3A3战车。

右图：2004年7月22日夜间，透过一个图像增强器可以看到，第1骑兵师9团1营的布莱德雷战车在巴格达塔拉广场上的搜索行动中提供掩护火力。

[1] 伊拉克十八省之一，位于首都巴格达东北方，一直到伊朗的边界。

汤米·弗兰克斯将军

汤米·弗兰克斯出生于1945年6月17日，在得克萨斯州的米德兰长大，他与布什总统及其妻子劳拉就读过同一所高中。他讲一口与所有土生土长的得克萨斯州人一样的方言。弗兰克斯没有走常规的职业军人道路，相反，他先在得克萨斯大学学习了工商管理，随后才进入军事领域，并跟随美国陆军参加了越南战争。在1967年完成军官训练之后，弗兰克斯去了越南，成为一名少尉，在第9步兵师担任前线观察员时曾三次受伤。弗兰克斯没有在西点军校上过学，但在1984年进入美国陆军军事学院学习。

1990年，弗兰克斯在"沙漠盾牌"行动的军事增援期间开始接触伊拉克，后来在"沙漠风暴"行动期间担任第1骑兵师的副司令官。1997年，他晋升为陆军中将。2000年，他出任美军中央司令部总司令。该机构统一负责中东地区的战争。一年后，弗兰克斯下达新的任务：将塔利班赶出阿富汗，并摧毁基地组织的恐怖分子训练营。

阿富汗问题刚刚解决，布什总统就在2002年命令弗兰克斯指挥"伊拉克自由"行动。弗兰克斯将军似乎一直与国防部长拉姆斯菲尔德在战略上存在分歧，但"伊拉克自由"行动的作战计划完全是由弗兰克斯和他的参谋制定的。当萨达姆的家乡——提克里特被攻下后，弗兰克斯宣布这位伊拉克独裁者的时代结束了。

2003年5月，在伊拉克主要的进攻行动结束后，汤米·弗兰克斯从军队退役，并撰写了他的回忆录《美国士兵》。

右图：美军中央司令部总司令汤米·弗兰克斯将军（右）在伊拉克的纳贾夫研究第101空降师1旅发现的一款武器。他的身后是该师指挥官大卫·H.彼得雷乌斯少将（Major General David H. Petraeus）。

右图:"伊拉克自由"行动(2003年3月至5月)在科威特之外爆发,美国第5集团军和第1海军陆战队远征军主导进攻巴格达。注意进攻之前和进攻期间特种部队的分配,第173空降师从北方发起进攻以保护油田。

激进的伊斯兰组织,并且为本·拉登及其恐怖主义训练营提供庇护。"持久自由"行动开始时,塔利班控制了阿富汗80%的领土。截至当年11月8日,美军中央司令部总司令汤米·弗兰克斯将军已经在该地区部署了5万人的兵力,同时还得到了北部联盟和东部联盟——阿富汗境内两个反对塔利班的组织的全力协作。

特种部队已经在地面上收集情报了,并且向阿拉伯海上的舰载机和导弹舰船传递塔利班和基地组织的目标信息。特种部队与盟友协同行动,很快就清除了基地组织和塔利班隐蔽的据点。10周之后,特种部队与盟军一起推翻了阿富汗政府,接管了阿富汗首都喀布尔和其他几个城市,并将本·拉登赶到了阿富汗-巴基斯坦边境线附近的山区,但没有抓获他。在喀布尔周围的行动中,一支海军陆战队远征军从阿拉伯海起飞,占领了阿富汗南部的坎大哈机场。美国陆军协助建立了阿富汗临时政府,第101空降师则继续留在阿富汗,保证新国家不受基地组织和塔利班的侵犯。

在派兵进入阿富汗的同时,布什总统也警告称,针对恐怖主义的战争将是漫长的,"战争需要多久我们就坚持多久"。2001年12月22日,美国陆军和北方联盟推举哈米德·卡尔扎伊(Hamid Karzai)担任阿富汗临时总理。国防部长唐纳德·拉姆斯菲尔德(Donald Rumsfeld)

上图：2003年11月，一辆"布莱德雷"战车在巴格达的集市区巡逻以防恐怖主义活动。炮塔转向了后方，指挥官亲自操作7.62毫米机关枪。

和国务卿科林·鲍威尔（Colin Powell）告知公众，摧毁基地组织的大本营仅仅是全球恐怖主义战争的第一阶段。

2002年1月29日，布什总统发表了他的国情咨文演讲，宣称伊拉克、伊朗和朝鲜构成了"邪恶轴心"，美国不会允许他们利用毁灭性武器威胁到自己。

"伊拉克自由"行动

2003年3月17日，布什发布最后通牒，要求萨达姆和他的两个儿子——乌代（Uday）和库赛（Qusay）在48小时内离开伊拉克，否则将面临由美国主导的军事入侵。48小时之后，布什批准了"伊拉克自由"行动，美国部队在英国和西班牙部队的附随，以及其他33个国家的支持下发起了这场战争。

3月20日凌晨，海军率先发起进攻，向巴格达的指挥中心发射了十几枚携带1000磅弹头的"战斧"巡航导弹。舰载机和陆基飞机随后利用2000磅的"地堡炸弹"摧毁地下设施。萨达姆在最初的进攻中存活下来，但他的几名高级官员死亡了。

汤米·弗兰克斯将军采用了"沙漠风暴"行动中所用的空地一体化作战方

"伊拉克自由"行动期间,第3装甲骑兵团2营的一辆"布莱德雷"M3A3战车向费卢杰[1]开去,以提供装甲支援。

---

[1] 位于伊拉克最大的安巴尔省境内,在首都巴格达以西约69千米处。

式，另外增加了美国主导的联合震慑轰炸战术。与"沙漠风暴"行动不同的是，地面部队迅速进入了伊拉克。在作战的最开始，第160特种作战航空团离开沙特阿拉伯和约旦，清除了伊拉克南部边境线上的观察哨后，向幼发拉底河推进。另一支特种作战部队进入伊拉克北部，同时第173空降旅开始向南推进，目的是保护那里的油田。

在弗兰克斯将军所谓的"钢铁浪潮"中，美国第5军和第3步兵师开始离开科威特，进入伊拉克东南部，而第1海军陆战队远征军和英国部队则向巴士拉[1]开进。本·鲁尼在其关于伊拉克战争的著作中称此为"现代战争历史上最快的装甲推进"。

弗兰克斯在"伊拉克自由"行动期间仅动用了242000名美国士兵，不到"沙漠风暴"行动士兵数量的一半。大部分兵力——大约130000人部署在科威特，此外还有45000名英国士兵和18000名澳大利亚士兵。萨达姆再也没有百万级别的军队了，但他在战略性城市中还有375000人的部队。

上图：2003年7月22日，一等兵杰西卡·林奇（Pfc. Jessica Lynch）出院后乘坐一架"黑鹰"直升机返回家乡西弗吉尼亚州。

---

[1] 伊拉克巴士拉省省会，位于底格里斯河和幼发拉底河交汇的夏台·阿拉伯河西岸，南距波斯湾55千米，是伊拉克第一大港及第二大城。

第5军的士兵进入了纳西里耶[1]阵地，伊拉克部队在那里躲藏在地下工事中监视前往巴格达的美国部队，因为他们现在距离巴格达仅剩200英里了。纳西里耶共有两座桥梁，第5军需要借助其中一座跨过幼发拉底河。随着部分士兵沿着河流前进到达纳贾夫[2]，第3步兵师留在了纳西里耶周围以消灭敌人和守卫桥梁。

3月23日，在纳西里耶的战斗中，一等兵杰西卡·林奇——第507维修连的补给员遭到伊拉克游击队的伏击并严重受伤。伊拉克游击队用火箭助推的榴弹袭击了林奇的补给车，造成车内11人死亡，5人受伤。林奇被伊拉克士兵带到了纳西里耶的萨达姆医院，这里也是伊拉克游击队的指挥中心。一名伊拉克律师——他的妻子在萨达姆医院工作——告知了美国士兵林奇的位置。4月1日，美国特种部队——由海豹突击队员、海军陆战队员和空军飞行员组成——携带全部战斗装备进入医院，将林奇带到了一架等候的直升机中。林奇成为自"二战"以来第一个被营救的战俘。完全康复后，她进入了大学，也成为美国人心中的英雄，但作为一名在西弗吉尼亚州的小镇长大的谦虚女性，林奇宣称："我不是一个英雄……我只是一名幸存者，并且毫无疑问，我很幸运，活了下来。"

通往巴格达

在英国部队占领巴士拉，第3步兵师占领纳西里耶和卡尔巴拉[3]后，第1海军陆

上图：2005年2月25日，美国特种部队的士兵在伊拉克北部的一次巡逻中教导阿尔巴尼亚部队。阿尔巴尼亚是构成"伊拉克自由"行动联合部队的33个国家中的一个。

---

[1] 伊拉克南部城市，位于幼发拉底河北岸。
[2] 伊斯兰教什叶派在伊拉克的圣地，位于伊拉克南部。
[3] 伊斯兰教什叶派圣地之一，伊拉克古城，卡尔巴拉省省会，位于伊拉克中部巴格达西南88千米处。

陆军上士保罗·R.史密斯

2005年4月4日,布什总统向比吉特·史密斯——陆军上士保罗·R.史密斯的妻子颁发了荣誉勋章。这也是"伊拉克自由"行动中颁发的第一枚荣誉勋章。史密斯女士和她18岁的女儿杰西卡以及11岁的儿子大卫一起在白宫典礼中接受了勋章。她在随后的演讲中说道,她的丈夫生前知道,参加这场战斗可能会牺牲,"但他不会以任何方式躲避"。

史密斯在第11工程营B连服役,当时他是一名副排长。2003年4月4日,史密斯分配至第3步兵师7团2营后,他接到命令:在巴格达机场附近准备一座建筑物以接收对方战俘。史密斯所在的排附近的一座建筑物中敲开一个洞,然后将其改造成了一个监狱中心。他不知道该区域其他建筑物中的敌人是否完全被清除了,他开始了自己的工作。大约100名伊拉克共和国卫队的士兵从一座建筑物中冲出来,袭击了史密斯的工程兵。

扔了两颗手榴弹后,史密斯得到一门AT-4火箭发射器,随即向前进的伊拉克人射击。弹药耗尽后,史密斯又从一辆M113装甲运兵车中抓起一挺.50口径勃朗宁机关枪,继续掩护他的士兵和建筑物中的伤员撤退。史密斯共射击了300发子弹,在自己牺牲之前阻止了对方的冲击。

布莱恩·博尔科夫斯基上尉(Captain Brian Borkowski)当时还是第11工程营的一名中尉,讲述了该部队穿过卡尔巴拉豁口时的一个情形。"我们的车辆分成三排,开进了一片雷区,"博尔科夫斯基说道,"史密斯下车后,用双手和膝盖在地上爬行,然后清除地雷,开辟了一条道路。他没有让驾驶员下车,而是自己引导他们通过了雷区。"

对页图:第1步兵师"大红一师"没有错过任何一场战争。2004年1月16日,带着著名臂章的士兵乘坐M998悍马高机动多功能轮式运输车(Humvee)在伊拉克拉马迪附近巡逻。截至2000年,悍马车的生产数量已经超过140000辆。美国陆军生产了大量装甲化的M1114版本。

战队远征军和第5军克服了对方轻微的抵抗和一场严重的沙尘暴,向巴格达迈进。

4月3日,来自第7骑兵团3营的侦察兵封锁了通往萨达姆国际机场的8号高速公路,第3步兵师在其后12英里远处跟随。空中打击随即而来,摧毁了伊拉克共和国卫队守卫机场的坦克和火炮。到第二天早上时,陆军部队切断了萨达姆通往外部世界的最后一条通道。

4月5日早上,第一批美国坦克开进巴格达,主要任务是收集情报。伊拉克新闻部长穆罕默德·赛义德·萨哈夫(Mohammed Said al-Sahhaf)——常被人称为"巴格达萨哈夫"——在4月8日通过广播宣称巴格达附近没有美国坦克,虽然电视镜头显示美军坦克正从他的背后驶过。巴格达在4月9日沦陷。几乎同一时刻,特种部队进入"绿宫"——萨达姆78处住宅中的一个。这座复杂的宫殿位于巴格达以北150英里处塞尔萨尔湖岸边,占地面积达到2平方英里。

4月10日,库尔德的战斗机守卫基尔

库克[1]北部的同时，美国部队向据称是伊拉克的最后一个要塞提克里特[2]推进。部队进入提克里特的过程中几乎没有遇到任何抵抗。一名伊拉克警察靠近一名美国军官，告诉他，7名美国战俘被关押在萨马拉[3]。一支特遣队靠近关押地时，伊拉克守卫者全部逃走，留下了5名活下来的战士，他们是杰西卡·林奇所在维修连的战友，还有两名被击落的"阿帕奇"直升机的机组人员。

4月14日，五角大楼宣布伊拉克的大型战斗已经结束。美军有126名士兵牺牲，外加495人受伤。

4月15日，联合部队和伊拉克反对派领导人在古老的城市乌尔举行了第一次会谈。不久之后，所有美国和英国的士兵都收到了一副扑克牌，上面画出了被倾覆政权中最该被抓捕的55个成员。设计者将黑桃A留给了萨达姆。

---

[1] 伊拉克东北部石油工业城市。

[2] 伊拉克城市，位于底格里斯河河畔，首都巴格达西方140千米处。

[3] 伊拉克城市，位于伊拉克中北部，底格里斯河东岸，在首都巴格达西北125千米处。

9 面向未来

美国陆军已经忠实地保护了美国人民230多年。1989年冷战的结束仅仅迎来了一个恐怖主义和叛乱激增的新时代。美国陆军将继续履行职责，适应新的变化，发展必需的科学技术以应对连续不断的战场。

阿富汗和伊拉克冲突证明，常规战场上战略、战术和实施层面的区别正在发生转变，有组织的暴动行为利用恐怖主义武器可能造成大规模的平民伤亡。在战略层面，总统、国防部长和参谋长联席会议确定政治和军事目标。在实施层面，高级战地指挥官通常设计包含多个作战计划的战役以达到战略目标。在战术层面上，士兵曾经需要进入战场消灭特定的敌方部队，或者占领某个战场。这种割裂状态再也不

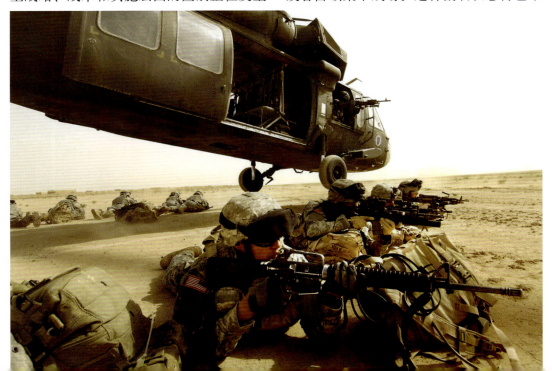

右图：2006年3月24日，第1装甲师第1旅战斗队的士兵从第101空降师的一架悬停的UH-60"黑鹰"直升机上跳下，然后在登陆区待命。

对页图：2006年2月7日，第3装甲骑兵团的士兵在伊拉克费尔（Tall Afar）的一条布满废弃物的街道上进行战斗巡逻。

会存在了。暴动和恐怖主义为战斗过程引入了新的变化，这也迫使陆军创造一种更灵活、更敏捷的作战方式以应对未来的挑战。

叛乱的教训

美国陆军作为镇压叛乱行动的角色可以追溯至1794年，当时乔治·华盛顿派出一支15000人的部队进入宾夕法尼亚州，镇压3000名宾夕法尼亚州人针对威士忌消费税发起的叛乱。威士忌叛乱期间没有造成人员伤亡。20世纪，美国陆军被卷入了海地、多米尼加共和国、菲律宾、萨尔瓦多、尼加拉瓜、墨西哥、黎巴嫩以及很多其他地方的叛乱，但大部分叛乱都限制在该国边境线以内。结果不尽相同，往往会变成小规模的干预和车轮战的练习，但总有士兵被杀。经历过多次镇压叛乱活动后，美国官员得出结论：针对叛乱分子完全的军事胜利通常不可能实现，在有必要的时候应该考虑政治殖民。有时注入军事力量也是必要的。美国陆军在阿富汗和伊拉克国家建设开始之前很久就得出了这个结论。

基地组织没有政府，也没有作为一个国家的法律地位。他们在国际范围内发动恐怖活动，同时制造跨国的叛乱活动。恐怖主义分子和叛乱分子没有可识别的

制服或标记。他们没有正式的常备军，没有名义上的政治组织，也没有工作议程。他们所做的只有杀害、绑架和恐吓基督徒、犹太人和追求和平的穆斯林。2001年9月11日美国遭受攻击，由此开启了打击恐怖主义活动的新时代。摧毁阿富汗的基地组织，削弱了但没有消灭广泛分布的恐怖组织。2003年对伊拉克快速的军事征服仅仅带来了来自整个穆斯林世界的新一批恐怖分子，他们争相投入基地组织的"事业"。这些恐怖分子变成了叛乱分子，这使试图为伊拉克带来和平和民主的美国部队现在面临着这些复杂的问题。

美国陆军至今仍在研究的问题是如何在形势失去控制之前有效地镇压叛乱。美国人民自然更倾向于其他人去战斗和赴死，尤其是冲突显然涉及其他国家的核心利益的时候。恐怖分子和叛乱分子知道美国的历史。他们阅读美国的报刊，消化美国的虚假情报，然后曲解美国吵闹不休的

下图：一辆M2A3"布莱德雷"战车安装了全套的观测设备，炮塔左侧安装了拖曳式导弹发射器（拖式反坦克飞弹，光学追踪，有线制导），战斗位置可以容纳三名车组人员。拖曳式导弹发射器将"布莱德雷"战车的作战范围增加至4000英尺。

9 面向未来 | 293

左图：2004年11月15日，在伊拉克费卢杰的战斗期间，第1骑兵师的一名士兵躲避在一辆被摧毁的车辆后方侦察前方的街道和建筑物。

政客的政治动机。

美国陆军明白叛乱分子和恐怖分子之间的差别。大多数叛乱组织都希望在政治上控制某个特定区域，他们会使用游击战、恐怖主义活动、雇佣兵和政治动员等方式达到目的。基地组织恐怖主义的目标不包括建立能够管理一个政治实体的政府，但恐怖主义和叛乱之间确实存在重叠因素。

在伊拉克，美国陆军最终快速进入了反暴动战略和战术状态。帮助联合部队顺利进入巴格达的空地一体化作战，在平定伊拉克国内的动乱方面毫无作用，那里充满了追随萨达姆的叛乱分子、穆斯林激进分子、外国的恐怖分子，以及蛊惑民心的教士。美国陆军很快了解到，消灭叛乱分子最好的方式是训练伊拉克人民，让他们具备保护自己的能力，具体方式包括建立一支强有力的警察部队，一个训练有素、拥有一定装备的军事组织，同时具有收集情报和团结各方力量的能力。各方努力的成功在费卢杰的行动中得到证明,同时也标志着反暴动战术不断演进的开始。

恐怖主义、叛乱和费卢杰

反暴动通常要求独立的不同的战斗方式,几乎没有定位进攻的情况。这对于士兵而言是一个极其复杂的过程。他们要依靠情报准确判断军事部队和友军部队,并且从当地的告密者那里得到帮助。2004年11月8日,进攻费卢杰行动包括了所有要素。与伊拉克部队的联合行动提供了学习经验,但它并不是所有反暴动行动的通用模板。

费卢杰位于巴格达以西大约50英里,人口大约有30万。所有人都知道城内混杂着五六千名叛乱分子,其中大部分来自其他国家。伊拉克临时总理伊亚德·阿拉维批准美国和伊拉克部队清除城里的叛乱分子。大肆宣传的战争使得平民在叛乱分子撤出之前就逃离费卢杰了。谣言很快散播开来:叛乱分子准备利用普通民众作为盾牌,此外平民还遭到了军队的攻击。伊拉克的告密者还警告称,费卢杰地下挖了很多通道,叛乱分子可以方便地转移武器和作战人员,很多情况下是在不同的清真寺之间活动。国际法保护清真寺不受攻击,但宗教和文化场所被用于军事目的后就失

右图:2004年11月,第二次法鲁加扫荡战(Operation Phantom Fury)期间,在美国和伊拉克士兵将叛乱分子赶出费卢杰后,一辆M1"艾布拉姆斯"坦克的车组人员注视着城市的街道。

去法律保护了。

11月8日,第1海军陆战队远征军,第1步兵师的装甲部队,伊拉克第36突击营,以及伊拉克调解部队的第1旅进入费卢杰。第7骑兵团2营——也被称为"魔鬼之营"——以前在巴格达和纳贾夫进行过镇压叛乱活动,因此他们带着"布莱德雷"装甲战车、"艾布拉姆斯"坦克和装甲运兵车,作为先头部队进入费卢杰。"我们的任务,"斯科特·杰克逊少校(Major Scott Jackson)——"魔鬼之营"的指挥官说道,"就是打破对方在费卢杰的防线,保证两支海军陆战队部队(团级战斗队)进入城内。"身着夜间战斗服装的2营在黄昏时发起进攻。伊拉克部队与美军共同参与战斗。

截至11月11日,费卢杰城内及周边的大多数叛乱分子据点都被摧毁,但清真寺和民房里的叛乱分子还没有完全清除。近距离支援的飞机摧毁了大多数叛乱分子的据点。在最后的扫荡中,没有被杀死或俘虏的叛乱分子一部分逃出了费卢杰,另一部分混进了民众之中,很多后来也被抓获了。

联合部队攻占费卢杰后,阿拉维总理任命伊拉克地面部队指挥官阿卜杜尔·穆罕默德·贾西姆少将(Major General Abdul

左图:2005年11月28日,在巴格达东南部的底格里斯河巡逻期间,一架直升机为第3步兵师第7骑兵团的一队士兵提供近距离空中掩护。

美国陆军等级结构

士兵军衔

E1	列兵
E2	二等兵
E3	一等兵
E4	下士或专业人员
E5	中士
E6	上士
E7	一级军士
E8	二级军士长
E8	一级军士长
E9	军士长或总军士长
E9	高级军士长

陆军准尉

WO1	一级准尉
CW2	二级准尉
CW3	三级准尉
CW4	四级准尉
CW5	五级准尉

军官

O1	少尉
O2	中尉
O3	上尉
O4	少校
O5	中校
O6	上校
O7	准将
O8	少将
O9	中将
O10	将军
	五星上将

Mohammed Jassim）为该省临时的军政府首长，直至下次选举完成。在集拢俘虏期间，贾西姆将军痛恨地说："外国的战斗人员才是这里真正的恐怖分子。"

美国陆军在伊拉克逐渐找到了有效的战术来镇压叛乱活动，而且恰逢其时。每次任务都会找到武器的藏匿地点，有的地方藏满了火箭、导弹、迫击炮、火炮炮弹、手榴弹、小口径武器子弹、雷管、爆炸物以及远程引爆装置。简易爆炸装置出现在整个伊拉克境内的清真寺、隧道、学校、民居、掩蔽坑以及其他各种建筑物中。

正如一名军官说的那样，"'伊拉克自由'行动是美国陆军有史以来首次进行的集维和、人道主义救援、生态净化于一体的作战行动"。

然而，反恐行动和平定暴动行动只有全世界所有国家联合起来消除威胁才会真正有效。

未来的士兵

作为军队裁减的交换，正如今天所宣传的那样，未来的士兵实质上将变成"一人之军"。美国前陆军参谋长埃里克·新关将军（General Eric Shinseki）曾评论说，"陆军必须小而灵活"。"小"来自美国公众对发动战争的抵触，因为他们的儿子或女儿不得不参加战争，特别是当战争由其他国家的问题引起的时候。"灵活"涉及技术，但也适用于受训的士兵。步兵一直以来都佩戴头盔，身着棕色、绿色或迷彩制服，手持装刺刀的步枪，腰带上别着手榴弹。今天，穿上全套装备的士兵看起来更像来自外太空的生物。

下一代士兵将身着可变色的制服进入战场，服装颜色可随着周边环境的变化而变化。士兵还将穿戴医学身体情况传感器用以检测身体特征。这在士兵受伤需要医疗救助的时候尤为有效。士兵还将拥有保护性的轻量级装甲服装和单兵装备，其中包括微型计算机和无线电设备。计算机和无线电设备连接的电缆将直接装进背包中。M16步枪和M4卡宾枪也将换成轻量级模

右图：一名空军战士头戴凯夫拉头盔，其外部有覆盖物，内部增加了装填物以减少对头部的影响。在白天，士兵身穿沙漠伪装色的制服以及轻量级丛林靴。

对页图：第82空降师的一名士兵背着模块化轻量级装备，手持一支M-16步枪穿过山地。

理想作战武器

按照计划,2010年的理想部队"勇士计划"发布了几款新型武器,其中包括一系列技术改进,一般称为"大地勇士3.0"。"大地勇士3.0"除了是高度专业化的保护设备和通信装备,还是一套全新的武器系统。

理想单兵作战武器真正让步兵成为"一人之军",尤其是在高度专业化和通用型武器投入使用之后。高爆空中爆炸弹药的使用增加了杀伤力,并使得步兵的作战范围增加一倍,达到1000米。

该武器看起来像星际大战中的装备。除了操作与步枪相同,它还能精确地将20毫米榴弹投进散兵坑口。武器本身包含微型计算机,可以精确测量发射点到目标物的距离。士兵将使用嵌入式的激光设备进行瞄准和发射。该系统可以追踪移动的目标,计算速度,调节角度,最终精确射击。该系统还可以从一系列可能的目标物中挑选最近的或威胁最大的目标,然后首先消灭它。该武器最大的优势是它可以抵消因为颤动、风力和距离带来的瞄准误差。理想的武器可以让每一次射击都有收获。

该武器部署使用最大的争议是其重量,它重达18磅,几乎是标准的M16步枪的两倍。它的后坐力也比M16大很多,一些专家质疑该系统是否能满足陆军对轻量级肩射武器的要求。有的专家建议,为了降低武器的重量,榴弹发射器应该从步枪中分离出来。

美国陆军还计划研制理想班组支援武器——一款新型的高致命性重型机关枪,同时具备OICW的所有性能。它是轻量级武器,两个人可以轻松地使用,也可以班组操作,可在一英里之外精准消灭装甲保护下的人。

块化卡宾枪。武器将装备光学组件,用以提供精确的定位信息,此外还包括热成像仪、多功能激光瞄准器,以及日间视频观瞄设备,因此,这些装备使得士兵可在白天或夜间全天候条件下作战。未来的士兵还将穿戴新型的轻量级反弹道头盔,其中包含一个透明的抬头显示器,其上可投射视频和热成像图像。这套设备还将集成效果增强能力,同时与地面和空中的有人或无人设备的信息共通,以获得协作的形势感知能力。

步兵的计算机将包含无线电设备和GPS定位器。一个与背包相连并附着在士兵胸膛上的手柄可以充当计算机鼠标,从而使得士兵可以选择屏幕,切换无线电频率和发送无线电信号。武器上安装一个微型照相机,士兵可以向连、排和班的指挥点发送无线电信息。电脑的软件包括战术和任务支援数据,地图和战术包镶物,此外还具备十几项其他功能,如引导进攻行动,确定对方火炮、迫击炮、导弹和空中武器的位置。

士兵可以坐在指挥部的桌子前或者高速移动的车辆中,利用专业的穿戴式计算机收集信息,利用高级野战炮兵战术数据系统执行对选定目标的火炮攻击任务。

未来士兵的很多其他武器都还在研制之中。服役了25年的M82A3狙击步枪将被新型的.50口径XM107替换,后者的狙击距离超过了1英里。M16和M4步枪也将被取代,士兵将携带XM29集成型空中爆炸武器。其中包括两个炮管:一个发射20毫米空中爆炸的弹药,另一个发射5.56毫米步枪子弹。XM29的精确打击范围达到1000码,大约是M16和M4步枪有效射程的三倍。

精确制导迫击炮弹也进入了步兵的武器库:激光制导的轻量级120毫米迫击炮可以精确打击对方阵地,同时造成较少的附带损害。迫击炮射击控制系统整合了射击控制计算机和惯性导航系统,炮手发射一发M120/M121 120毫米炮弹所需时间不到一分钟,而以前的迫击炮发射时间间隔为8至10分钟。

未来的轻量级多用途武器与弹药系统可以发射直接攻击和间接攻击弹药,使用增程炮弹和多用途小型弹头时射程可达到40英里。

更重型的军火系统将包括新型的陆军战术导弹系统,该系统在准备阶段计划像舰载战斧巡航导弹一样使用。这是一种地对地制导导弹,从5吨重的卡车上发射。该系统可在任何天气条件下打击对方阵地深处的战略目标。

下图:伊拉克战争期间,XM-107半自动狙击武器替换了大多数M-16和M-24狙击步枪。

右图：2020版系统将为每一位士兵量身定制，从静电纺丝作战制服到生物力学工程设计的头戴子系统。

左图：该系统将降低战斗负载，增加便携式电源，提升个体保护能力和武器杀伤力，增强战场通信能力。

未来部队"勇士计划"

未来部队"勇士计划"是美国陆军为未来士兵系统研发和展示革新性能的主要行动计划,基本概念是为每一位士兵打造一套轻量级致命性的整合战斗系统。其中包括一款武器、从头到脚的个体防护、网络通信、便携式电源以及单兵作战能力的增强装备。关键点总结如下。

杀伤力——一系列具备先进射击控制能力的轻量级武器,适合城市作战,可以按照要求同步直接和间接射击。

生存性——轻量级,多功能,低密度个体装甲。

传感器和通信设备——稳健的班组通信;最先进的分布式和感应式传感器;有机的战术情报收集设备。所有装备经过良好的训练后可增强对形势的理解,以及加强与部队其他设备的联系。

能源——现代陆军比以往更需要能源。FFW将携带便携式电源以满足连续的自动化班组行动。

机动性和性能——所有装备最重要的因素是它不会影响作战行动的机动性。此外,生理/医学传感器可以及时提醒救助伤员。

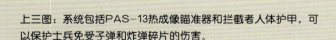

上三图:系统包括PAS-13热成像瞄准器和拦截者人体护甲,可以保护士兵免受子弹和炸弹碎片的伤害。

本页图：真实的训练可以让战斗更容易开展。今天的训练设施比以往更加真实，全套的设备保证了训练结束后的分析。图中（左），士兵准备从一架直升机上降落到一座训练建筑物的屋顶。进入过程中（上），他们逐层清除建筑物。建筑物外面（右），一个小队利用榴弹发射器掩护建筑物里的士兵，而在内部（下），士兵逐个屋子在进行检查。

上图:一名士兵通过M249CB2的瞄准器瞄准远处的目标。

训练

瞄准线反坦克导弹将从高度专业化的装甲车上发射。该车可以由直升机吊起和部署,或者由C-130运输机空投。导弹从卡车内部水平发射,主要目标是重型装甲和野外防御工事,射程超过当前坦克主火炮的射程。它的目的是降低防护薄弱的步兵的伤亡率,尤其是在面对重型装甲武器时。

接下来,未来战士作战系统将重点关注机动性、装备和国会的资金支持。

空中的陆军

未来几年内,陆军将部署新一代固定翼飞机或旋翼机,其中一些将是无人飞行器。

固定翼RC-12飞机安装了"护栏／通用传感器"系统,具备空中信息情报处理能力,如信号拦截和对方发射器定位等。该套系统由6架或12架飞机组成,它们分成2组或3组执行任务,在目标区域上空全天候无间断飞行。

一种新型的固定翼战术无人飞行器

不久之后将投入使用,尤其是在对信息实时性要求很高的区域,因为那些地方使用飞行员驾驶飞机风险太高。TUAV的作战范围可达到200千米,并可在50千米范围内提供全天候的侦察、监视和目标数据抓取。

RAH-66"科曼奇"是陆军的下一代有人驾驶直升机。它主要在各种作战环境和天气条件下全天候执行侦察和进攻任务。"科曼奇"将取代陆军航空兵部队现役的三种直升机(AH-1、OH-6和OH-58"基奥瓦勇士")。不过,"科曼奇"也可能被无人驾驶的旋翼机取代。

当然,"基奥瓦勇士"仍然是一种可快速部署的轻武器侦察直升机。它们可能重装上先进的视觉设备、导航设备、通信设备、武器和机舱集成系统。武器系统也得到改进,从而具备了反装甲、人员杀伤

下图:一个小队摆上支架,架起一挺XM307 25毫米先进班组支援机关枪。机关枪左侧的一名士兵利用一挺标准的M16A2步枪掩护该阵地。

上图：2004年11月3日，第1步兵师的一架OH-58D"基奇奥勇士"直升机从伊拉克麦肯齐前进基地起飞执行任务。

右图：2005年12月5日，陆航第101团1营的一架AH-64D"长弓阿帕奇"直升机从伊拉克斯佩泽尔前进动基地起飞，为地面部队提供空中支援。

和防空能力。

新型的"长弓阿帕奇"将是陆军航空兵部队的另一个补充力量。该直升机具备深度精确打击能力，可全天候进行武装侦察和监视。"长弓阿帕奇"的速度可达到167节，并可利用其快速射击的武器系统在60秒内瞄准16个不同的目标。

新型号的"黑鹰"（UH-60）能以更快的速度在关键区域内部署12人的全副武装步兵小队。该直升机的吊索载荷重量达到8000至9000磅。L型号可在单次吊运中运输一门105毫米榴弹炮、6名炮手以及30枚炮弹。

上图：在2005年秋季的一次未来作战系统技术展示中，背包机器人升起光学传感器，爬上一片废墟。此机器人就是该系统的一部分。

下图：在未来作战系统中，士兵身穿轻量级无线电侦察系统，从而可以看到视野之外的场景。

未来战斗系统

未来战斗系统主要由21世纪的士兵使用。该系统的产生主要来源于在"伊拉克自由"行动和反恐战争中吸取的教训：反恐战争已经证明，一支联合作战的网络中心化部队可以在战场上快速打败对方，同时在随后的维和行动中扮演关键角色。这些经验正在为陆军的作战理念增加新的维度。

陆军装备未来战斗系统的模块化部队将在所有行动中充当联合部队的一部分，在任何环境下应对各种威胁。模块化部队的角色是平衡战斗空间优势、杀伤力、生存性、多功能性、可部署性以及可持续性。部队可创造不同的交战情景，以意想不到的形式打击敌人，迅速灵活地到达作战地点，在敌人武器射程之外打击对方，以增强的火力摧毁对方部队，在部队选定的时间和地点发起进攻，以及针对作战中的决定点和重心发起持续的攻击。

陆军的未来战斗系统网络是一系列系统的组合，它们紧密地联系在一起，形成"系统的系统"网络，整体的性能超过任何部分系统的组合。战斗网络，再加上后勤和内嵌式训练系统，成为陆军转型的关键，同时使得未来的部队应用革命性的作战和组织理念。未来战斗系统网络将帮助士兵感知、理解、塑造和统治未来的战场。网络主要由4个基础部分构成：定义作战环境的系统组成的系统，作战指挥软件，通信设备和计算机，情报、侦察和监视系统。然而，技术发展日新月异。武器工程师曾告知陆军参谋长彼得·斯库梅克将军（General Peter Schoomaker），从2010年起，计算机就会被微型电子设备取代，它们可以嵌入衣服或眼镜中，并将信息直接投射到视网膜上。

美国陆军负责采办、后勤和技术的部长助理约瑟夫·L.雅克瓦中将（Lieutenant General Joseph L. Yakovac）表示，"软件会给战车带来大量新的功能"。他还补充道，FCS战车将拥有数字化指挥和控制系统、自动化目标捕捉系统、联合战术无线电系统以及作战人员战术信息系统。该系统是陆地战争网的核心部分，陆军正努力将多个系统整合成一套联合的中心网络化的基于知识的作战系统。它可提供可靠、安全和无损的声音、无线电和数据信息，从而在决定性作战行动中给战场指挥官提供全方位的作战情景感知。该系统来源于在"伊拉克自由"行动中担任第5军指挥官的威廉·华莱士中将（Lieutenant General William Wallace）。他曾抱怨称，联络远方的部队存在巨大困难。

未来作战系统的核心将围绕如何架构一套高度集成的由18个无人和有人操作的空中和地面系统。该系统包括机动、机动保障以及支援系统，并且通过辅助士兵的分布式网络联成一体。网络系统是完全集成型的，具备侦察和监视性能，并由一系列特种装备构成，其中包括士兵穿戴、携带和消耗的一切物品。在模块化部队中，士兵是网络系统中不可分割的一部分。

无人照应地面传感器安装在战斗区域，或者在广阔的野外使用，主要实现两大功能：侦察、监视、情报收集；生物、化学、放射和核检测。它也可以用于周边防御、目标探测和态势感知。无人照应地面传感器可以由士兵手动部署，也可以由机器人车辆在建筑物内外部署。

上图：该图展示了未来作战系统如何融入互联互通、整体协作的作战系统之中。

上图：阿富汗山区的荒野中，第25步兵师第5团2营的一名士兵准备进入洞穴搜索战斗人员。

非瞄准线发射系统由一系列导弹构成，它们采用部署便捷、平台独立的箱式发射单元，其中包含独立的战术射击控制电子设备和软件，可用于远程和无人行动。每个发射单元包括15枚火箭（精密攻击导弹和巡飞攻击导弹），它们自带计算机和通信系统，兼容直射弹道发射和助推滑翔弹道发射两种方式。导弹可以在发射之前接收目标信息，任务数据可以在飞行中预编或改变。

智能弹药系统是一种无人管理的弹药系统，它同时具备进攻作战空间塑造能力和防御部队防护能力。该系统包含杀伤性和非杀伤性弹药，同时整合了指挥和控制特征，外加通信设备、传感器和追踪器。非杀伤性弹药主要是为了控制非武装人员。智能弹药系统可以部署在任何地方，一旦部署到地面后，其GPS定位信息就会发送出去。弹药系统可以打开或关闭以启动或中止系统。IMS也可以收起，再部署到其他地方。

I级无人机可为美国士兵提供侦察、监视和目标探测功能。小型无人机的重量不到15磅，具备垂直起降功能，可以在城市和丛林中使用。地面上的士兵可利用该系统动态更新路线和目标信息。单一系统由两架无人机和一个控制单元组成，总重量为40磅，可装进背包之中。

II级无人机的续航能力和飞行距离是I级无人机的两倍。二级无人机不需要与地面上的士兵联络，相反，它直接与乘车战斗系统连队指挥官通信，提供侦察、预先警报、目标探测和标定服务。天线系统安装在车辆上，无人机可在车辆上垂直起降。二级无人机可在空中悬停2个小时，飞行半径为16千米。

III级无人机可执行多功能空中任务，其续航能力和飞行范围足以支援一支营级部队。III级固定翼无人机可携带有效载荷，如通信连接装置，还具备地雷检测和核生化武器检测能力。III级无人机还拥有气象探测的能力，它必须在特定区域起飞和降落，其飞行半径为40千米，可在空中停留6个小时。

IV级无人机是旋翼机，主要服务于旅

级部队，可在半径75千米的范围内为模块化部队指挥官提供通信信息。无人机与有人驾驶飞机合作可将通信范围扩大至150到175千米。无人机搭载了核生化和放射性武器的检测设备。Ⅳ级无人机还携带武器载荷，可全天候在目标区域上空巡航，甚至在恶劣天气条件下也可正常飞行。与Ⅲ级无人机不同的是，Ⅳ级无人机垂直起降，但不需要专用的场地，并且可以在空中停留24个小时。

左图：2005年9月21日，马里兰州阿伯丁试验场，陆军的一名技术人员在未来作战系统的展示中准备使一架级无人机起飞。

武装机器人战车主要有两种型号：进攻型和侦察、监视、目标探测型。两种型号共用一种底盘。进攻型机器人战车可从远处展开侦察，向建筑物、碉堡和其他城市工事中部署传感器，直接射击武器和特种弹药，评估战斗损失，充当通信转播站，利用直接射击武器和反坦克武器支援车上和车下进攻部队，占领关键地形并提供掩护射击。

侦察、监视、目标探测型机器人战车可在所有城市地形和其他作战空间完成相同的任务。此外，它还可以定位并摧毁，或者绕过有威胁的障碍物，如建筑物、碉堡、隧道和其他城市工事，同时它也可以充当通信转播站。

小型无人地面车辆是一种轻量级便携式地面车辆，重30磅，可以携带6磅的爆炸物，可在城市隧道、下水道和洞穴中执行军事任务。它可辅助密集的或高风险的

左图：上图展示的未来作战系统无人机的近距离视图。15磅的垂直起降设备可以单人携带，还可以安装多种传感器，以适应城市或丛林作战环境。

右图：IV级无人机的续航能力和飞行范围适合执行旅级部队的任务。它的飞行半径为50英里，空中停留时间长达24小时，宽频带通信转播范围达到100英里。

地面行动，如提供城市情报，侦察和监视，还能检测化学和有毒物质，而不用士兵暴露在有害物质之中。

多功能功用/后勤装备车辆是一种2.5吨的无人地面车辆，用于支援车下作战行动。它包含四个主要组成部件：一个通用平台、一套自动导航系统、一个操作者控制部件和三个任务型号。该车也可由军用旋翼机悬挂运载。任务型号包括运输型、排雷型和小规模进攻型三种。运输型车辆可装载多达2400磅的装备和补给，主要在不规则地形中为车下作战人员提供支援。排雷型车辆可以检测、标记和清除地雷。小规模进攻型车辆主要用于侦察、监视和目标探测，其中包含一套整合的武器系统，用于辅助车下的步兵定位和摧毁对方据点。

乘车战斗系统是一种具备半自动视距和超视距射击能力的进攻车辆，其中超视距射击范围达到8千米。该系统以载人地面车辆的底盘为基础，通常需要人工操作。这种小型坦克机动性极强，在战斗中可充分利用位置优势。借助整合的传感器网络，该系统可为车下的步兵提供直接支援，也能在进攻行动中摧毁掩体和墙壁。

步兵运输车共包括四个版本，分别是连队指挥官型号、排长型号、步兵班型号和军械小组型号。四种版本的车辆外观都是一样的。每个排配备一辆排长型号，外加三辆步兵班型号和一辆军械小组型号。

步兵班型号和军械小组型号各能携载9名步兵到达指定位置,进行近距离攻击。所有步兵运输车都可以在白天和夜间使用,车体封闭不透光,恶劣天气或可见度有限时也可以有效地部署武器系统。在将步兵运送到近距离进攻位置时,步兵运输车还能为士兵提供一定的自卫能力,主要是发射30毫米加农炮,同时将战斗情况和主要威胁传送给模块化部队的网络中心。海军陆战队和海军也计划使用这种车辆。

非瞄准线火炮安装在铝合金装甲地面车辆上。该车采用橡胶履带式平台,装备柴油/混合式发动机。火炮可射击视距、超视距和非视距三类目标。武器系统可提供灵活的支援,因为它能在每次任务和每轮进攻中使用不同的火炮。系统设计的最初目的是在突袭行动中支援联合武装部队。火炮可快速移动和停止,然后在极短的时间内完成第一轮射击。火炮需要两名炮手,装备自动弹药处理系统,可每10秒发射一轮炮弹,并在大约15英里的范围内保持6发/分的射击速率。"它很轻,但能很好地处理后坐力。"雅克瓦将军的手下丹尼尔·皮尔森说。非瞄准线火炮平衡了

上图:非瞄准线火炮可为未来作战系统模块化部队指挥官提供史无前例的响应能力和杀伤力,因为其网络化通信系统可使火炮精确打击地平线之外的目标。

可部署性、持续性、响应能力、杀伤力、可生存性、敏捷性以及多功能性等诸多要求。安装有155毫米武器的非瞄准线火炮车辆重量不超过24吨，可以很容易地装进C-130运输机的货舱。

非瞄准线迫击炮可提供近距离的战术机动性支援，既具备毁灭性的火力，也可进行特殊目的的射击。非瞄准线迫击炮使用精确制导的81毫米迫击炮炮弹，主要针对高回报、高风险的目标，可为模块化部队提供区域性压制火力。敏捷的迫击炮车辆可在各种天气和地形条件下超远程使用，同时根据需要发射照明弹。指挥和控制系统使得非瞄准线迫击炮可以进行半自动或自动的射击方向计算，火炮自动调整，射击炮弹的准备，以及迫击炮的射击。

侦察和监视车辆装备一系列先进的传感器，可在更大的范围内全天候检测、定位、追踪、分类和自动识别目标。传感器套件包括安装在桅杆上的远程光电红外线传感器，用于无线电频率拦截和测向的发射器传感器，远程化学物质检测传感器，以及多功能无线频率传感器。该系统也可以自动检测目标和辅助识别目标。车辆可以分配无人照应地面传感器，部署小型无人地面车辆，携载两架无人机，以及发射各种各样的武器载荷。

指挥和控制车辆是战场指挥和控制中心。该平台

左三图：未来作战系统的三个模块化组件包括一个小型无人地面车辆（上），它可以在城市地形、隧道、下水道和洞穴中执行任务。

MULE车辆（中）是一种2.5吨级的无人地面车辆，它能为车下步兵携带超过2吨的物资。

乘车作战系统（下）可提供直接进攻火力和超视距进攻火力，从而保证未来作战系统的无人作战系统摧毁视野之外的目标物。

利用大量通信设备和传感器实现综合网络的信息管理。该车位于包括连队在内的各级模块化部队的指挥部中，主要用于在移动中指挥和控制部队。通信设备可以在模块化部队内外通过声音、无线电和数字信号接收、分析和传递战术信息。指挥和控制车辆也可以部署无人机以增强其他感知设备被摧毁的区域内的态势感知能力。

医疗车和救援车可在一小时之内为受伤严重的伤员提供先进的医疗救助。这两类车辆是模块化部队中主要的医疗系统。医疗车使得外科手术专家能够在更靠近战场的位置动手术，提供医疗救助，并迅速将伤员撤离战斗区域。

未来战斗系统抢救维修车可在战场上修理和恢复受损的设备。每个模块化部队的支援大队中都有两到三个战斗修复小组，主要负责战场上的维修和抢救。该车配备三名维修人员，同时为战场上受损车辆的相关人员留出了三个人的位置。该车也携带近距离战斗支援武器和一个MK-19榴弹发射器。

下图：未来作战系统的步兵运输车主要包括四种型号：连队指挥官车辆、排长车辆、步兵班车辆以及军械小组车辆。它可运载9名全副武装的士兵，可以移动、射击、通信、检测威胁，以及在大多数地形条件下保护士兵。

右图：非瞄准线迫击炮拥有一套射击控制系统，可半自动或全自动计算射击方向，自动调整火炮，准备弹药和发射炮弹。

右图：指挥和控制车辆包含指挥官控制未来作战系统网络所需的全部界面，同时为该区域内的所有指挥官提供态势感知和理解。

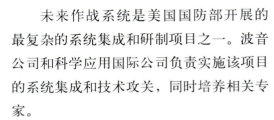

右图：未来作战系统模块化医疗车辆包含两种类型：治疗车辆和疏散车辆。两者都可进行外伤处理。疏散车辆主要用于作战部队伤员的撤离。

未来作战系统是美国国防部开展的最复杂的系统集成和研制项目之一。波音公司和科学应用国际公司负责实施该项目的系统集成和技术攻关，同时培养相关专家。

士兵从今天的传统武器过渡到未来的技术武器，需要大量的训练。"将士兵当作一个系统去管理，"士兵系统中心负责人詹姆斯·莫兰准将（Brigadier General James Moran）说，"我们正在研制两套标准系统。未来作战系统在2010年提供给士兵。2010版的下一版本——2020版的未来作战系统到时也将投入使用。"

陆军对在2008年前为"斯特赖克"步兵旅战斗队配备2131辆FCS车辆极感兴趣。"斯特赖克"是步兵运输车辆的原始名称，名字来源于两个荣誉勋章的获得者——陆军一等兵斯图亚特·斯特赖克和罗伯特·斯特赖克：前者于二战期间在第513空降步兵团服役，后者在越南的第1步兵师服役。原始的"斯特赖克"车辆后来扩展到10种变型的系列车辆，并且还在逐步发展为未来作战系统的一部分。所有计划接收未来战斗系统"斯特赖克"车辆的部队包括第172步兵旅、第2装甲骑兵团、第25步兵师第2旅以及宾夕法尼亚州国民警卫队的第28步兵师第56旅。

除了"斯特赖克"步兵旅战斗队，未来作战系统核心项目还在整个研制和拆分阶段使用了一个评估旅级战斗队。两支部队最终会整合成一个现有部队旅级战斗队，装备混合的未来作战系统战斗和战术车辆。

未来作战系统是战术性战斗的有效途径，其来源于阿富汗战争和伊拉克战争的作战经验。未来作战系统可以侦测和镇压叛乱活动，同时可以在更常规的战斗中完成快速的战术地面调遣。该系统既适合有效的战斗，也能为士兵提供最好的武器、定位工具、侦察和监视，以及安全性保护。它也可以针对入侵提供早期的预警，以及检测生物、化学和放射性武器的存在。随着伊拉克和朝鲜的核武器计划，以及其他可预期对方潜在非核计划带来的全球性威胁与日俱增，美国士兵在先发制人的行动或防御性行动中需要全方位的援助。未来的战争将会与20世纪的战争形式完全不同。

查尔斯·A.卡特赖特准将（Brigadier General Charles A. Cartwright）是目前陆军的模块化部队项目的负责人。丹尼斯·A.米伦伯格（Dennis A. Muilenburg）是波音公司负责未来作战系统的综合防御系统项目的负责人。得克萨斯州的布利斯堡被选为疏散旅级战斗队的3500名士兵测试未来作战系统项目的基地。

在所有未来作战系统车辆投入使用之

左图：未来作战系统维修抢救车能够携载两三名技术人员，他们在战场上修理和恢复损毁的设备。除了维修工具，维修抢救车辆还装备一个Mk-19毫米榴弹发射器。

上图：美国陆军发展了一支高性能的"斯特赖克"部队。2006年早期，第172"斯特赖克"旅级战斗队进入伊拉克的摩苏尔[1]，其中包括一些最新改装的"斯特赖克"车辆。

[1] 伊拉克第二大城市，也是伊拉克北方工业、农业、金融中心和库尔德自治区的政治中心，拥有伊拉克北方最大油田和最大炼油设施。

前，美国陆军仍然继续使用常规的装甲战斗车辆，如众所周知的"布莱德雷"战车和"艾布拉姆斯"战车。今天的"布莱德雷"战车在投入步兵和装甲部队使用时也采用了不同的配置。它们具备了数字化指挥和控制能力，增加了红外设备和独立的光学定位装置，此外还装备了一门25毫米加农炮和一套拖式反坦克导弹系统。"艾布拉姆斯"坦克——名字来自"二战"期间最优秀的坦克指挥官——在未来作战系统过渡期间将继续充当陆军首要的重型装甲武器。现代化的特种装甲"艾布拉姆斯"M1A2坦克装备有1500马力的涡轮发动机，速度可达到42英里/时，并且装备了一门120毫米主火炮。新技术包括陆军通用的指挥和控制软件系统，给予车组人员实时的数字化态势感知数据。

火炮的弹药也在持续改进。新型的155毫米制导炮弹（XM982）可以打击

15千米之外的目标，精确度达到10米，这是对现存弹药性能的大幅提升。陆军和海军陆战队的榴弹炮都可以使用XM982炮弹，如帕拉丁155毫米自力推进式榴弹炮（M109A6）、轻量级155毫米榴弹炮（M777）以及未来作战系统的非瞄准线加农炮。炮弹在飞行中根据GPS信号计算导航方案，自动飞向目标物并将其摧毁。

准备未来——非常规战争

陆军的规划以如下理论为中心：从现在开始的下一个计划存在更多变化的可能性，以应对美国未来的安全，任何一种计划必须考虑到没有预期的和彻底的改变。今天研究的所有选择都要求对现存的防御政策进行彻底、全面的考虑，其中包括部队结构和性能的改变。

现在人们认为国与国的战争可能性很低，但全球不稳定性和普遍存在的非常规战争可能性很高。美国国内外的利益一如既往地受到威胁。伊拉克战争的需求和无可否认的没有预期到的要求已经证明，作战任务和国家建设任务之间需要平衡。伊

对页图：2006年2月，"斯特赖克"小组的一辆M1025A2悍马车穿过伊拉克摩苏尔的街道，图中可看到炮塔防护装置（CPE）和激光制导装置标记目标物的设备。

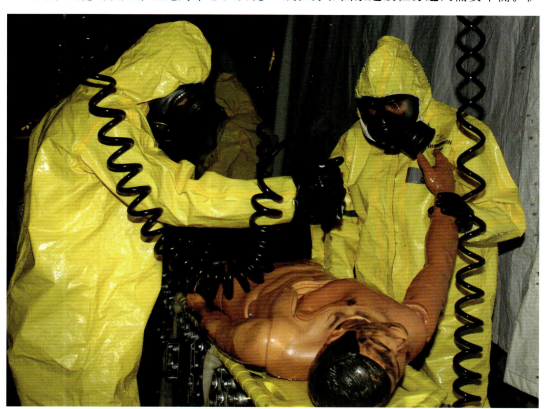

左图：威斯康星州战俘营中举行的一次军民联合演习中，第357、第366和第401化学武器连的士兵在一个模拟伤员身上进行核生化排污和处理。

拉克的情况还表明，作为补充力量的特种作战力量的规模和能力必须扩大和强化。非常规战争的扩大还要求陆军部队的作战范围从美国国内扩大到全球范围内的动荡地区，因为这对整合美国军事力量和其他国家部队具有重要作用。

2011年以后，美国陆军研究的作战概念包括以下内容。

- 快速介入的远征作战能力。
- 强调分散式行动，作战敏捷性，分散式支援和后勤支持，以及机动性的提高，从而阻止敌人率先发起进攻或寻找庇护场所。
- 具备完全的态势感知能力的网络化战斗指挥。
- 对方实力的完整网络化评估以及维持占据优势的决策周期的能力。
- 向旅级部队的转变，增加可部署的旅级战斗队数量。
- 减少对重型部队的依赖，重新平衡轻量级编队和中量级编队。
- 增加军民联合力量和国家建设力量，战术部队通过长期融合，提高作战能力。
- 东道国政府和军队内部军事行动的进一步集成。

非常规战争要求更多军事力量用于国家建设，而这是越南战争以前没有遇到过的，因此随着形势的变化，军事行动的理论也要求迅速转变。武装力量的未来，特别是陆军，可能尤其要求国家建设能力成为部队新的核心能力。在这种理论中，士兵三分之一到二分之一的服役时间可能花在了战役部署中，他们需要理解冲突的来源，当地的文化，以及错综复杂的军民关系，而这一切可能与单兵作战能力同等重要。

准备未来——大规模杀伤武器

虽然大规模杀伤武器的使用已经扩散至全球，但它们使用的门槛已经降低，特别是在一些政府不稳定和不可预期的国家。美国陆军需要同时应对拥有或研制大规模杀伤武器的国家或非国家对手，或通过谈判消除威胁，或采取最后的手段——先发制人的军事行动。

虽然非常规战争的扩散会对美国的生存造成威胁，但对方使用大规模杀伤武器阻止美国的军事介入，将降低大规模杀伤武器的使用门槛。威胁依然存在，因为这些国家或非国家组织可以得到并使用大规模杀伤武器来阻止美国的军事介入。这种情况下，美国陆军介入局部冲突的能力和意愿将会降低。实现局部盟友的合作，要求美国确保他们的国家不受大规模杀伤武器的攻击。美国防御政策的首要目标必须改变，以减少介入部队遭到大规模杀伤武器攻击的可能性。这就要求美国陆军具备远程检测和摧毁大规模杀伤武器库的能力，最好能先发制人采取措施。

提议降低军事介入门槛的防御战略，严重依赖远程交战和认同"短期战争"的观点，这使得大规模陆地行动成为一种不再令人满意的选择。美国陆军不可能在国外开展大规模陆地行动，因为对方可能针对美国部队使用大规模杀伤武器。然而，如果对方使用大规模杀伤武器的能力有限，美国陆军还有更多选择。在这种情况下，美国部队可以快速摧毁大规模杀伤武器，迅速靠近对方部队，并在分散式行动中部署机动性极高的部队。去中心化部队的目标是战略性地点，以降低灾难性损失的风险。

一方面要面对非常规战争，另一方面要应对对方部署大规模杀伤武器，美国陆军必须做出改变，现在确实也正在发生变化。未来的作战将要求一套全新的战术和技术，而这就要求投资科学和技术，并且获得对化学、生物、放射性、核、电磁脉冲和爆炸性武器的防御能力。

对页图："斯特赖克"战斗队一名穿戴炮塔防护装备的士兵站在他的车辆旁边。

如果美国陆军要在未来作战环境中继续保持有效作用,那么他们必须做出改变。因此简单地增强响应能力和生存能力,提高敏捷性、杀伤力和机动性可能就不够了。

新型作战概念和原则

"我们必须摆脱现行理论、未来概念和制度偏见的束缚。"美国陆军参谋长彼得·斯库梅克对负责修订非常规战争作战概念和原则的军官说道。

20世纪70年代末期的空地一体化作战概念和原则仍然适用于大规模陆地遭遇战,并且曾是海湾战争取得成功的重要因素。不过,叛乱分子和恐怖分子已经证明,空地一体化作战并不适用于所有形式的战争。传统的作战概念和原则要求地面部队近距离接触对方部队,评估对方的兵力,然后调遣必要的力量取得胜利。随着技术的进步,全数字化的陆军可以在接触对方部队之前全面评估对方兵力、部署、

下图:安装在M1025AR"斯特赖克"悍马车上的通用遥控武器系统可以在车内或街道上启动并精确射击。

武器和通信能力。评估完成之后，他们也有将所有信息分享至联合部队的能力。随后各级指挥官调遣部队进入有利位置，展开一系列致命性和决定性打击行动，而不需要大量部队与对手正面交锋。

新的作战概念和原则何时以及如何展开应用，取决于新技术的可用性，并且需要通过军事演习学习如何应用。美国陆军作战概念和原则的转变在2014年之前完成，所有新型的通信、导航、武器、飞行器、空基系统和未来作战系统成为现实。士兵走向战场后，可以借助新技术，在不与对手接触的情况下赢得战斗并毫发无损地返回。常规的地面战争成为过去的记忆。

陆军的目标

陆军的预算持续增长，打击恐怖主义和叛乱活动还有额外的资金支持。当前的预算涉及19个全志愿兵的旅级战斗队，并且对已有家庭的士兵给予了特殊照顾。现在的美国陆军包括482400人的常规军、350000人的国民警卫队以及205000人的后备部队。陆军总计1037400人的部队正在致力于：改进和提升整体性能；按照模块化设计方案重构兵力；保留一支全志愿兵部队；建立并维持一支可以打击全球范围内盛行的恐怖主义活动的力量；加快利用有希望的技术，提高部队的防护能力和战斗力。

随着美国陆军进入新时代，公众对他们的信任和尊敬甚至超过了为他们提供资金的国会和报道他们的记者。陆军中的每一位士兵都成为世界的维和人员，而这一过程才刚刚开始。保证美国陆军在技术上保持领先需要全面而彻底的训练，而这意味着大量的资金投入，同时要求持续激励充满事业心的青年士兵。今天的陆军军官面临的机遇超过了平民的追求，并且在未来的几十年里将一直保持这种状态。1775年建立的那一支衣衫褴褛的志愿军最初只是革命的一次尝试，而现在他们已经成长为国家的守护者。

上图：M109A6帕拉丁坦克从内部看起来像一个复杂的实验室。2005年9月15日，M109A6坦克的轻量级榴弹炮测试射击了智能的155毫米制导炮弹，成功命中10英里之外20英尺大小的目标物。

参考书目

The Army Almanac: A Book of Facts Concerning the Army of the United States. Washington: Government Printing Office, 1950.

Bauer, K. Jack. *The Mexican War 1846-1848.* New York, Macmillan Publishing Company, 1974.

Boatner, Mark M., III. *Encyclopedia of the American Revolution.* New York: David McKay Company, 1966.

Boujnida, Cheryl, "Army Displays Latest Warfighting Innovations." http://www4.army.mil/ocpa/read.php?stroy_id-key=7481

Bragg, Rick. *I Am a Soldier, Too: The Jessica Lynch Story.* New York, knopf, 2003.

Buckley, Kevin. "General Abrams Deserves a Better War." *New York Times*, 5 October 1969.

Byman, Daniel. "Going to War with the Allies You Have: Allies, Counterinsurgency, and the War on Terrorism." http://www.StrategicStudiesInstitute.army.mil/

Cartwright, Charles A., and Muilenburg, Dennis A. "Future Combats Systems—An Overview." http://www.army.mil/fcs/articles/index.html

Cosmas, Graham A. *An Army for Empire: The United States Army in the Spanish-American War.* Shippensburg, Penna.: White Mane, 1994.

Davidson, Philip B. *Vietnam at War, the History: 1946-1975.* Novato, Calif.: Presidio Press, 1988.

Dupuy, R. Ernest. *The Compact History of the United States Army.* New York: Hawthorn Books, Inc., 1964.

Dupuy, R. Earnest and Dupuy, Trevor N. *The Harper encyclopedia of Military History.* 4th ed. New York: HarperCollins, 1993.

Dupuy, Trevor N., Johnson, Curt, and Bongard, David L. *The Harper Encyclopedia of Military Biography.* New York: HarperCollins, 1992.

Eisenhower, John S. *Yanks: The Epic Story of the American Army in World War I.* New York: The Free Press, 2001.

Faust, Patricia L., ed. *Historical Times Illustrated Encyclopedia of the Civil War.* New York: Harper & Row, 1986.

Franks, Tommy, with McConnell, Malcolm. *American Soldier*. New York: Regan Books, 2004.

Greene, John Robert. *The Limits of Power: The Nixon and Ford Administrations*. Bloomington: University of Indiana Press, 1992.

Harding, Steve, "Army Demonstrates Future Combat Systems." http://www4.army.mil/ocpa/read.php?story_id_key=7985

Heller, Charles E., and Stoft, William A., eds. *America's First Battles*: 1776-1965. Lawrence, Kan.: University Press of Kansas, 1986.

Herr, John K, and Wallace, Edward S. *The Story of the U.S. Cavalry: 1775-1942*. New York: Bonanza Books, 1984.

Hillstrom, Laurie Collier. *War in the Persian Gulf*. 3 vols. Detroit: Thomson Gale, 2004.

Jacobs, Bruce. *Heroes of the Army: The Medal of Honor and Its Winners*. New York: W.W. Norton & Company, 1956.

Keegan, John. *Fields of Battle: The Wars for North America*. New York: Vintage Books, 1997.

Kennett, Lee. *G. I.: The American Soldier in World War II*. New York: Charles Scribner's Sons, 1987.

Kent, Zachary. *The Persian Gulf War: The Mother of All Battles*. Hillside, N.J.: Enslow, 1994.

King, John. *The Gulf War*. New York: Dillon Press, 1991.

McNamara, Robert S., with VanDeMark, Brian. *In Retrospect: The Tragedy and Lessons of Vietnam*. New York: Times Books, 1995.

McPherson, James M. *Battle Cry of Freedom: The Civil War Era*. New York: Oxford University Press, 1988.

Marshall, S.L.A. *Men against Fire*. New York: William Morrow, 1947.

_____. *The Military History of the Korean War*. New York: 1963.

_____. *Vietnam: Three Battles*. New York: Da Capo Press, 1982.

Merrill, James M. *Spurs to Glory: The Story of the United States Cavalry*. Chicago: Rand McNally & Company, 1966.

Murphy, Audie. *To Hell and Back: The Epic Combat Journal of World War II's Most Decorated G.I.* New York: MJF Books, 1977.

Palmer, Bruce, Jr. *The 25-Year War: America's Military Role in Vietnam*. Lexington: University Press of Kentucky, 1984.

Peers, William R. *The My Lai Inquiry*. New York: W.W. Norton, 1979.

Peterson, Harold L., ed. *Encyclopedia of Firearms*. New York: E.P. Dutton, 1964.

Pritchard, Russ A., Jr. *Civil War Weapons and Equipment*. London: Salamander Books, 2003.

Rivera, Sheila. *Operation Iraqi Freedom*. Edina, Minn.: Abdo Press, 2004.

Rooney, Ben. *The Daily Telegraph War on Saddam: The Complete Story of the Iraqi Campaign*. London, Robinson, 2003.

Schwartz, Richard Alan. *Encyclopedia of the Persian Gulf War. Jefferson*, N.C.: McFarland & Company, 1998.

Sheftick, Gary, "Army Moves Up Fielding of Future Combat Systems." http://www4.army.mil/ocpa/read.php?story_id_key=6189

Simpson, Charles M, III. *Inside the Green Berets: The First Thirty Years*. Novato, Calif.: Presidio Press, 1983.

Sorley, Lewis. *Thunderbolt: General Creighton Abrams and the Army of His Times*. New York: Simon & Schuster, 1992.

Stanton, Shelby L. *The Rise and Fall of an American Army: U.S. Army Ground Forces in Vietnam, 1965-1973*. Novato, Calif.: Presidio Press, 1985.

U.S. Army, "Army Tests 'Excalibur' Smart Artillery Munition." http://www4.army.mil/ocpa/read.php?stroy_id_key=7983

U.S. Army, "FCS Overview," (and related documents). http://www.army.mil/fcs/factfiles/overview.html

U.S. Army, "Ghost Battalion Leads Fight in Fallujah." http://www4.army.mil/soldiers/view_story.php?story_id_key=6573

U.S. Army, "The Army Budget—Fiscal Years 2006 and 2007." http://www4.army.mil/ocpa/read.php?story_id_key=6828

Ward, Christopher. *The War of the Revolution*. 2 vols. New York: The Macmillan Company, 1952.

Weigley, Russell F. *The American Way of War: A History of United States Military Strategy and Policy*. Bloomington, Ind.: Indiana University Press, 1977.

_____. *History of the United States Army*. New York: The Macmillan Company, 1967.

Wright, Robert K. *The Continental Army*. Army Lineage Series by the Center for Military History, United States Army: Washington, D.C., 1983.

Zwier, Lawrence J. and Weltig, Matthew S. *The Persian Gulf and Iraqi Wars: Chronicle of America's Wars*. Minneapolis: Lerner Publications Company, 2005.